지도로 보는
세계정세

ATLAS DES RELATIONS INTERNATIONALES

지도로 보는
세계정세

파스칼 보니파스 지음 ┃ 강현주 옮김

청아출판사

차 례

세계적 공간

세계 각 지역

세계화

'세계화'라는 용어는 1980년대 초에 등장한 영어 단어인 'globalization'을 번역한 것이다. 원래 이 용어는 전 세계 시장의 집중화 현상과 자본의 자유로운 순환 가능성 상승을 설명하는 용어였다. 세계화는 새로운 정보 통신 기술 덕분에 전 세계 다양한 분야의 교류라는 의미로 빠르게 확대되고 있다.

오래된 현상

세계 각국의 관계를 나타내는 의미로서의 세계화는 새로운 현상이 아니다. 세계화가 처음으로 두드러졌던 때는 15세기 말과 16세기 초 위대한 발견의 시대였다. 프랑스 역사가 페르낭 브로델Fernand Braudel은 스페인과 영국의 제국주의 시대 국제 경제 체제를 정의하고자 이미 '세계 경제'라는 표현을 사용한 바 있다.

16세기와 17세기부터 제노바, 암스테르담, 런던과 같은 대도시는 세계적인 규모로 확장된 상업 및 금융 네트워크의 중심지가 됐다. 최초의 세계화는 사실 유럽 국가들의 세계 정복이라고 할 수 있다. 그 후 19세기에 이루어진 산업 혁명(증기선, 철도, 전신)은 세계의 문호 개방과 유럽 강대국의 지배를 강화했다. 카를 마르크스Karl Marx와 프리드리히 엥겔스Friedrich Engels는 국제적인 자본주의 발달에 대해 다음과 같이 반응했다: "노동자에게 조국은 없다."

1935년 폴 발레리Paul Valéry는 그의 책《현 세계에 대한 고찰 Regard sur le monde actuel》에서 "유한한 세상의 시대가 시작된다."라고 말했다. 그에 따르면, 식민지 시대가 끝나면서 지구는 서로 다른 국가들 사이에 완전히 공유되고, 자원 조사가 이루어지면서 세계 각지가 연결됐다. 따라서 그때부터 더 이상 알려지지 않았거나 새롭게 발견할 수 있는 땅은 없게 된다.

1929년의 주식 시장 폭락과 두 차례의 세계 대전을 겪으면서 특정 사건이나 현상이 전 세계에 영향을 끼칠 수 있음을 비극적인 방식으로 확인했다. 제2차 세계 대전이 끝난 뒤 미국과 소련 간의 경쟁은 모든 대륙에 걸쳐 있는 동맹국들을 통해 세계적인 차원에서 이루어졌다.

현재의 출현

1960년대 초 캐나다 사회학자 마셜 매클루언Marshall McLuhan은

'지구촌'이라는 표현을 사용했다. 대중 매체는 실제로 지구 전체에 보편적인 정보를 제공하고 있다. 21세기 초반의 세계화는 이전과는 전혀 다른 양상을 보였다. 정보 통신 기술은 새로운 이동 혹은 통신 방식(항공기, 전화 통신, 팩스, 인터넷)으로 세계 각지의 거리 개념을 없애고 관계를 혁신적으로 변화시켰다. 모든 것이 가까워지고 빨라졌으며 시간과 공간이 줄어들었다. 마치 거리와 경계가 없어진 듯하다. 오늘날 금융, 기술, 정보의 흐름과 마찬가지로 사람과 상품은 전례 없는 속도와 편리함으로 국경을 넘게 됐고, 국경선의 종말을 떠올릴 정도가 됐다.

경제 측면에서 국가라는 틀은 다국적 기업에 의해 점점 더 도전을 받고 있다. 국가라는 장벽을 제거하면서 무역, 투자 및 자본 흐름이 자유로워졌다. 국제통화기금IMF은 세계화를 세계 모든 국가 간의 경제적 상호 의존성 증가로 정의했다. 이

세계화의 새로운 국경

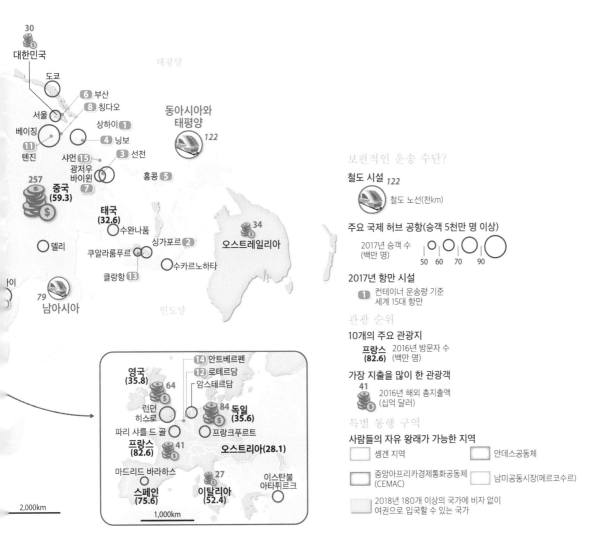

대한민국
30
대평양
도쿄
부산 6
칭다오 8
서울
베이징
11 톈진
샤먼 15
상하이 1
닝보 4
선전 3
동아시아와
태평양 122
광저우
바이윈 7
중국
(59.3)
257
홍콩 5
태국
(32.6)
수완나품
델리
쿠알라룸푸르
싱가포르 2
수카르노하타
오스트레일리아
34
79
남아시아
클랑항 13
인도양

2,000km

영국
(35.8)
안트베르펜 14
로테르담 12
암스테르담
64
런던
히스로
독일 84
(35.6)
파리 샤를 드 골
프랑크푸르트
프랑스
(82.6)
41
오스트리아(28.1)
마드리드 바라하스
27
이스탄불
아타튀르크
스페인
(75.6)
이탈리아
(52.4)

1,000km

보편적인 운송 수단?

철도 시설 122

철도 노선(천km)

주요 국제 허브 공항(승객 5천만 명 이상)

2017년 승객 수
(백만 명)

50 60 70 90

2017년 항만 시설

컨테이너 운송량 기준
세계 15대 항만

관광 순위

10개의 주요 관광지

프랑스 2016년 방문자 수
(82.6) (백만 명)

가장 지출을 많이 한 관광객

41 2016년 해외 총지출액
(십억 달러)

특별 통행 구역

사람들의 자유 왕래가 가능한 지역

▢ 솅겐 지역   ▢ 안데스공동체

▢ 중앙아프리카경제통화공동체   ▢ 남미공동시장(메르코수르)
(CEMAC)

▢ 2018년 180개 이상의 국가에 비자 없이
여권으로 입국할 수 있는 국가

는 자본 흐름이나 기술 확산이 빨라짐에 따라 재화와 용역의 국가 간 거래량과 다양성이 증가했음을 뜻한다. 국제노동기구ILO는 세계화를 무역, 투자 및 자본 흐름이 자유로워진 결과이며, 국제 시장에서 이러한 흐름이나 국가 간 경쟁이 중요해진 결과로 보았다.

세계화의 출현은 경제적 규제 완화와 기술 혁신(특히 정보 분야)이 합쳐진 결과지만, 공산주의 붕괴에 따른 동서 분열 종식에서 비롯된 결과이기도 하다.

복합적인 현상

세계화 현상은 매우 다양한 반응을 야기했다. 일부 국가에서 세계화는 민주적 가치와 번영을 세계적인 차원으로 확대하는 수단이다. 또 다른 국가들에서 세계화는 단순히 지구의 '미국

화'이며, 무엇보다도 전례 없는 빈부 격차의 확대를 동반하며 각국의 정체성을 없애는 현상이다. 세계의 부가 결코 이렇게 성장한 적이 없었기에 세계화가 경제적인 면에서 효율적이라는 것은 사실이다. 하지만 세계화는 사회적인 면에서 불공평하다. 이러한 불평등에 대한 해결책은 세계화에 맞서 싸우기보다는 세계화를 규제하는 데 있을 것이다.

세계적 표준이나 사건은 점점 더 국제적인 차원으로 확대되고 있다. 세계화는 이제 단지 경제 영역에만 국한되지 않고 인간관계, 문화 교류, 스포츠, 여가, 정치 등의 분야에서도 나타나고 있다. 이러한 세계적 차원의 기준이 등장하면서 국가 혹은 지역의 정체성 위축이나 차별이 늘긴 했어도 민족 국가를 유지하는 것이 실제로 불가능해진 것은 아니다. 오늘날에도 정체성과 기준은 여전히 다양하다.

국제 질서란?

1989년 베를린 장벽이 무너지고 1991년 소련이 해체되면서 제2차 세계 대전 이후로 국제 관계를 형성하던 동서 대립과 양극 세계가 사라졌다.

단극 체제 또는 다극 체제?

다극 체제 이론 지지자들은 소련이 사라졌음에도 미국이 1990년대 초반에 쇠퇴의 징후를 보였다고 주장했다. 1987년 《강대국의 흥망The Rise and Fall of the Great Powers》을 발간한 역사학자

폴 케네디Paul Kennedy는 미국은 정치적, 경제적, 군사적 영향력이 훨씬 더 강했을 때 했던 여러 가지 약속, 즉 '과도하게 확대된 전략' 때문에 고통받을 것이라고 말했다. 스페인 제국과 영국 제국이 쇠퇴한 것과 같은 방식으로 미국은 그들의 역량을

아프리카에서의 충돌

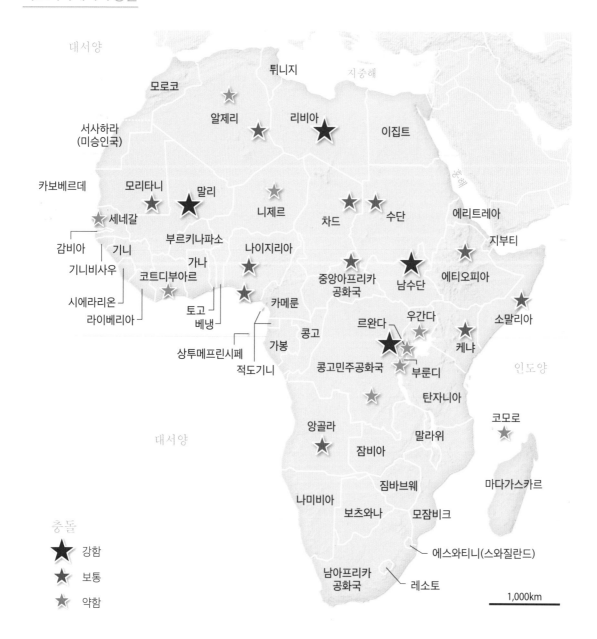

대서양
튀니지
지중해
모로코
알제리
리비아
이집트
서사하라
(미승인국)
카보베르데
모리타니
말리
니제르
차드
수단
에리트레아
세네갈
지부티
감비아
기니
부르키나파소
나이지리아
기니비사우
가나
코트디부아르
중앙아프리카
공화국
남수단
에티오피아
소말리아
시에라리온
카메룬
토고
라이베리아
베냉
르완다
우간다
케냐
가봉
콩고
상투메프린시페
적도기니
콩고민주공화국
부룬디
인도양
탄자니아
코모로
앙골라
말라위
대서양
잠비아
마다가스카르
짐바브웨
나미비아
보츠와나
모잠비크
에스와티니(스와질란드)
남아프리카
공화국
레소토

1,000km

충돌
★ 강함
★ 보통
★ 약함

8

중앙아메리카와 남아메리카에서의 충돌

멕시코만

바하마

도미니카공화국
몬트세랫
앤티가바부다
도미니카연방
세인트루시아
세인트빈센트그레나딘
바베이도스
그레나다

멕시코

쿠바
자메이카
아이티

카리브해

대서양

벨리즈
과테말라   온두라스
엘살바도르   니카라과

트리니다드토바고
가이아나
수리남
프랑스령 기아나

코스타리카

파나마

베네수엘라

콜롬비아

에콰도르

페루

브라질

대평양

볼리비아

파라과이

칠레

우루과이

아르헨티나

대서양

충돌

★ 강함

★ 약함

★ 진정 국면

1,000km

넘어서는 공약을 남발한 탓에 반드시 쇠퇴기를 겪을 것이라는 뜻이다. 1980년대 후반 미국 경제가 정체되면서 일본이나 유럽 국가들로부터 도전을 받았던 것은 사실이다.

이러한 상대적 쇠퇴에 직면하여 1980년대 말에 일본의 급부상, 유럽의 단일화 움직임, 중국의 등장, 심지어 공산주의 체제라는 족쇄에서 해방된 러시아의 발전으로 인해 다극화 세계에 대한 전망이 나타나기 시작했다.

또 다른 사람들은 소련의 종말은 필연적으로 미국이 주도하는 단극 체제로 이어질 것이라고 지적했다. 주요 경쟁국이 사라진 후 미국이 유일한 세계 강대국으로 남을 것이라는 뜻이다. 실제로 1990년대에 미국은 전략적인 경제 확장의 시기를 거치고 있었다. 일본은 10년간의 불황기에 접어들었고, 유럽은 독일 통일을 소화하고 공통의 외교 정책을 수립하는 데 어려움을 겪었으며, 러시아는 성급한 민영화와 혼란에 휩쓸리고 있었다. 어떤 나라도 전반적인 권력 차원에서, 특히 전략적인 차원에서 미국과 경쟁할 능력이 없었다.

미국의 우세에 관한 논쟁

미국의 우세는 미국의 일방주의, 즉 미국이 국제적으로 국가 간 규칙이나 국제기구 밖에서 행동하려 하는 경향에 대한 또 다른 논쟁을 불러왔다. 1990년대부터 국제법이나 다국적 기구는 권력을 행사하는 데 부적절하다는 한계를 드러내고 있었다. 이런 상황에서 미국은 군비 축소나 국제 사법, 환경 보호 등의 분야에서 국제적인 규칙으로부터 점점 더 많은 면제 혜택을 누렸다.

미국은 외부의 국가 간 규칙을 불필요하고(미국은 보편적 가치를 지니고 있으며 누가 미국보다 그것을 더 잘 지킬 수 있겠는가?) 비민주적인(미국 시민은 자유롭게 의사 표현을 할 수 있으며 외부로부터 요구되는 규칙은 단지 그들의 자유로운 선택권 행사를 막을 뿐이다) 것으로 인식했다. 미국은 상호 의존을 단지 외부에 대한 의존으로 간주하고 최대한 제한하려고 했다.

1945년 미국은 전 세계 생산량의 50%를 생산했다. 미국은 전쟁으로 황폐해진 국가들을 재건할 수 있는 결정권을 가졌다. 특히 국제연합UN, 국제통화기금, 세계은행, GATT(관세 및 무역에 관한 일반 협정), 마셜 플랜Marshall Plan, 북대서양조약기구NATO 등

중앙아시아에서의 충돌

중동과 캅카스 내에서의 충돌

과 같은 국제기구와 다국주의에 기반을 둔 국제 체제를 구축하고 유럽 건설을 지원하고자 했다.

2001년 조지 부시George W. Bush의 대통령 취임과 같은 해 9월 11일에 발생한 테러 공격 그리고 2003년 이라크 전쟁 이후 단극 체제에 대한 논쟁이 되살아났다. 이라크 전쟁은 미국이 대다수 국가와 특히 유엔안전보장이사회UNSC의 반대를 주저 없이 무시한다는 사실을 잘 보여 주었다. 세계 기구 헌장에 따르면, 자위권 밖에서 또는 유엔안전보장이사회의 결의 없이 전쟁을 선언하면 이 전쟁은 불법으로 간주된다. 이라크 전쟁의 실패는 단극 체제의 한계를 보여 주었다. 미국은 단극 체제를 포기하지 않고서 단지 그 표현을 완화하려 했다. 이 정책의 방향을 바꾸고자 한 버락 오바마Barack Obama는 2008년 총선 직후 "미국은 세계의 모든 문제를 해결할 수 없지만, 미국이 없다면 어떠한 큰 문제도 해결되지 않을 것입니다."라고 선언했다. 이는 미국의 단극 체제에 종지부를 찍지는 않았지만 그것을 완화한 것이었다. 하지만 2016년에 대통령에 당선된 도널드 트럼프Donald Trump는 미국의 단극 체제를 최고점에

인도 아대륙과 동남아시아에서의 충돌

도달하게 했다.

　세계는 단극도 다극도 아니다. 미국의 권력은 여전히 비길
데 없이 강하기 때문에 다극이라고 할 수도 없다. 하지만 세계
화된 세상에서 심지어 가장 강한 어떠한 권력도 국제 규칙이
나 국제 의제를 마음대로 정할 수는 없으므로 단극이라고 할
수도 없다. 그럼에도 서구 국가들의 권력 독점화가 끝나고 수
많은 강력한 비서구권 국가들이 출현하고 있기에 세계는 지
금 다극 체제로 가는 과정에 있다고 할 수 있다.

세계적 공간

- 역사적 관점

- 국제 관계의 당사자

- 세계적 도전

- 주요 위기와 전쟁

- 현재의 위기와 충돌

1945년의 세계 질서

1945년 세계의 전략적 상황은 완전히 새로웠다. 유럽은 그들이 일으킨 제2차 세계 대전의 대가를 치르고 있었다. 5세기 만에 처음으로 유럽은 더 이상 세계의 중심이 아니었다. 미국은 주도권을 잡고 있었고 소련은 영토와 영향력을 확장하고 있었다. 유럽은 더 이상 스스로 운명을 결정할 수 없게 됐다. 소련과 미국이 서로 다투는 대상으로 전락한 유럽은 지속적으로 분할됐다.

피 흘리는 유럽

유럽 국가들은 승자와 패자 모두 중대한 경제 문제에 직면했다. 도시, 도로, 철로 및 산업 시설이 심각하게 파손됐고 물자 보급 문제 역시 매우 심각했다. 독일의 국민총생산GNP은 1938년과 비교할 때 3분의 1 수준으로 떨어졌으며 이탈리아는 40%, 프랑스는 50% 정도로 하락했다.

거의 폐허가 된 독일은 군사 점령을 당했으며 더 이상 정부도 없었다. 국가가 계속 존재할 수 있을지조차 의문스러웠고, 농업 국가로 전환할지 혹은 여러 개의 국가로 나눌지 고려됐다. 세계에서 주도적인 역할을 하고자 했던 이탈리아는 약소국으로 강등됐다. 승리의 강대국으로 여겨지던 프랑스의 국력도 매우 약해졌다. 영국은 전쟁이 시작될 때부터 끝날 때까지 히틀러와 맞서 싸운 유일한 국가라는 영예로운 명성을 얻었지만, 국력은 상당히 쇠퇴했다.

유럽의 식민 제국은 흔들리고 있었다. 식민 통치를 받던 민족들은 영국을 제외한 다른 유럽 강대국들이 전쟁으로 피를 흘리며 급속히 무너지는 것을 지켜보았다. 연합국이 히틀러와 맞서 싸우며 주장했던 민족 자결권을 이제는 식민 통치를 받던 국가들이 그들을 향해 요구하고 있었다.

간단히 말해서, 유럽은 국제 관계와 세계 무역의 중심지 역할을 중단하게 됐다.

방위권을 가진 소련

소비에트 사회주의 공화국 연방(소련)은 전쟁으로 2천6백만 명의 인명 피해를 입었으며, (1945년 당시 GNP의 6배에 달하는) 막대한 금전적 손해를 보았다. 그러나 1939년부터 1945년 사이에 정복한 영토(핀란드 카렐리야, 발트해 연안, 벨라루스, 베사라비아, 루마니아 부코비나, 후에 칼리닌그라드가 되는 쾨니히스베르크, 체코슬로바키아의 카르파티아 산기슭에 위치한 루테니아)는 보존했다.

얄타

1945년 2월 4일부터 11일까지 흑해 연안의 크림반도에서 열린 얄타 회담에는 미국의 프랭클린 루스벨트, 소련의 스탈린, 영국의 윈스턴 처칠이 참가했다.

프랑스 사람들의 기억 속에 얄타 회담은 미국과 소련 간 공동 신탁 통치의 상징이다. 이 두 강대국이 세력권을 나누면서 세계의 분할과 유럽의 분할이 결정됐다. 이러한 결정은 분명 샤를 드골Charles de Gaulle 장군이 얄타에 초대되지 않았고, 다른 유럽 민족의 경우와 마찬가지로 프랑스에 대한 결정이 드골 장군 부재 시에 이루어졌기에 가능했다는 것은 의심의 여지가 없었다. 하지만 프랑스가 얄타 회담에 참가하지 않았다고 해서 무시됐던 것은 아니다. 프랑스를 독일 점령에 참가시켰으며 유엔안전보장이사회의 상임 이사국 5개국 중 하나로 결정한 것 역시 얄타 회담이었기 때문이다.

1944년 10월 처칠은 발칸반도에 관한 문제를 논의하던 중 스탈린에게 신탁 통치를 제안했다. 얄타 회담에서 소련은 대일본 전쟁에 참전하기로 합의했으며, 3개국 정상은 자유선거를 통해 폴란드 정부를 수립할 것을 결정했다. 또한 나치즘에서 해방된 나라의 정치적 문제를 해결하고자 해방 유럽에 대한 선언(민주주의와 각 민족의 자치권에 대한 송시)을 발표했다. 그것을 통해서 국가 내부의 평화를 보장하고 자유선거를 통해 민족 의지에 부응하는 정부를 가능한 한 빨리 수립할 것이라고 밝혔다.

얄타는 자유롭고 평화로운 세계에 대한 희망을 나타냈다. 하지만 그것은 착각이었던 것으로 드러났다.

소련은 체코슬로바키아, 폴란드, 헝가리, 불가리아, 루마니아, 독일 일부, 알바니아, 유고슬라비아 등 나치로부터 해방된 국가의 영토에 대해 전략적 방위권을 갖게 됐다.

자유세계를 이끄는 미국

제2차 세계 대전은 미국이 세계적인 리더십에 다가가는 계기가 됐다. 뉴딜New Deal 정책이 1929년 이후 경제 위기를 가져왔다면, 전쟁은 역설적으로 경제적 번영을 가져다주었다. 미국의 인명 손실은 비교적 적었다(소련 인명 손실의 80분의 1에 해당하는 30만 명). 자국 영토에서 전쟁을 겪지 않았기에 미국 민간인들은 고통받지 않았고 미국의 산업 잠재력은 손상되지 않았을 뿐만 아니라 전쟁으로 인해 더욱 활기를 띠게 됐다. 미국은 전쟁을 시작했을 때보다 끝났을 때 더 부유해진 유일한 나라였다. 국민 소득은 두 배로 증가했고 세계 금 보유량의 3분의 2를 가지고 있었다. 달러는 영국의 파운드화를 대신하는 국제 통화가 됐다. 모든 경제 분야에서 미국은 세계 제1의 자리를 차지했다. 석탄 생산량은 전 세계 생산량의 절반을 차지했으며 석유 생산량은 3분의 2를 차지했다. 미국의 GNP는 세계 GNP의 40%에 달했다.

점령한 영토
- 폴란드
- 소련
- 유고슬라비아
- 불가리아

- 회담 장소(연도)
- .... 1937년의 국경
- ——— 1945년의 국경
- ▬▬▬ 1949년에 그어진 국경

400km

이주한 사람 수
(백만 명)
1.5   3   6

최고의 군사력을 보유한 미국은 오랫동안 독점권을 가지고 있다고 자부했던 가공할 만한 새로운 무기인 핵무기를 보유하고 있었다.

미국은 제2차 세계 대전 전후에 실시했던 고립주의 정책의 실패를 잘 알고 있었다. 1941년 12월 7일의 진주만 공격은 미국의 의지대로 세계적인 사건에서 비켜나 있을 수는 없으며 단지 경제력만으로는 미국의 안보를 보장할 수 없다는 사실을 확인해 주었다. 미국은 소련의 위협으로부터 유럽을 보호해야 한다고 생각했다. 그래서 '트루먼Truman 선언'에 따라 자유세계의 주도권을 잡게 됐다.

유럽의 분할

제2차 세계 대전의 동맹국들은 동과 서 양 진영으로 나뉘었다. 소련은 사회주의 진영의 승리를 위해 미국과 맞서 싸우려 했다. 서방 국가들은 냉전에 대한 책임이 소련의 팽창주의에 있다고 믿었다.

철의 장막

소련은 새로운 침입에 대비한다는 구실로 붉은 군대(적군)를 주둔시키고 그 국가의 내정에 개입했다. 공산주의자들은 뿌리가 약했음에도 1944년부터 1948년까지 체코슬로바키아를 제외한 각국의 국영 기구를 서서히 장악해 나갔다. 하지만 1945년 유고슬라비아와 알바니아 같은 나라에서는 붉은 군대가 철수됐다.

1946년 3월 영국 총리 처칠은 소련의 정책을 비난하면서 유럽에 '철의 장막iron curtain'이 드리워졌다고 말했다. 전 영국 총리는 소련의 팽창을 막기 위해 동맹의 필요성을 강조했다.

마셜 플랜과 즈다노프 독트린

1947년 3월 12일 미국 대통령 해리 트루먼Harry S. Truman은 다음과 같은 봉쇄 정책을 선언했다. "미국은 무력을 지닌 소수 혹은 외부의 압력에 속박당하기를 거부하는 자유 국민을 지원할 준비가 되어 있다." 이로써 미국은 전통적으로 고수해 오던 고립주의와 결별했다.

1947년 6월 5일 조지 마셜George Marshall 국무 장관은 유럽에 상당한 원조를 제공했다. 미국은 경제 문제를 잘 의식하고 있었으며, 경제 문제가 사회적 불안으로 악화되어 미국에 적대적인 정치 세력이 권력을 장악하게 되는 것을 우려했다.

결국 유럽의 경제 회복은 미국에 시장을 열어 준 셈이었다. 소련은 마셜 플랜(유럽 부흥 계획)을 거부했고, 미국이 경제적 통제권에 이어 정치적 통제권까지 행사하게 될까 봐 동유럽 국

두 개의 블록과 '철의 장막'

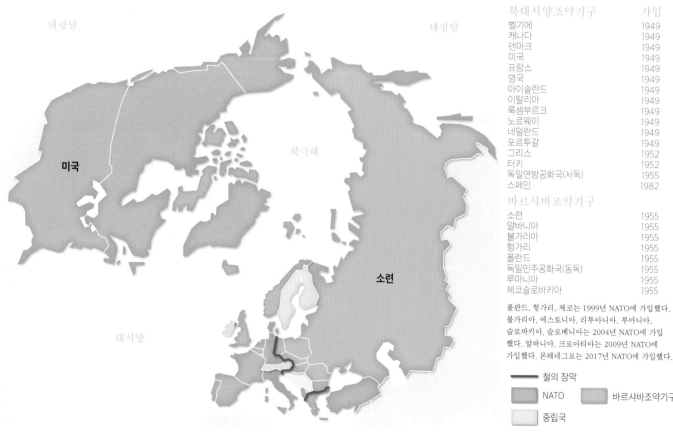

북대서양조약기구	가입
벨기에	1949
캐나다	1949
덴마크	1949
미국	1949
프랑스	1949
영국	1949
아이슬란드	1949
이탈리아	1949
룩셈부르크	1949
노르웨이	1949
네덜란드	1949
포르투갈	1949
그리스	1952
터키	1952
독일연방공화국(서독)	1955
스페인	1982

바르샤바조약기구	
소련	1955
알바니아	1955
불가리아	1955
헝가리	1955
폴란드	1955
독일민주공화국(동독)	1955
루마니아	1955
체코슬로바키아	1955

폴란드, 헝가리, 체코는 1999년 NATO에 가입했다. 불가리아, 에스토니아, 리투아니아, 루마니아, 슬로바키아, 슬로베니아는 2004년 NATO에 가입했다. 알바니아, 크로아티아는 2009년 NATO에 가입했다. 몬테네그로는 2017년 NATO에 가입했다.

철의 장막
NATO
중립국
바르샤바조약기구

1949년 유럽의 분열

서구 영향권

1945년에 가입은 하지 않았지만, 서구에 호의적인 국가

마셜 플랜의 혜택을 받은 국가

소련 영향권에 있는 지역

중립국

핀란드화:
핀란드는 1945년 붉은 군대에 의해 해방됐다. 1947년 핀란드와 소련이 평화 우호 조약을 맺으면서 소련군이 핀란드에서 철수했다. 그 후로 핀란드는 정치 체제를 선택할 수는 있지만 소련에 대한 적대 행위는 삼가야 했다.

800km

대륙에 철의 장막이 드리워졌다

"아주 최근에 연합국의 승리로 불이 밝혀진 무대 위에 어두운 그림자가 드리워졌습니다. 소련과 소련의 공산주의 국제 조직이 당장에 무엇을 하려고 하는지, 그들이 세력을 확장하고 전파하려 하는 움직임의 끝이 어디인지 아는 사람은 아무도 없습니다. … 발트해의 슈테틴에서부터 아드리아해의 트리에스테에 이르기까지 대륙을 가로질러 철의 장막이 드리워졌습니다. 장막이 쳐진 그 선 뒤로 중부 및 동부 유럽 고대 국가들의 모든 수도가 있습니다. 그리고 모두가 이런저런 형태로 소련의 영향 아래 있을 뿐만 아니라 모스크바로부터 아주 강력하고 점증하는 통제를 받고 있습니다. … 이러한 사실로부터 어떤 결론을 끌어내든 간에, 이것은 우리가 싸워서 건설하고자 한 해방된 유럽이 결코 아닌 것은 분명합니다."

- 윈스턴 처칠, 1946년 3월 5일
미국 풀턴에 있는 대학에서 한 연설

가들에 마셜 플랜을 거부하도록 강요했다. 1948년부터 1951년까지 미국은 서유럽에 130억 달러를 쏟아부었다. 유럽은 미국의 원조를 받은 국가와 그것을 거부한 국가들로 분열됐다.

1947년 10월 소련이 발표한 '즈다노프 독트린Zhdanov Doctrine'은 이데올로기 전쟁에 대한 선전 포고로 간주됐다: "세계에는 두 진영이 형성됐다. 한쪽에는 세계를 지배하려는 미국 제국주의를 확립하고 민주주의 붕괴를 목표로 하는 제국주의 반민주 진영이 있으며, 다른 한쪽에는 제국주의를 무너뜨리고 민주주의를 강화하며 파시즘의 잔재 청산을 목표로 하는 반제국주의 민주 진영이 있다."

동구권 국가 중 사회민주당은 공산당에 흡수됐으며 다른 정당들은 침묵

을 강요당했다. 체코슬로바키아에서는 공산당이 무력으로 권력을 찬탈했다. 이것이 프라하 쿠데타(1948년)이다. 유고슬라비아에서는 나라를 해방시킨 티토Tito와 공산주의자들이 스탈린과 결별했다. 이는 공산주의 진영 내 최초의 분열이었다. 핀란드에서는 공산주의자들이 정권을 장악하려 했으나 실패했다. 소련은 1947년에 군대를 철수하고 핀란드와 평화 우호 조약을 체결했다. 핀란드는 민주주의 정치 체제를 누릴 수는 있었지만, 그들의 외교 정책은 소련에 매우 협조적이었다. 이를 '핀란드화(Finlandization, 핀란드가 냉전 시기에 소련과 우호 협약을 체결한 대가로 주권을 보장받은 것을 빗댄 표현으로, 약소국이 강대국 사이에서 중립을 지키면서 독립을 보장받는 대외 정책을 가리킨다–옮긴이)'라고 한다.

두 개의 군사 동맹

소련에 대한 자국의 약점을 의식한 서유럽 국가들은 미국에 안전 보장을 요구했다. 1948년 6월 미국 상원은 〈반덴버그Vandenberg 결의안〉을 통과시켰다. 이 결의안을 통해 미국 정부는 평화 시에 군사 또는 지역 협약에 참여할 수 있게 됐다. 1949년 4월 4일 대서양 연대 조약이 체결되어 북대서양조약기구가 탄생했다.

철의 장막 반대편에서는 1955년에 이르러서야 바르샤바 조약을 체결했다. 하지만 양 진영의 군사 관계는 이미 오래 전부터 확립돼 있었다.

냉전 및 해방

제2차 세계 대전이 끝난 후부터 1980년대 후반까지 동서 분열이 국제 관계를 지배했다. 양 진영의 우두머리 한쪽에는 미국, 다른 한쪽에는 소련이라는 초대강국이 자리 잡고서 두 개의 군사 동맹을 조직했다.

불가능한 전쟁, 불가능한 평화

동서 양 진영의 관계는 제로섬 게임과 같다. 양측의 목적은 처음부터 끝까지 동일하다. 한쪽의 이득은 곧 다른 쪽의 손실을 뜻하며 상호 이득은 있을 수 없다. 위협과 욕설이 있지만, 결코 제3차 세계 대전을 의미하는 직접적인 충돌은 발생하지 않는다. 단지 그 사이에 있는 동맹국들의 무장 충돌이 있을 뿐이다. 결국 핵 억제력은 전쟁을 불가능하게 만들지만, 분열은 진정한 평화를 불가능하게 만들었다.

하지만 두 강대국은 서서히 경쟁을 초월하여 공동의 관심사를 발견했다. 바로 핵전쟁의 발발을 막는 것이다. 그러나 긴장이 완화될 수 있었던 것은 세계가 제3차 세계 대전의 위기를 간신히 넘겼을 때인 쿠바 위기 직후에나 가능했다.

긴장 완화 혹은 평화 공존?

미국은 '긴장 완화'를 의미하는 프랑스어인 '데탕트détente'를 사용했지만, 소련은 '평화 공존'이라는 표현을 사용했다. 두 단어의 차이는 실제로 기대하는 바의 차이를 나타낸다는 점에서 가볍지 않았다.

소련은 더 이상 전쟁을 불가피한 것으로 인식하지 않았다. 1945년 '포위된 요새' 콤플렉스에서 벗어나 더욱 강해진 소련은 미국을 경제적으로 따라잡을 수 있다고 믿었다. 따라서 이러한 계획을 실현하고자 평화의 시기가 필요했다. 소련은 영향력을 확장하기 위해 더 이상 무력에 의지하지 않고 자국의 모델을 제3세계 국가에 전파하고자 했다.

이와 반대로 미국이 1945년 이래로 긴장 완화가 필요하다고 확신하게 된 계기는 그들이 상대적으로 약해지고 있다는 인식 때문이었다. 반공산주의자인 리처드 닉슨Richard Nixon 대통령과 헨리 키신저Henry Kissinger 국무 장관은 베트남 전쟁과 그로 인한 침체가 미국의 쇠퇴를 입증한다고 생각했다. 1960년대 초반부터 신빙성 있는 핵전쟁의 위협, 소련의 군사력에 대한 미국 영토의 취약성은 양국 간의 대화를 끌어냈다. 키신저는 '현실 정치Realpolitik'를 지지했다. 그는 더 이상 소련 정권의 본성은 문제 삼지 않기로 했다. 소련이 외부 계획에 대해 합당한 태도를

취한다면, 대화를 시도하는 것이 바람직하다고 보았다.

헨리 키신저는 "권력이 갈망하는 절대적인 안보는 다른 모든 것의 절대적인 불안정을 초래한다."라고 했다. '모든 참가자의 상대적인 안정과 불안정'이 균형을 이루는 행동만이 허용되며, 이것은 그 자체로 끊임없이 변하고 있는 힘의 균형과 그것을 유지하기 위한 협상의 가능성을 함축하고 있다. 긴장 완화는 봉쇄와 공존 사이에서 균형을 유지할 수 있게 해야만 한다.

균형 또는 쌍두마차?

데탕트 시기 동안 두 강대국은 정기적으로 건설적인 양자 회담을 하고자 했다. 이러한 맥락에서 볼 때 국제 관계는 논제로섬 게임으로 인식됐다. 동일한 작전 내에서 미국과 소련 모두 승자가 되는 것이 가능했기 때문이다.

양국은 대화를 통해 관계를 안정시키고 대립보다는 협력을 우선시하며 지역적 분쟁(베트남, 중동)에 양국 모두가 개입하게 되는 상황을 피하고자 국제적 균형을 우선시하기를 원했다. 따라서 데탕트는 경쟁 종식이 아니라 미-소 '공동 통치'에 따라 공동으로 합의한 규칙을 따르는 것이라고 할 수 있다.

동서 간의 데탕트는 군비 통제, 동방 정책(Ostpolitik, 통일 전 서독이 동구 공산권과의 관계 정상화를 위해 취한 외교 정책-옮긴이), 1975년의 헬싱키 협정으로 상징된다. 헬싱키 협정은 제2차 세계 대전 후에 형성된 국경을 인정하고(소련의 주장) 대륙에서의 자유, 이동, 양심의 원칙을 확립했다(서구의 주장). 긴장 완화를 반대하는 사람들은 서방 국가들이 환상을 좇고 있다고 평가했다. 그 누구도 1945년의 국경으로 돌아가기를 원하지 않았기에 오히려 그 반대 상황이 발생했다. 폴란드와 체

코슬로바키아에서는 반체제 운동이 일어났고, 동독에 주어진 상대적인 자유는 그들의 상황을 서독과 비교하면서 무엇보다 자유, 특히 소비 사회에서 얻을 수 있는 혜택을 누리고 싶다는 저항할 수 없는 욕구를 키워 주었다.

소련의 아프리카에서의 세력 확장, 중거리 탄도 미사일 SS-20 설치, 아프가니스탄 침공은 긴장 완화 상태를 깨뜨렸다. 1985년 3월에 미하일 고르바초프Mikhail Gorbachev가 정권을 잡으면서 소련과 미국 간 협상이 재개됐고 다시 긴장이 완화되기 시작했다. 결국 페레스트로이카(perestroika, 고르바초프가 실시한 개혁 정책. 국내적으로는 민주화 · 자유화를, 대외적으로는 긴장 완화를 기조로 한다-옮긴이)는 새로운 데탕트 시대를 유도했을 뿐만 아니라 동서 관계를 종식했다.

봉쇄 정책(컨테인먼트 정책)

1947년 7월 〈포린 어페어스Foreign Affairs〉지에 X라는 익명으로 미국의 정책이 '봉쇄 정책containment'이어야 한다고 주장하는 기사가 실렸다. 이 기사를 작성한 전 모스크바 주재 대리대사 조지 케넌George Kennan은 다음과 같은 글을 썼다. "미국의 대對소련 정책의 핵심 요소는 소련의 팽창주의 경향에 대하여 장기에 걸쳐 인내하고 방심하지 않으며 강력하게 대응하는 봉쇄 정책이어야 한다. … 평화롭고 안정적인 세계의 이익을 침해하려는 의지의 징후가 보이는 어느 시점에서든 불굴의 힘으로 소련에 맞서기 위해서다."

조지 케넌은 만일 서구 국가들이 소련 군대를 10~13년간 억제할 수 있다면 크렘린 궁전의 주인은 더욱 현명한 외교 정책을 쓰게 될 것이라고 예측했다.

1962년 미국과 소련 군대 주둔지

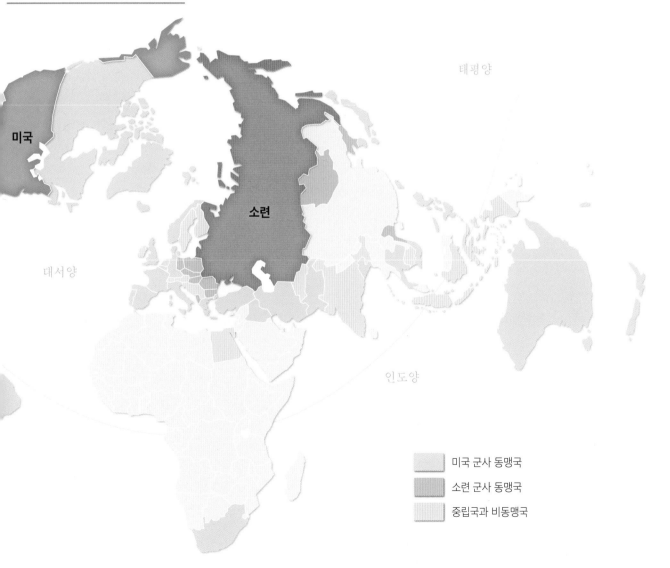

미국

소련

대평양

대서양

인도양

☐ 미국 군사 동맹국

■ 소련 군사 동맹국

☐ 중립국과 비동맹국

탈식민지와 제3세계의 등장

서구 국가들은 국민의 자결권을 지키려고 나치즘에 맞서 싸웠다. 유럽 국가의 식민지들은 독립을 확보하고자 이 원칙을 적용받고 싶어 했다.

냉전 시기 새로운 국가의 출현

제2차 세계 대전이 끝난 후 식민 열강들의 명성은 꽤 실추됐다. 벨기에와 네덜란드는 며칠 만에 철수했고, 프랑스는 2개월 만에 패배했고, 영국은 계속 수세에 몰렸다. 이 국가들의 식민지 주민들은 전쟁에 참전하면서 해방에 대한 욕구를 키워 갔다. 식민 통치 국가들은 식민 지배 국가의 인적 자원을 이용하면서 그들의 희생에 대한 보상을 약속했었다.

1945년 이후에 부상한 미국과 소련은 식민 통치 국가가 아니었으며 오히려 원칙적으로나 실리적으로 식민주의를 반대했다. 소련과 공산당은 반식민주의를 옹호했다. 탈식민지화를 통해 만들어진 국가인 미국 역시 반식민주의 개념에 우호적이었다. 게다가 미국은 유럽 국가의 법적 보호국이라는 지위를 정치적, 경제적 영향력으로 대체하고 싶어 했다.

1945년에서 1953년 사이에 아시아와 중동을 중심으로 첫 번째 탈식민지화 물결이 일었다. 인도에서는 간디의 영향으로 수많은 엘리트들이 자치 정부를 요구했다. 하지만 그들의 바람과는 반대로 인도 제국은 하나의 국가로 독립하지 못했다. 1947년 7월 18일 〈인도 독립법Indian Independence Act〉을 통해 두 개의 국가, 즉 인도 연방과 다수의 이슬람교도로 이루어진 파키스탄이 탄생했다. 분쟁과 학살 속에서 분할이 이루어진 것이다. 동남아시아의 경우 미국은 1946년에 필리핀의 통제된 독립에 합의했으며, 인도네시아는 1949년에 네덜란드가 파병한 군대를 무찌르고 승리했다. 인도차이나반도에서는 호찌민胡志明이 1945년에 베트남의 독립을 선언했다.

제3세계

이 용어는 프랑스 경제학자 알프레드 소비Alfred Sauvy가 1952년에 동서 어느 쪽에도 가담하지 않은 개발도상국들을 프랑스 혁명의 제3신분에 빗대어 사용한 표현이다. 서구 진영의 국가들은 공산주의 진영 국가들과 마찬가지로 선진국이라는 공통점이 있었다. 동서의 분열에 남북의 분열이 추가됐다.

정치적·외교적 확인

1955년 아시아 및 아프리카의 29개 국가들이 인도네시아 반둥에서 회의를 개최했다. 이들은 국토 보전, 주권 존중, 불가침, 내정 불간섭, 평등과 상호 혜택, 평화 공존에 대한 원칙에 합의했다. 이는 유럽 강대국이나 소련, 미국의 개입 없이 남반구 국가들끼리 모인 최초의 대규모 회의였다.

반둥 회의에 참가한 29개국은 인류의 절반에 해당하지만 세계 총생산의 8%를 차지할 뿐이었다. 1961년에는 비동맹 운동이 시작됐다. 그러나 비동맹 운동은 아주 빠르게 세 가지 성향으로 분열됐다. 정말로 비동맹인 국가, 친서구적인 국가, 친소련적인 국가들로 나뉜 것이다.

1950년대 말이 되자 식민지에서 해방된 국가들이 유엔총회UNGA에서 다수를 차지했다. 그들은 유엔총회를 주로 아프리카에 영향을 끼치게 될 제2의 탈식민지화 물결을 주장하는 장으로 이용했다. 유엔 〈결의안 1541호(XV)〉는 1960년에 즉각적이고 무조건적인 탈식민지 권리를 선언했다. 식민지는 유엔 헌장에 위배될 뿐만 아니라 세계 평화를 해치는 것으로 간주됐다.

제3세계: 다양성이 모인 하나의 집단

식민지 해방은 20세기 후반의 주요 사건이었다. 식민지 해방으로 국가의 수는 세 배로 늘어났고, 거의 한 세대 만에 유럽 제국주의가 모두 사라지면서 세계 지도는 혼란에 빠졌다.

하지만 남반구 국가들의 노력에도 불구하고 남북 간 격차를 메울 수 있는 새로운 세계 경제 질서는 구현되지 않았다. 1964년 유엔무역개발회의UNCTAD 총회에서 '77그룹G77'이라는 남반구 국가들(개발도상국들)의 상호 협력을 위한 단체가 창설됐다. 이 그룹은 '천연자원에 대한 영구적인 주권'을 선언했

1945년 이후의 탈식민지화

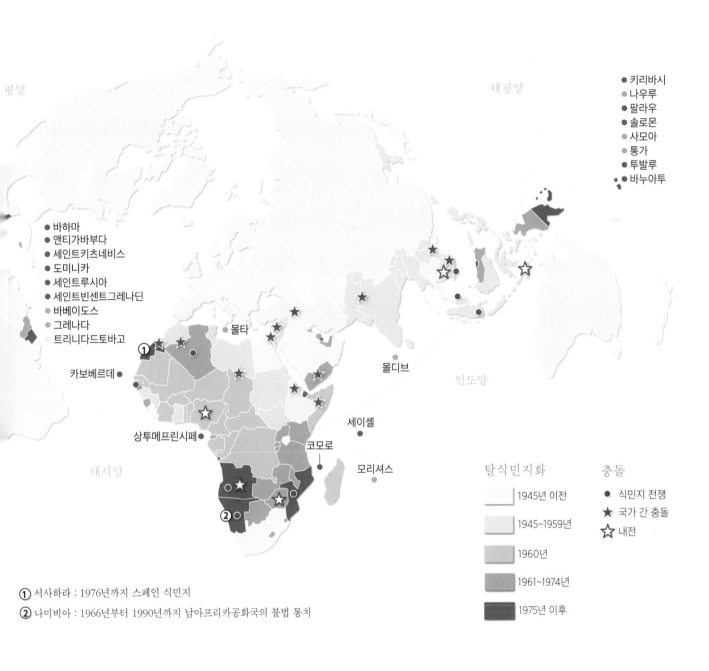

평양

태평양

- ● 키리바시
- ● 나우루
- ● 팔라우
- ● 솔로몬
- ● 사모아
- ● 통가
- ● 투발루
- ● 바누아투

- ● 바하마
- ● 앤티가바부다
- ● 세인트키츠네비스
- ● 도미니카
- ● 세인트루시아
- ● 세인트빈센트그레나딘
- ● 바베이도스
- ● 그레나다
- ● 트리니다드토바고

몰타

몰디브

인도양

카보베르데

상투메프린시페

세이셸

코모로

대서양

모리셔스

탈식민지화

1945년 이전

1945~1959년

1960년

1961~1974년

1975년 이후

충돌

- ● 식민지 전쟁
- ★ 국가 간 충돌
- ☆ 내전

① 서사하라 : 1976년까지 스페인 식민지
② 나미비아 : 1966년부터 1990년까지 남아프리카공화국의 불법 통치

다. 이 아이디어는 원자재 가격을 재평가하여 불평등한 무역을 바로잡자는 것이다. 남반구 국가들은 그들의 주요 자산인 원자재를 싼값에 선진국에 팔고, 선진국은 이를 완제품으로 만들어 고가에 팔고 있었다. 1974년 유가는 4배나 올랐지만 다른 원자재의 경우는 상황이 그리 좋지 않았다. 일부 국가는 산업 분야를 개발하기 위해 수출을 바탕으로 값싼 노동력을 이용하여 경제 성장을 이루기도 했으나, 다른 국가들은 그와 반대로 가격 하락과 관리 실패로 빈곤해졌다.

원자재를 보유하고 있다는 것은 일부 국가에는 축복이었고 일부 국가에는 재앙이었다. 왜냐하면 그것이 외부 침입이나 내전의 원인이 됐기 때문이다.

아시아의 용(한국, 대만, 홍콩, 싱가포르), 지형적 거대국(인도, 브라질, 중국), 석유 보유국, 최빈개발도상국LDCs 사이에 공통점이 사라져 가고 있었다.

소련 제국의 붕괴

미하일 고르바초프가 1985년 3월에 소비에트 연방 공산당의 총서기로 선출됐을 때만 해도 소련은 여전히 초강대국이었다. 소련은 바르샤바조약기구 가입국들을 엄격하게 통제하고('제한주권론'이라고도 하는 브레즈네프 독트린) 더욱 치열해진 군비 경쟁을 하면서 제3세계에 대한 팽창주의 정책을 추진하고 아프가니스탄을 침략했다.

국제 무대에서 소련의 약화

고르바초프는 소련이 로널드 레이건 Ronald Reagan이 이끄는 미국을 따라갈 수 없다는 사실을 잘 알고 있었다. 미국과의 경제적, 기술적, 군사적 격차가 점점 더 벌어졌다. 국가 경제 재건에 전력을 집중하고 서구 국가들을 소련의 품에 품고자 했던 고르바초프는 군사비 지출을 줄이고 국제적 공약을 제한하고 가장 확고했던 소련의 몇몇 입장을 포기함으로써 레오니트 브레즈네프 Leonid Brezhnev의 외교 정책을 폐기하기로 했다. 소련은 유럽 중거리 핵미사일에 관한 조약에 서명하고 SS-20을 포기하며 유럽에서 합의한 균형에 대한 개념을 받아들이기로 했다. 소련의 실상을 드러내는 이 정책은 국가 이미지를 개선하여 공산주의를 유지하려는 것이 목표였다.

동유럽 해방

1940년대 후반 이후 소련의 지배를 받고 있던 바르샤바조약기구 회원국들은 수차례 소련의 무력 지배(1953년 동베를린, 1956년 헝가리, 1968년 체코슬로바키아의 소요 사태에 대한 개입 및 1981년 폴란드 계엄령 선포)에 대해 거부 의사를 표했다.

1987년 체코슬로바키아를 방문한 고르바초프는 '유럽공동체EC'에 대한 비전을 제시했다. 고르바초프는 유럽인이 공동으로 그들의 안식처를 구원하고 개선하고 더 안전하게 만들 수 있다고 생각했지만 각 나라가 고유의 삶을 살고 고

유의 전통을 추구할 수 있어야 한다는 점도 인정했다. 그는 1988년 유엔 연설에서 국민에게 선택의 자유를 보장해 주어야 한다고 말했다. 이러한 사상 변화에 대해 동서양 국가들은 처음에는 회의적이었지만 결국 이는 동유럽 해방으로 이어졌다.

1989년 모든 것이 급속히 이루어졌다. 6월에 고르바초프는 불간섭 정책에 찬성한다고 선언했으며, 사회 변화는 각국 내정에 따라 이루어져야 한다고 강조했다. 소련은 그해 8월 폴란드에서 보이치에흐 야루젤스키 Wojciech Jaruzelski가 솔리다르노시치(Solidarność, 자유연대노조)가 주장한 자유선거를 받아들이고 비공산주의 정부가 들어섰을 때도 개입하지 않았다. 동유럽에서 소련의 개입 위협은 확실히 사라졌다. 거리로 쏟아져 나온 동유럽 국가의 군중들은 평화를 요구하면서도 더 이상 무자비한 소련 경찰을 두려워하지 않았다. 소련의 유럽 방위권은 무너졌다.

9월에 헝가리는 '철의 장막' 일부를 걷어 냈다. 수천 명의 동독 주민이 서독으로 옮겨 갔다. 고르바초프는 동독 정부 40주년 기념식에서 개혁을 원하지 않는 사람은 역사에 휩쓸려 갈 것이라고 강조하면서 호네커 Honecker 정권에 최후의 일격을 가했다. 1989년 11월 9일에 베를린 장벽이 무너지는 것을 방해할 요소는 더 이상 없었다.

폴란드에 이어 동독, 체코슬로바키아,

헝가리에서도 민주적 절차에 따라 대통령을 선출했다. 불가리아와 루마니아 역시 수년 동안 공산주의자로 전향했던 사람들의 소란과 고집이 있긴 했으나 '동풍'을 피할 수는 없었다.

소비에트 블록을 구성하던 당시에 소련이 세웠던 체제는 순식간에 흔들렸다. 1991년 6월 경제상호원조회의(CMEA 또는 코메콘Comecon)에 이어 바르샤바조약기구

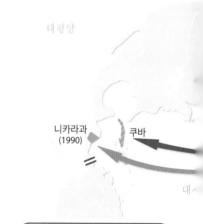

태평양

니카라과
(1990)

쿠바

대

에스토니아
라트비아
리투아니아
칼리닌그라드
러시아
벨라루스
우크라이나
몰도바

━━ 과거 철의 장막
　　 과거 소련 영토
　　 현재의 러시아

가 해체되고(7월), 소련 군대가 모든 동유럽 국가에서 서서히 철수했다.

소련의 철수 - 아시아에서 라틴아메리카까지

소련의 아프가니스탄 개입 실패는 제3세계에 대한 소련의 정책 변화에 중요한 역할을 했다. 제3세계는 더 이상 미국에 대한 견제와 소련의 권력 확인의 장이 아닌 막대한 부담으로 여겨졌다. 소련은 이 국가들의 개발에 필요한 자본을 충당할 능력이 없음이 드러났다. 또한 아프가니스탄 침공으로 동맹국과 서구 제국주의 국가들 앞에서 남반구 국가들의 보호자로서의 이미지가 완전히 망가졌기에 군대를 철수해야 했다.

1986년 2월 고르바초프는 1979년에 군사 개입을 시작한 이

소련 제국의 해체

▨ 소련 전투기가 접근할 수 있는 공군 기지가 있는 나라

● 소련 해군 기지(1991)

═ 주요 전략적 통로

➤ 1975년 이전 소련의 주요 팽창 방향

➤ 1985년 이후 문제가 된 팽창 축

★ 친소 정권에 대항하여 승리한 게릴라

■ 유럽 방위권 붕괴(1990~1991)

■ 소련이 사라질 때까지 소련과 친밀한 관계를 유지하고 체제를 바꾸지 않은 국가

■ 국제 협약에 따라 복수정당제로 전환

■ 선거 그리고/또는 통일

래로 아프가니스탄에 주둔해 있던 소련 군대의 철수를 발표했다. 1988년 2월에는 카불, 파키스탄, 미국 정부와 합의서를 체결했다. 5월에 시작된 철수는 1989년 2월에 끝났다. 다른 이유로 소련의 태도가 급변했다. 소련은 민족 해방 운동을 지지하거나 내전을 선동하는 것을 멈추었다. 정치적, 군사적, 경제적, 재정적 측면의 원조가 대폭 수정된 것이다.

소련은 중동에서 시리아가 이스라엘과 군사적으로 동등한 상태를 유지할 수 있도록 돕는 것을 포기하고, 팔레스타인해방기구PLO에 대한 보상을 요구하지 않고 소련에 거주하는 유대인에게 이주할 수 있는 자유를 주는 것에 합의했다. 특히 위기 시기와 걸프전 동안 무력 사용 요구를 포함하여 바그다드에 대항하는 안전보장이사회의 모든 결의안을 표결함으로써 1972년에 이라크와 맺은 우호 협력 조약을 포기했다.

고르바초프는 포르투갈령 식민지 해방을 돕고자 발을 들였던 아프리카에서 소련의 원조와 존재감을 현저하게 감소시켰다. 이러한 변화는 이미 에리트레아와 티그레 반군에게 굴복했던 에티오피아의 멩기스투Mengistu 정권이 1991년 5월에 결국 무너지게 만들었다. 또한 모잠비크와 앙골라는 서구 국가들과 다시 관계를 맺고 충돌의 소용돌이에서 벗어나려고 시도하게 됐다.

소련은 라틴아메리카에서 쿠바에 대한 원조를 줄였으며 1993년 섬에 주둔하던 군대를 철수했다. 니카라과에 대한 소련의 원조 감소는 산디니스타Sandinista 정권 몰락으로 이어졌다. 라틴아메리카 전 지역에서는 동서 간 충돌이 종식되면서 대부분의 지역 혹은 국가 간 긴장이 점차 완화됐다. 그 밖에 합의서 체결, 게릴라 동원 해제, 정규군대 감소, 선거에 의한 다원적 정당 체제 수립 등이 이루어졌다.

1989년의 전략적 상황

1945년부터 1989년까지 동서 관계의 역사는 미국과 소련이 서로 세계 패권을 차지하려고 인정사정없었지만 직접적인 충돌은 없었던 대립의 역사로 요약된다. 소련의 계획은 일단 미국을 따라잡은 다음에 넘어서는 것이었다. 미국의 목표는 소련의 진보를 제한하는 것이었다. 양측 모두 난공불락의 군사력을 구축하고 가능한 한 가장 광범위한 동맹 네트워크를 구축할 필요가 있었다. 그 결과는 한도 끝도 없는 군비 경쟁이었다.

군비 경쟁, 동맹국 경쟁

소련은 제2차 세계 대전 후 영토를 확장한 유일한 유럽 국가다. 1949년 중국에서의 공산당 승리는 소련 진영을 강화했다. 지리적으로나 인구 통계학적으로 자본주의 진영을 모두 뛰어넘었기 때문에 순풍에 돛을 단 것은 사실상 소련이었다. 미국은 이에 봉쇄 정책으로 대응했고, 이는 '팩토마니아Pactomania'라는 용어로 표현된다. 미국은 소련으로부터 전달되는 모든 소식을 수용할 수 있도록 동맹국 조직을 만들 필요가 있었다.

이렇게 해서 1949년에 북대서양조약기구가 탄생했다. 1951년 오스트레일리아, 뉴질랜드, 미국은 태평양안전보장조약ANZUS을 체결했다. 1954년 9월에는 마닐라에서 체결된 조약에 따라 미국, 프랑스, 영국, 오스트레일리아, 뉴질랜드, 파키스탄, 필리핀, 태국이 동남아시아조약기구SEATO를 결성했다. 이 기구는 1977년에 해체됐다. 1955년 11월에는 바그다드에서 터키, 파키스탄, 이란, 이라크, 영국 사이에 중동조약기구METO가 결성됐고, 미국은 1957년에 합류했다. 중앙조약기구CENTO로 이름을 바꾼 이 기구는 1979년에 해체됐다. 이에 더해 미국은 아시아에서 일본, 한국과 각각 양자 협상을 추가할 필요가 있었다.

새로운 경쟁의 장

근동 지역에서의 유럽 입지 약화, 아프리카의 탈식민지화, 인도차이나반도에서의 프랑스 철수는 미국과 소련 사이에 새로운 경쟁의 장을 열었다. 이 경쟁은 제3세계 국가들에 이로운 면이 있었다. 동맹으로는 모두가 만족할 수 없다는 결론을 얻은 제3세계 국가들에 미국과 소련의 경쟁은 대안이 될 수 있었다. 그 결과 소련과 미국은 자국의 원칙을 고수하기가 힘들어졌다. 소련은 이름뿐인 사회주의 정권도 지지해야만 했고, 미국은 반공산주의 투쟁이라는 명목으로 종종 피 묻은 독재자들과도 동맹해야 했다. 이러한 동맹국과 무기에 대한 경쟁으로 미국과 소련의 경제가 탕진됐다.

1989년의 전략적 상황

동서 관계의 종말

사실 소련이 붕괴한 것은 소련 경제가 더 이상 제국의 부담을 감당할 수 없었기 때문이다. 소련이라는 초강대국은 단지 겉만 번듯할 뿐이었다. 다른 국가에 영향을 끼칠지도 모른다는 두려움 때문에 주로 군사적인 노력을 절대적으로 우선시하느라 생긴 정치적, 사회적, 경제적 분열을 감추어야만 했다. 고르바초프는 페레스트로이카의 성공이 파괴적으로 변해 버린 과도한 군사 정책으로 인한 부담과 군수 산업 단지 관리, 동맹국이나 제3세계에서 초강대국의 지위를 유지하기 위해 들여야 했던 엄청난 지출로부터 소련을 해방시켜 주리라고 확신했다. 소련은 더 이상 이행할 수 없는 다양한 전략적 약속 때문에 고통받고 있었다.

소련의 위험, 특히 소련이 동유럽 국가에 행사하던 지배력은 영원할 것처럼 보였기에 소련의 붕괴는 그 규모나 속도 면에서 놀랄 만한 일이었다. 미국은 1947년 이래로 맞서 싸우고 있던 위협적인 대상을 1989년에 갑자기 잃었다. 동서 관계가 남아 있기는 했지만 그 근원이던 철의 장막이 사라진 후에는 더 이상 존재할 수 없었다.

서구 진영은 다양한 조직(NATO와 유럽공동체)을 유지했지만, 바르샤바조약기구와 소련이 해체되면서 동구권 역시 존재할 수 없게 됐고, 이렇게 서유럽에 대한 주요 위협 요소가 사라지게 됐다. 서유럽은 더 이상 적을 가까이 두지 않았다. 하지만 그렇다고 해서 이것이 유럽의 평화를 뜻하지는 않았으며, 이 사실은 발칸 전쟁으로 드러났다.

세계적인 차원에서 충돌은 그 의미가 변화됐다. 소련의 해체로 미국은 그에 걸맞은 경쟁국을 잃었다. 하지만 미국이 비길 데 없는 초강대국이라고 하더라도 세계를 단극이라고 할 수는 없다. 세계화된 세상에서는 그 어느 국가도 혼자서 권력을 행사할 수는 없다.

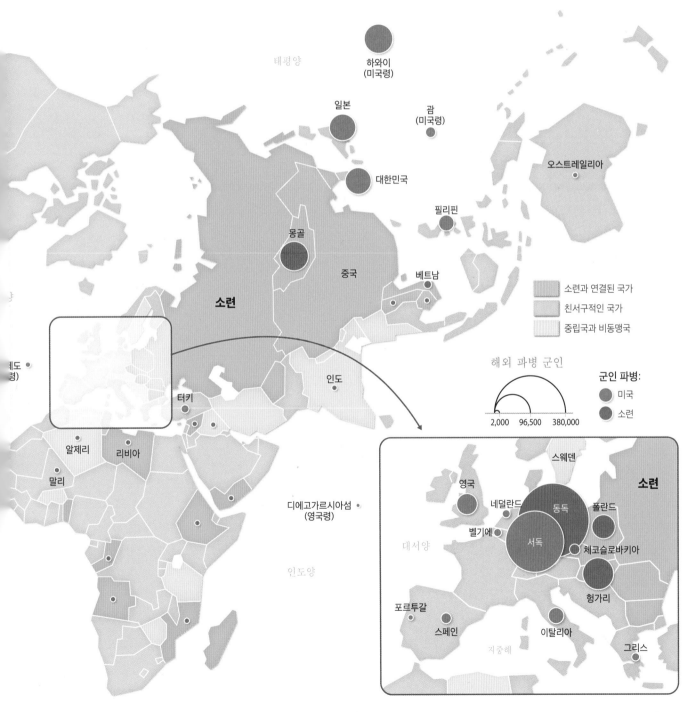

25

제3세계의 종말과 서구의 권력 독점 종식

제3세계라는 용어는 프랑스 인구 통계학자인 알프레드 소비가 1952년에 소련과 미국의 경쟁 대상이었던 저개발국들을 프랑스 혁명 이전의 제3신분에 빗대어 사용한 표현이다.

제3세계

소련과 미국 간의 경쟁에 좌우된 동서 간 분열에 더해 경제적, 정치적 기반을 바탕으로 한 남북 간 분열이 있었다. 이념의 차이를 떠나서 동서는 선진국을 대표했다. 북반구 국가들에 착취당한 가난한 남반구 국가들은 불평등한 무역의 희생양인 저개발국을 대표했다. 남반구 국가들은 주요 자원인 원자재를 매우 저렴한 가격에 판매하고 이를 북반구에서 산업화한 제품을 다시 높은 가격에 사들이고 있었다.

1950년대 후반과 1960년대 초반에 제2차 세계 대전 이후 첫 번째 물결이던 탈식민지화 현상이 전개됐다. 신생 독립국들은 주권을 온전히 인정받고 힘들게 획득한 독립이 더 이상 유럽 열강(신식민주의자)이나 초강대국(신제국주의자)의 음모에 위협받지 않기를 원했다. 또한 불평등 거래를 뒤집어서 원자재 가격을 높이고 경제 발전을 달성하고자 했다.

제3세계 국가들

제3세계의 결속은 의문시됐다. 비동맹국들은 소련이나 미국과 동맹을 맺기도 했다.

1964년 유엔무역개발회의에서 창설된 77그룹은 북반구 국가들에 대해 집단적인 압력을 행사할 수 있기를 희망했지만 현재는 더 이상 공통점이 거의 없는 133개국이 회원국으로 남아 있다. 새로운 국제 경제 질서, 영구적인 주권, 천연자원에 관한 다양한 선언도 이 국가들의 서로 다른 노선을 감출 수는 없었다. 1960년대와 비교해 볼 때 제3세계 국가들은 1970년대부터 서로 다른 길을 가고 있었다. 저개발국으로서 북반구 강대국에 맞선다는 연대감과 공통점으로 뭉쳤지만, 제3세계는 더 이상 존재하지 않는다. 제3세계에 속하는 국가들은 아시아의 호랑이나 용과 같은 신생 산업국, 인구가 적은 산유국, 인도나 중국 같은 경제 대국 그리고 브라질 같은 신흥 국가로 나뉘었다. 1960년대처럼 카타르, 브라질, 대한민국, 세네갈, 아이티, 짐바브웨, 아르헨티나 같은 국가들이 더 이상 하나의 그룹에 속할 수 없게 됐다.

제3세계의 결속이 산산조각이 난 것은 무엇보다 경제 성장이라는 측면에서였다. 유엔개발계획UNDP에 따르면, 제3세계 국가들은 선진국이 1세기 만에 이룬 인적 발전을 30년 만에 달성했다. 제3세계 국가들은 산업 국가, 파산 국가, 빈곤과 불안정의 덫에 갇혀 있는 최빈개도국, 선진국보다 더 뛰어난 성장세를 보이는 신흥 국가로 나뉘어 각기 대조를 이루고 있다.

브릭스와 신흥 국가

2001년 골드만삭스Goldman Sachs는 인구가 많고 경제 성장 잠재력이 높은 4개 국가 브라질(B), 러시아(R), 인도(I), 중국(C)에 대해 'BRIC(브릭)'이라는 용어를 처음으로 사용했다. 브릭에 남아프리카공화국이 추가되면서 브릭스BRICS가 됐다.

브릭스는 작위적으로 연례 정상 회의를 개최하고 서구 강대국과 구별되기를 원했다. 그러나 신흥 국가들이 브릭스보다 수적으로 훨씬 많았다. 중산층이 성장하고 자발적인 경제 주체가 되어 국제 무대에서 점점 더 목소리를 높이고 있는 국가는 60여 개국 이상이었다.

서구 강대국의 권력 독점 종식

냉전 종식(40년 동안 양극 세계가 지속됐다)보다 더 중요한 지정학적 발전은 15세기 말부터 진행된 '위대한 발견'과 일주 항해 이후로 혜택을 누려 온 서구 강대국의 권력 독점 종식이었다. 첫 번째 세계화는 유럽이 다른 대륙들을 정복하면서 이루어진 사실상 세계의 유럽화였다. 20세기 초 세계는 정치적, 전략적, 지식적, 경제적으로 유럽인이 지배했다. 유럽이 전 세계를 두 차례의 세계 대전 속으로 던져 놓는 동안, 전쟁은 유럽을 약해지게 했다. 하지만 1945년 이후 미국이 뒤를 이어서 자유세계의 지도자가 됐고, 서양의 패권을 연장했다.

오늘날 이러한 지배는 다른 나라의 성장과 세계화로 인해 어려움을 겪고 있

1986년과 2016년의 1인당 국내총생산(GDP)

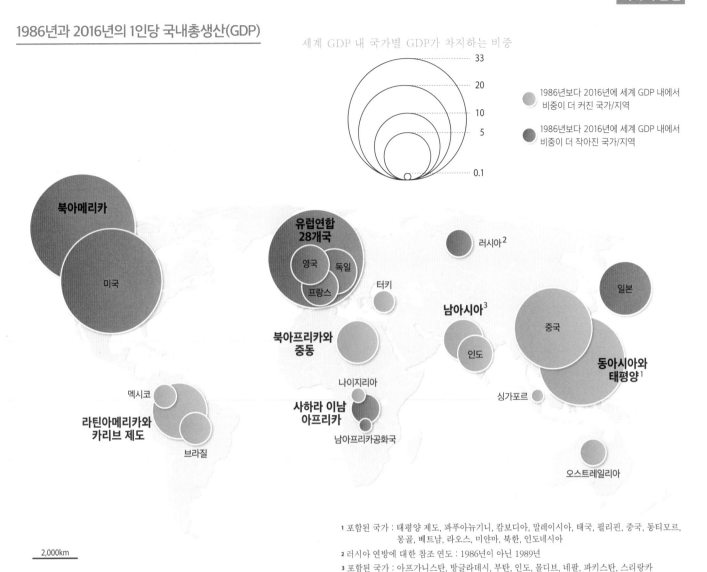

세계 GDP 내 국가별 GDP가 차지하는 비중

- 1986년보다 2016년에 세계 GDP 내에서 비중이 더 커진 국가/지역
- 1986년보다 2016년에 세계 GDP 내에서 비중이 더 작아진 국가/지역

북아메리카 / 미국
유럽연합 28개국 / 영국 / 독일 / 프랑스
러시아[2]
일본
터키
남아시아[3]
중국
북아프리카와 중동
인도
동아시아와 태평양[1]
멕시코 / 브라질
라틴아메리카와 카리브 제도
나이지리아
싱가포르
사하라 이남 아프리카 / 남아프리카공화국
오스트레일리아

2,000km

[1] 포함된 국가 : 태평양 제도, 파푸아뉴기니, 캄보디아, 말레이시아, 태국, 필리핀, 중국, 동티모르, 몽골, 베트남, 라오스, 미얀마, 북한, 인도네시아
[2] 러시아 연방에 대한 참조 연도 : 1986년이 아닌 1989년
[3] 포함된 국가 : 아프가니스탄, 방글라데시, 부탄, 인도, 몰디브, 네팔, 파키스탄, 스리랑카

다. 서구 세계가 권력을 잃지는 않았는지 모르지만, 적어도 독점권은 잃어버렸다. 서구 세계가 빈곤해진 것이 아니라 다른 나라들이 더 빠르게 부유해졌다. 서구 국가들은 여전히 가장 부유하고 가장 강력하지만, 그들이 역사적으로 경험하지 못했던 경제적, 전략적, 정치적 경쟁에 직면하게 됐다. 이 중요한 변화는 5세기 이상 동안 확립된 정치적, 심리적 측면에 의문을 제기하며 위험한 혼란을 야기했다.

서구 국가들이 신흥 국가들에 대해 위협을 느낀 경우에, 현실을 직시하지 못하고 신흥 국가들을 통제할 수 있다고 생각한다거나, 그들에게 저항하는 국가를 복종시키기 위해 강력한 군사적, 전략적 우월성에 의존한다거나, 그들이 여전히 모두를 위한 국제적 의제와 규칙을 설정할 수 있다고 생각한다면 서구 국가들은 크게 실망하게 될 것이다. 어떠한 국가도 더 이상 발전하기 위해서 서구 국가들에 허락을 구하거나 그들의 지시를 따르려고 하지 않을 것이다. 각 국가는 법적으로 그리고 실질적으로 독립을 주장하고 있다. 세계는 다극화됐다.

최빈개도국

최빈개도국은 1971년 유엔이 만든 개념으로, 인간개발지수HDI가 낮아서 다른 국제 사회로부터 특별한 도움을 받는 경제적으로나 사회적으로 가장 낙후된 국가를 가리킨다. 사하라 사막 이남의 아프리카(34), 남아시아(9), 태평양(4) 및 카리브 제도(1)에 위치한 48개국이 이에 속한다. 보츠와나(1994년), 카보베르데(2007년), 몰디브(2011년), 사모아(2014년)는 최빈개도국 목록에서 빠지는 데 성공했다.

국가, 핵심 당사자

국가는 국제 관계에서 당사자라는 자격에 대한 독점권을 거의 상실했다. 하지만 여전히 매우 중요한 핵심으로 남아 있다.

베스트팔렌 세계

1648년 베스트팔렌 조약 체결로 나타난 국제 질서를 가리키는 '베스트팔렌 세계'는 각국의 주권을 인정했다. 국가는 우월하지 않고(교황이나 신성 로마 제국의 황제가 각국의 의지를 강요할 수는 없다) 단지 동등할 뿐이다. 그때부터 국가는 국제 관계에서 핵심적인 역할을 했다.

정부, 영토, 국민이라는 세 가지 요소가 국가를 구성한다. 정부의 성격(군주제, 공화제, 민주주의 등)은 중요하지 않다. 그 효율성, 즉 일정한 영토에 거주하는 인구에 대한 실질적인 통제권이 기준이라고 할 수 있다. 이러한 통제권이 없다면 국가는 무너지고 만다.

국경은 영토, 영해(해안선으로부터 12해리), 영공(영토 위의 상공)을 가리킨다. 영토의 크기가 국가의 자격을 논할 수 있는 기준은 아니다. 극소 국가가 존재하며, 면적이 작은 일부 국가가 지정학적으로 중요한 역할을 하기도 한다.

인구는 국적을 가지고 있든 아니든 동일한 영토에 거주하는 모든 사람으로 구성된다. 각국은 자국의 국적 부여 여부를 자유롭게 정할 수 있다. 인구수 역시 결정적으로 중요한 것은 아니다. 인구 밀도가 매우 낮은 국가도 존재할 수 있다.

국가 간 평등은 이론상으로만 가능하다. 국가가 가진 권력은 각기 다를 수밖에 없기 때문이다. 법으로 완전히 규제되지 않는 세계에서 권력은 아주 중요하다. 국가가 경쟁력을 제대로 행사할 수 있으려면 이웃 국가들의 인정을 받아야만 한다.

국가 수 증가(UN)

| 1945 = 51 | 1960 = 99 | 1980 = 154 | 1995 = 185 | 2018 = 193 |

국가는 여전히 국제 관계의 주축

세계화로 인해 수많은 국제적 당사자가 나타났기 때문에 국가의 지위에 대한 의문이 제기되기도 한다. 네트워크와 왕래가 증가함에 따라 국경의 개념이 약해지고 있다. 국가가 작은 일을 하기에는 너무 커지고, 큰일을 하기에는 너무 작아지고 있다고 말하기도 한다. 하지만 결국 조약에 서명하고 국제 행동을 끌어내는 것은 바로 국가다. 국가는 다른 당사자들의 주요 대담 상대이며, 따라서 국가를 기준으로 국가와 관련 없는 당사자를 포함한 모든 것이 정의된다.

국가는 다른 당사자들과의 경쟁으로 인해 더 이상 국제적인 활동에 대해 독점권을 주장할 수는 없지만 여전히 국제 사회의 주축으로 남아 있다. 국제적 당사자들이 활동하고, 이익에 가치를 부여하고, 요구 사항을 주장하는 대부분의 경우에서 결정의 기준이 되는 것이 바로 국가다. 국가는 다양한 활동을 중재할 수 있는 유일한 장소로 남아 있다. 국가 간의 의견을 조정하면서 협력하거나 권력 다툼을 하는 것은 국가라는 틀 안에서다.

상이한 당사자들 간의 권력 관계는 국가를 굳이 진부한 당사자로 전환하지 않더라도 진화하고 있다.

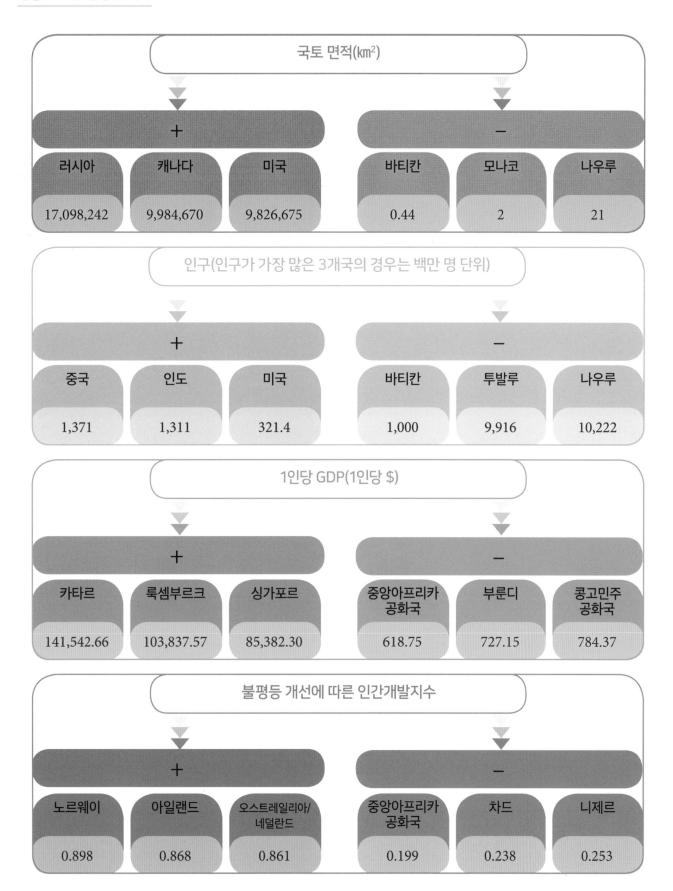

국토 면적(km²)

+			−		
러시아	캐나다	미국	바티칸	모나코	나우루
17,098,242	9,984,670	9,826,675	0.44	2	21

인구(인구가 가장 많은 3개국의 경우는 백만 명 단위)

+			−		
중국	인도	미국	바티칸	투발루	나우루
1,371	1,311	321.4	1,000	9,916	10,222

1인당 GDP(1인당 $)

+			−		
카타르	룩셈부르크	싱가포르	중앙아프리카 공화국	부룬디	콩고민주 공화국
141,542.66	103,837.57	85,382.30	618.75	727.15	784.37

불평등 개선에 따른 인간개발지수

+			−		
노르웨이	아일랜드	오스트레일리아/ 네덜란드	중앙아프리카 공화국	차드	니제르
0.898	0.868	0.861	0.199	0.238	0.253

국제연합, 글로벌 거버넌스?

1945년 샌프란시스코에서 세계적 소명을 수행하기 위해 51개국의 서명으로 창설된 국제연합UN은 2017년 말 기준 193개 회원국을 보유하고 있다.

유엔의 야심

유엔은 국제 평화와 안보 유지를 책임지는 보편적 기구로 여겨진다. 경제 문제와 인권 증진이 평화의 요소로 간주되면서 유엔의 임무는 두 배로 늘었다.

집단 안보 시스템이 작동하려면 각자 거부권을 가진 5개 상임 이사국(중국, 미국, 프랑스, 영국, 러시아)의 동의가 필요하다. 하지만 냉전으로 인해서 각각의 초강대국이 자신들의 동맹국을 보호하려고 들면서 합의가 불가능해졌다. 비록 거부권이 이 시스템의 작동을 가로막고 있기는 하지만, 거부권은 상임 이사국의 존재 조건이라고 할 수 있다. 상임 이사국 중 어느 나라

2018년 유엔 회원국과 평화 유지 활동

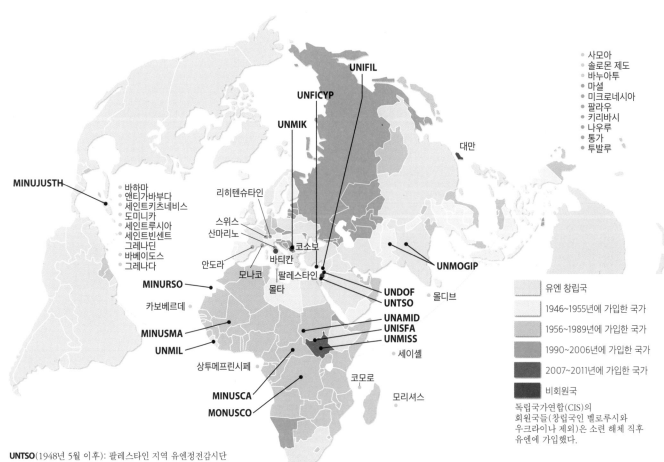

- 사모아
- 솔로몬 제도
- 바누아투
- 마셜
- 미크로네시아
- 팔라우
- 키리바시
- 나우루
- 통가
- 투발루

유엔 창립국
1946~1955년에 가입한 국가
1956~1989년에 가입한 국가
1990~2006년에 가입한 국가
2007~2011년에 가입한 국가
비회원국

독립국가연합(CIS)의 회원국들(창립국인 벨로루시와 우크라이나 제외)은 소련 해체 직후 유엔에 가입했다.

UNTSO(1948년 5월 이후): 팔레스타인 지역 유엔정전감시단
UNMOGIP(1949년 1월 이후): 인도 · 파키스탄 지역 유엔정전감시단
UNFICYP(1964년 3월 이후): 유엔 키프로스 평화유지군
UNDOF(1974년 3월 이후): 유엔 교전 중지 관찰부대, 골란고원에서 정전 감시
UNIFIL(1978년 3월 이후): 레바논 임시 주둔 유엔군
MINURSO(1991년 4월 이후): 유엔 서사하라 총선지원단, 서사하라의 국민 투표 관리
UNMIK(1999년 6월 이후): 유엔 코소보 임시 행정부
UNMIL(2003년 9월 이후): 라이베리아 유엔 평화 유지 임무

MINUJUSTH(2004년 6월 이후): 아이티 사법 지원을 위한 유엔 사절단
UNAMID(2007년 7월 이후): 수단 다르푸르 유엔-아프리카연합 임무단
MONUSCO(2010년 7월 이후): 콩고민주공화국 주둔 유엔평화유지군
UNISFA(2011년 6월 이후): 아비에이(수단) 주둔 유엔 임시 보안유지군
UNMISS(2011년 7월 이후): 유엔 남수단 임무단
MINUSMA(2013년 4월 이후): 말리 주둔 유엔평화유지군
MINUSCA(2014년 4월 이후): 중앙아프리카공화국 주둔 유엔평화유지군

도, 특히 소련과 미국이 아닌 어느 나라도 이러한 보장이 없었다면 유엔 회원국이 되려고 하지 않았을 것이다.

헌장에 규정된 바대로 유엔 회원국은 집단 안보 시스템에 따라 분쟁에 대한 평화적 해결이 필요하거나 특히 공격당할 때 유엔에 지원을 요청할 수 있다. 냉전으로 인해서 이 시기의 주요한 갈등은 유엔의 범위 밖에서 일어났다. 이 시스템은 1990년대에 이라크가 쿠웨이트를 침공했을 때 처음 실제로 가동됐다. 이라크는 소련의 동맹국이긴 했으나 미하일 고르바초프는 이라크가 국제법을 심각하게 위반한 데 대해서 제재를 가하는 것에 동의했다. 유엔은 이라크가 1991년 1월 15일까지 쿠웨이트에서 철수하지 않을 경우 무력 사용을 고려한다는 안전보장이사회 〈결의안 678호〉를 채택했다.

따라서 걸프전은 국제경찰로서의 합법적인 조치였다. 공교롭게도 당시에 환영받았던 새로운 세계 질서는 고르바초프의 사임과 소련의 해체로 자리 잡지 못했다. 냉전의 이데올로기적 대치를 대체한 국가적 경쟁은 여전히 이 시스템을 가로막고 있으며 진정한 집단 안보의 출현을 막고 있다. 유엔의 무능력을 비판하는 것이 타당하다고 하더라도, 이 기구가 수행할 수 있었으며 여전히 수행하고 있는 긍정적인 역할 또한 살펴보아야 한다. 유엔은 탈식민지화, 남아프리카공화국의 아파르트헤이트(인종 차별 정책) 철폐, 인종 학살 이후 캄보디아 국가 재건에 중요한 역할을 했다. 평상시 유엔은 눈에 보이지는 않지만 분명히 예방 효과가 있는 협약이나 접촉을 순조롭게 만든다. 유엔의 전문 기관들은 국제 생활에 없어서는 안 되는 주요 당사자들이다.

유엔 체제

유엔에는 5개의 주요 기관(모든 회원국이 의결권을 행사할 수 있는 총회, 안전보장이사회, 사무국, 경제사회이사회, 국제사법재판소)이 있다.

안전보장이사회는 거부권을 행사할 수 있는 상임 이사국 5개국과 지역별 배분 원칙에 따라 2년 임기로 선출된 비상임 이사국 10개국을 포함한 15개 회원국으로 이루어져 있다.

유엔에는 또한 유엔난민고등판무관실UNHCR, 유엔아동기금UNICEF, 유엔개발계획UNDP, 세계보건기구WHO 같은 보조 기구가 있다.

유엔은 여러 활동과 조직을 통해 국제적인 이익 분야에서 경제적, 사회적 발전을 도모하고자 노력하고 있다. 따라서 국제통화기금IMF, 유엔식량농업기구FAO 및 국제노동기구ILO 같은 조직이 등장했다. 안전보장이사회가 실질적인 결정권을 가진 반면, 총회는 단지 자문 역할만 한다. 결의안이 통과되고 강력한 집행력을 가지려면 회원국의 3분의 2가 출석하고 상임 이사국의 반대가 없어야 한다.

수많은 국가들이 1945년과 같은 형태의 유엔안전보장이사회를 확대할 필요가 있다고 생각한다. 2006년 당시의 유엔 사무총장 코피 아난Kofi Annan은 상임 이사국에 인도, 일본, 독일, 브라질 및 남아프리카공화국 등 5개국을 추가할 것을 제안했다. 하지만 개혁이 이루어지려면 기존 5개 상임 이사국의 합의가 필요했다. 미국과 중국은 세계적인 기구가 너무 많은 권한을 가지게 될까 봐 그 제안을 지지하지 않았다.

국제기구,
부수적인 당사자?

국제기구는 국가들 간의 협력체를 조직하여 국제 관계를 순조롭게 만든다.
국제 관계의 당사자인 국제기구는 국가에 의해서만 창설될 수 있으며
국가만이 회원이 될 수 있다. 국제기구는 일단 창설되면 그 회원국을
상대하는 경우를 포함하여 상대적인 자율성을 갖게 된다.

국가에 의해 창설되는 국제기구

국제기구 창설은 국가 간의 국제적인 조약 체결에 따른 결과
다. 국제기구는 창설되고 나면 법적 지위를 가지고 자발적으
로 존재하게 된다. 국제기구는 현재 3백여 개에 달한다.

초창기 국제기구는 여러 국가를 가로지르는 강의 흐름을
조정하는 문제에 관여하는 등 순수하게 기능적인 목적으로
만들어졌다. 그 예로 1831년에는 라인강 항해를 위한 중앙위
원회가, 1856년에는 다뉴브강 항해를 규제하는 조직이 설립
됐다. 하나의 기술 발전이 여러 국가에 영향을 끼치게 되면서
다양한 기구가 국경을 넘어 행정을 관리할 목적으로 만들어
졌다. 1865년 국제전기통신연합ITU이 창설됐으며, 1874년에
는 만국우편연합UPU, 1922년에는 국제철도연맹UIC이 조직됐
고, 1883년에는 산업 재산권의 국제적 보호를 위한 동맹이 체
결됐다. 이렇듯 초기에는 기술 진보로 인해 여러 국가에서 발
생하는 활동을 국제적으로 규제하는 일에 관여했다. 1947년
항공 수송을 총괄하는 유일한 수단인 국제민간항공기구ICAO
가 탄생한 것도 이러한 실용적 이유에서다.

정치적 역할

제1차 세계 대전은 동일한 비극의 반복을 피하려면 국가 간
정치적 관계를 규제할 필요가 있음을 일깨워 주었다. 그래서
1920년에 회원국 간의 평화 보장과 집단 안보 시스템 구축
을 목적으로 국제연맹League of Nations이 창설됐다. 하지만 국제
연맹은 보편주의와 실질적인 제재 권한의 부재로 결국 실패
했다. 제2차 세계 대전이 끝날 무렵 만들어진 국제연합은 국
제연맹의 실패를 되풀이하지 않으려 했다. 하지만 그 구조는
전쟁 승리자들의 합의를 바탕으로 만들어졌고, 이에 따라 냉
전과 블록의 논리가 탄생했다. 이 논리는 국제연합이 진정한
세계 경찰의 역할을 수행하는 것을 방해했다. 실제로 국제연

합의 활동이 그 반대파가 주장하는 것만큼 부정적이지 않았
음에도 말이다.

기술 개발, 국가 간 상호 의존, 탈식민지화는 국제기구가 증
가하는 요인이 됐다. 지역적 차원에서 수많은 국제기구가 만
들어졌고, 지리적 근접성은 구체적인 협력이나 합의를 더욱
쉽게 끌어냈다.

북미자유무역협정(NAFTA)
미국의
바람에 따른
재협상

대평양

안데스공동체(CAN)
페루와 콜롬비아에
대한 비판,
베네수엘라의
탈퇴

베네수엘라*

볼리비아**

● 바하마
● 앤티가바부다
● 세인트키츠네
● 몬트세랫
● 도미니카
● 세인트루시아
● 세인트빈센트
그레나딘
● 바베이도스
● 그레나다
● 트리니다드토

대서양

다양한 회원국의
의지 부족
남미공동시장(MERCOSUR)

경제적 목적에 따라 지역적으로 조직된 국제기구

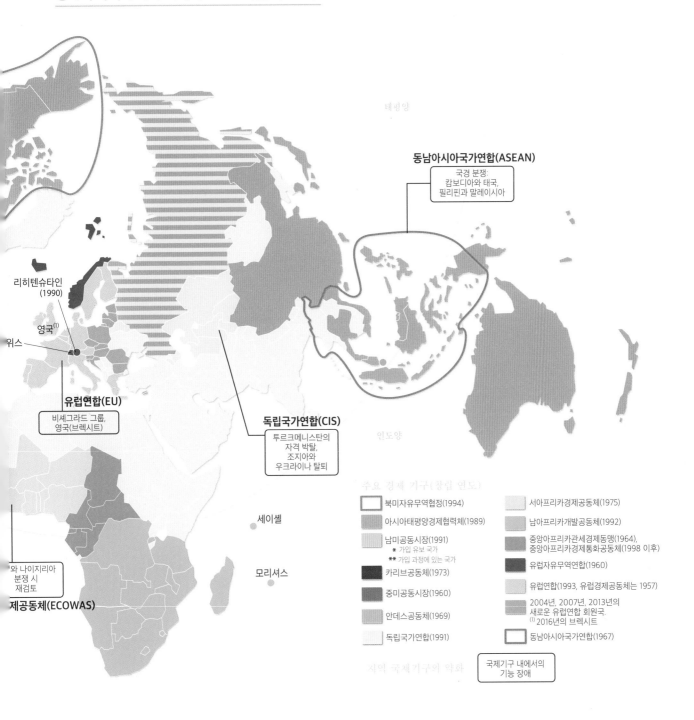

태평양

동남아시아국가연합(ASEAN)
국경 분쟁:
캄보디아와 태국,
필리핀과 말레이시아

리히텐슈타인
(1990)

영국⁽¹⁾

위스

유럽연합(EU)
비셰그라드 그룹,
영국(브렉시트)

독립국가연합(CIS)
투르크메니스탄의
자격 박탈,
조지아와
우크라이나 탈퇴

인도양

세이셸

와 나이지리아
분쟁 시
재검토

모리셔스

제공동체(ECOWAS)

주요 경제 기구(창립 연도)

북미자유무역협정(1994)	서아프리카경제공동체(1975)
아시아태평양경제협력체(1989)	남아프리카개발공동체(1992)
남미공동시장(1991)	중앙아프리카관세경제동맹(1964), 중앙아프리카경제통화공동체(1998 이후)
* 가입 유보 국가 ** 가입 과정에 있는 국가	
카리브공동체(1973)	유럽자유무역연합(1960)
중미공동시장(1960)	유럽연합(1993, 유럽경제공동체는 1957)
안데스공동체(1969)	2004년, 2007년, 2013년의 새로운 유럽연합 회원국. ⁽¹⁾ 2016년의 브렉시트
독립국가연합(1991)	동남아시아국가연합(1967)

지역 국제 기구의 약화

국제기구 내에서의
기능 장애

국제기구에 대한 평가는 여전히 복합적이다. 기술과 관련
된 기구는 없어서는 안 되며, 물질적으로 불가능할 수도 있는
국제적 생존을 가능하게 해 주기도 했다. 정치와 관련된 기구
는 덜 성공적이지만, 이는 단지 회원국 간의 분열과 경쟁이 반
영된 결과일 뿐이다.

NGO, 신흥 당사자들?

비정부기구NGO는 다국적 기업과 달리 영리 추구를 목적으로 하지 않으며, 국제기구와 달리 국가가 아닌 개인에 의해 설립된다. 그러나 다국적 기업과 마찬가지로 국제(또는 초국가적) 무대에서 활동한다. 더 많은 사람에게 국제적인 관점을 제시하고 시간과 공간을 축소시킨 세계화로 인해서 NGO의 수가 늘고 있으며 통합, 의사소통, 인식 및 참여가 용이해졌다. NGO는 국제 관계의 모든 분야에 개입한다.

복합적 현실

NGO라는 용어에는 복합적인 현실이 감춰져 있다. NGO는 그 수가 너무 많아서 정확하게 파악하기가 힘든데, 아마도 수만 개에 달할 것이다.

널리 알려진 NGO는 주로 공공의 자유 보호(국제앰네스티Amnesty International, 국제인권감시기구Human Rights Watch), 분쟁 지역의 피해자 구조(국경없는의사회Médecins Sans Frontières, 기아대책행동Action contre la faim, 세계의 의사들Médecins du monde, 핸디캡 인터내셔널Handicap international), 환경 보호(그린피스Greenpeace, 월드워치연구소Worldwatch Institute) 등을 위해서 연대하여 활동한다. 인류의 관대함, 타인에 대한 관심, 보편적 이익을 위해 투쟁하는 NGO는 큰 인기를 누리고 있다. 이러한 전투적 태도의 바탕에는 진정한 전문성이 있다. NGO는 아주 조직적이며 수억 유로의 예산을 관리하고 정부의 결정에 영향을 미치기 위해 언론과 여론을 동원하는 방법을 잘 알고 있다. 그들은 요구 조건을 관철하고자 비판과 변호의 역할을 동시에 수행하고 있다.

덜 호전적이며 국제 관계를 원활하게 만들 목적으로 수많은 사람을 모이게 하는 NGO도 있다. 국제우표연합, 로터리클럽, 세계재향군인연맹, 국제학생연맹, 국제올림픽위원회, 국제축구연맹 등이 그 예다. NGO의 인기는 의사소통을 위해서 국가들이 주도하는 가짜 NGO가 만들어지게 했다. 이러한 기구를 GONGO(Government Operated Non-Governmental Organization, 정부 운영 비정부기구)라고 부른다.

2018년 10개의 주요 NGO(NGO 어드바이저 참조)

4 스콜(Skoll) 재단
- 실제 인원 45명
- 자본 3,200만 유로
- 창립 연도 1999년
- 소재지 미국
- 목적: 기업가 정신 및 사회 혁신
- 중재 지역: 전 세계
- 자금 출처: 스콜 소속 개인 재단을 기반으로 하는 융자
- 참고: 이베이(E-bay) 창립자가 주도

5 아쇼카(Ashoka) 재단
- 실제 인원 500명
- 자본 2,400만 유로
- 창립 연도 1981년
- 소재지 미국
- 목적: 기업가 정신 및 사회 혁신
- 중재 지역: 전 세계

6 어큐먼(Acumen) 펀드
- 실제 인원 104명
- 자본 2,450만 유로
- 창립 연도 2001년
- 소재지 미국
- 목적: 빈곤 퇴치
- 중재 지역: 미국, 동서 아프리카, 인도, 파키스탄, 라틴아메리카

7 머시코(Mercy Corps)
- 실제 인원 5천 명
- 자본 3억 5,500만 유로
- 창립 연도 1979년
- 소재지 미국
- 목적: 인도주의, 긴급 구호
- 중재 지역: 중앙아시아, 동남아시아, 라틴아메리카 및 카리브 제도, 아프리카, 중동 및 근동, 그리스, 미국

10 큐어 바이올런스 (Cure Violence)
- 실제 인원 700명
- 자본 2,350만 유로
- 창립 연도 2000년
- 소재지 미국
- 목적: 폭력 반대 운동
- 중재 지역: 미국, 중남미, 중근동, 아프리카, 영국
- 참고: WHO 전 이사장이 설립

미국

시민 단체에 대한 영향

NGO의 발전은 국제 사회에서 시민 단체의 발전을 의미한다. 시민 단체는 국제 무대에서 차지하는 비중에도 불구하고 어떠한 국제적 지위도 누리지 못했다. 따라서 시민 단체는 그 단체가 조직된 국가의 매우 다양한 국내법을 적용받았다. 연대 조직된 NGO라고 해서 반드시 국가에 적대적인 것은 아니며, 상황에 따라 국가와 협력할 수도 있다. 국가가 제공하는 인도주의적 원조의 상당 부분(특히 긴급 상황의 경우)은 보다 유연하고 신속하게 대응하는 NGO를 통해서 전달되곤 한다.

몇몇 주요 NGO들은 국제 관계에서 몇몇 국가 협약과 동등한 자격이 있는 중요한 행위자로서 효율적이고 가시적으로 활동한다. 그들은 여론을 조성하고 내부 고발자로 활동할 뿐만 아니라 국제 당사자들에게 권위를 인정받는 국제 관계자로 활동하고 있다.

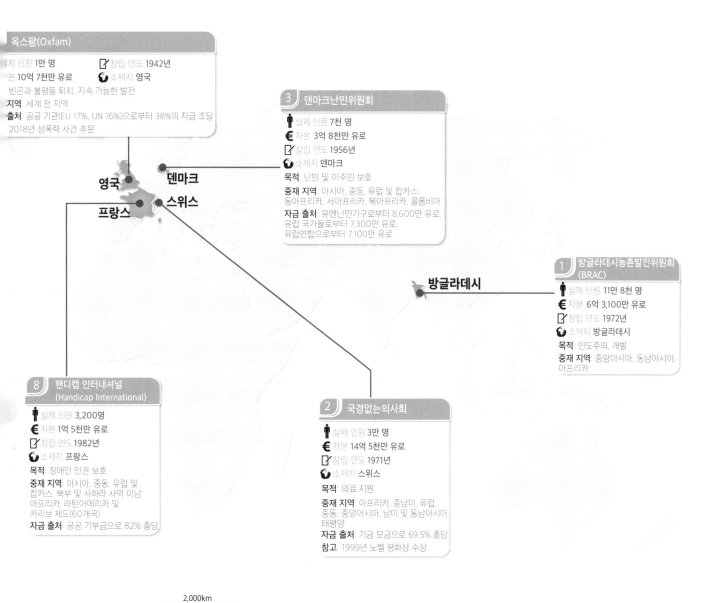

옥스팜(Oxfam)
제 인원 1만 명
분 10억 7천만 유로
창립 연도 1942년
소재지 영국
빈곤과 불평등 퇴치, 지속 가능한 발전
지역: 세계 전 지역
출처: 공공 기관(EU 17%, UN 16%)으로부터 38%의 자금 조달
2018년 성폭력 사건 추문

3 덴마크난민위원회
실제 인원 7천 명
자본 3억 8천만 유로
창립 연도 1956년
소재지 덴마크
목적: 난민 및 이주민 보호
중재 지역: 아시아, 중동, 유럽 및 캅카스, 동아프리카, 서아프리카, 북아프리카, 콜롬비아
자금 출처: 유엔난민기구로부터 8,600만 유로, 유럽 국가들로부터 7,300만 유로, 유럽연합으로부터 7,100만 유로

1 방글라데시농촌발전위원회 (BRAC)
실제 인원 11만 8천 명
자본 6억 3,100만 유로
창립 연도 1972년
소재지 방글라데시
목적: 인도주의, 개발
중재 지역: 중앙아시아, 동남아시아, 아프리카

8 핸디캡 인터내셔널 (Handicap International)
실제 인원 3,200명
자본 1억 5천만 유로
창립 연도 1982년
소재지 프랑스
목적: 장애인 인권 보호
중재 지역: 아시아, 중동, 유럽 및 캅카스, 북부 및 사하라 사막 이남 아프리카, 라틴아메리카 및 카리브 제도(60개국)
자금 출처: 공공 기부금으로 82% 충당

2 국경없는의사회
실제 인원 3만 명
자본 14억 5천만 유로
창립 연도 1971년
소재지 스위스
목적: 의료 지원
중재 지역: 아프리카, 중남미, 유럽, 중동, 중앙아시아, 남미 및 동남아시아, 태평양
자금 출처: 기금 모금으로 69.5% 충당
참고: 1999년 노벨 평화상 수상

영국
덴마크
스위스
프랑스
방글라데시

2,000km

다국적 기업, 세계의 새로운 주인?

다국적 기업은 영리를 목적으로 여러 나라의 영토에서 운영되는 민간 기업이다. 이론상으로는 반드시 거대 기업일 필요가 없지만, 실제로는 그렇지 않다. 사실 다국적 기업이라고 하면 사람들은 대체로 거대 기업을 떠올린다. 다국적 기업은 때로 일부 국가의 GDP보다 높은 매출액을 달성하기도 하며 국제 관계에서 실질적으로 주요한 역할을 한다. 이들은 세계화의 핵심 요소 중 하나인 주요 외국인 직접 투자자다.

주요 당사자

다국적 기업은 국내 및 국제 정치 무대에서 중요한 역할을 할 수 있다. 다국적으로 운영된다고 하더라도 다국적 기업은 국적을 가지고 있다. 다국적 기업의 이윤이 늘 국가의 이익을 반영하는 것은 아니지만, 그들의 기업 활동이 국가에 이익이 되는 것은 분명하다.

특정 국가에 대해 제재 조치를 선포한 나라는 그 국가에 주재하는 다국적 기업의 활동까지 제한하게 될 수도 있다. 조세 피난처를 찾거나 때로 제재를 피하고자 하는 다국적 기업은 자국의 이익과 충돌할 수도 있다. 하지만 국가는 다국적 기업의 시장 확보를 도울 수 있으며, 다국적 기업은 자국의 위상과 부에 간접적으로 기여한다. 세계화는 규제 완화와 국경 지우기를 통해 다국적 기업의 활동 역량을 확대하고 그 중요성과 역할을 증대시켰다. 다국적 기업은 세계화 이전부터 존재했지만 세계화로 인해서 더 큰 혜택을 누리고 있다.

대조적 역할

다국적 기업은 다양한 정체성을 없애고 즉각적인 이윤을 추구하며 주재하는 국가의 이익을 무시한다는 비난을 받곤 한다. 또한 단지 기업의 이윤을 지키려고 인권을 유린하는 특정 정권을 지지하거나 독재 정권이 수립되는 것을 돕는다는 비난을 받기도 한다.

다국적 기업은 최고 수익을 내거나 투자를 유치하거나 가장 유리한 세율을 적용받는 등 최상의 조건을 얻고자 실제로 국가들을 경쟁시키기도 한다. 그렇다고 해서 다국적 기업이 단지 '최저가 입찰'에만 매력을 느끼는 것은 아니다. 호스트 국가의 인프라(운송, 통신, 교육 시스템 등) 품질이 여전히 결정적인 요소다. 다국적 기업을 옹호하는 사람들은 다국적 기업이 일자리를 창출하고 기업이 활동하고 있는 국가를 현대화하는 매개체 역할을 한다고 말하기도 한다. 처음에는 미국 기업, 그다음에는 유럽 기업, 일본 기업이 신흥 국가에서 활동하면서 세계의 경제를 다극화했다. 신흥 국가 내에서 다국적 기업의 숫자는 지난 10년 동안 3배로 증가했다.

다국적 기업의 이미지는 약점이 되기도 하고 장점이 되기도 한다. 다국적 기업은 부정적인 여론으로 기업 이익에 손해를 입지 않도록 기업 이미지를 잘 관리해야 한다. 따라서 대부분의 다국적 기업은 재단을 만들어서 기업의 사회적 책임Corporate Social Responsibility, CSR을 완수하고자 한다. 하지만 그들은 확보할 수 있는 최적의 방법, 심지어 탈세 수단을 원하기도 한다.

해외로 눈을 돌린 투자

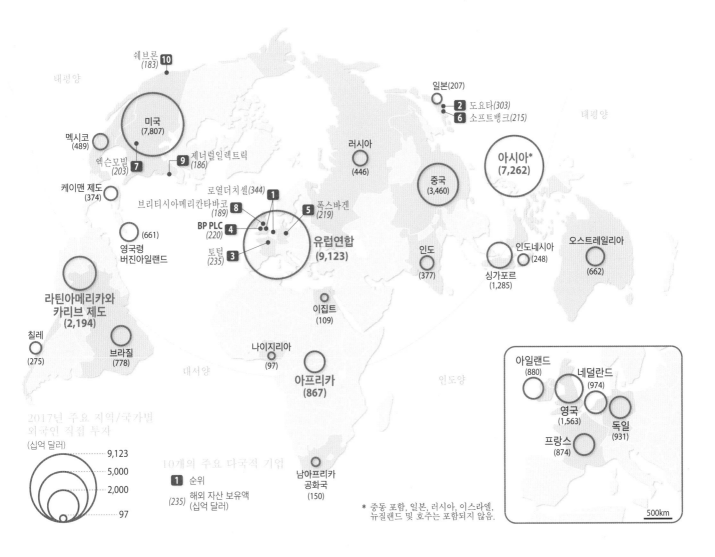

쉐브론 **10**
(183)

대평양

미국
(7,807)

멕시코
(489)

엑슨모빌 **7**
(203)

9 제너럴일렉트릭
(186)

케이맨 제도
(374)

브리티시아메리칸타바코 **8**
(189)

로열더치셸(344) **1**

BP PLC **4**
(220)

5 폭스바겐
(219)

토털 **3**
(235)

유럽연합
(9,123)

라틴아메리카와
카리브 제도
(2,194)

칠레
(275)

브라질
(778)

나이지리아
(97)

이집트
(109)

아프리카
(867)

남아프리카
공화국
(150)

러시아
(446)

일본(207)

2 도요타(303)
6 소프트뱅크(215)

대평양

중국
(3,460)

아시아*
(7,262)

인도
(377)

싱가포르
(1,285)

인도네시아
(248)

오스트레일리아
(662)

대서양

인도양

2017년 주요 지역/국가별
외국인 직접 투자

(십억 달러)

- 9,123
- 5,000
- 2,000
- 97

10개의 주요 다국적 기업

1 순위

(235) 해외 자산 보유액
(십억 달러)

* 중동 포함. 일본, 러시아, 이스라엘,
뉴질랜드 및 호주는 포함되지 않음.

아일랜드
(880)

네덜란드
(974)

영국
(1,563)

독일
(931)

프랑스
(874)

500km

커져 가는 여론의 힘

소셜 네트워크는 다양한 수준의 정보를 제공하는 사람과 받는 사람으로 이루어진다. 정부가 정보를 독점하는 곳은 더 이상 그 어디에도 없다.

여론의 출현

여론이라는 용어는 18세기에 장 자크 루소Jean-Jacques Rousseau가 그의 글(〈달랑베르에게 보낸 편지〉)에서 사회적 힘의 중요성을 나타내기 위해 처음 사용했다. 물론 당시에는 지적인 부르주아 계급의 정치 문제에 영향을 끼치고 싶어 하는 소수의 특권 엘리트층과 관련된 용어일 뿐이었다.

19세기에는 문맹 퇴치, 인쇄기 발명, 지식 확산 및 언론의 보급으로 인해 실제 여론 혹은 여론으로 추정되는 것의 중요성이 커졌다. 20세기의 대중 매체 발달, 여론 조사 등장, 널리 퍼진 소셜 네트워크(페이스북, 트위터 등)는 정보의 흐름 및 강한 결집을 가능하게 하면서 결정을 내리는 데 개인의 참여를 증가시켰다. 과거에는 정부가 정보를 독점했지만, 이제 북한을 제외하고는 그런 정부가 더 이상 존재하지 않는다.

19세기 말 유럽에서는 레바논 기독교인들의 운명, 그리스와 세르비아의 오스만 제국으로부터의 독립에 대한 여론이 형성됐다. 미국은 아메리카 대륙에서 스페인의 식민주의를 끝내고자 쿠바 민중의 운명에 초점을 맞춘 여론 운동을 벌였다. 제1차 세계 대전은 광범위한 전쟁 선전 경쟁의 계기가 됐고, 히틀러 정권과 무솔리니 체제로 인해 선전은 최고조에 달했다. 냉전 시대에 미국과 소련은 직접적으로 충돌하지는 않았지만 선전과 여론이라는 치열한 전투를 통해 정치 체제의 우수성을 보여 줌으로써 대중의 마음을 얻고자 했다.

2016년 11월
미국의 대통령 선거

2,000km

정부와 여론

정부는 외교 정책의 타당성에 대해 자국 여론을 확신시켜야 할 뿐만 아니라 다른 나라의 국민들도 설득해야 한다. 미국은 강력한 힘을 지녔음에도 2003년에 극도로 평판이 나빴던 이라크 전쟁을 일으키는 바람에 고립됐다. 국제적인 비난을 받은 것은 물론 외교적, 경제적 대가를 치렀을 뿐만 아니라 국가의 소프트 파워, 즉 국가 이미지를 실추했다.

소셜 네트워크를 통한 여론

1985년 미하일 고르바초프가 권력을 잡았을 때, 소련 공산당의 최고 정책 결정 기관인 정치국Politburo 당원들의 연수 내용은 외무부의 검열을 받았다. 오늘날에는 어떤 지도자도 정보원뿐만 아니라 다중 TV 채널 및 무한한 인터넷 자료를 독점할 수 없다. 국민도 마찬가지다. 중국은 민주주의 국가가 아니

2018년 여론에 대한 소셜 네트워크의 영향

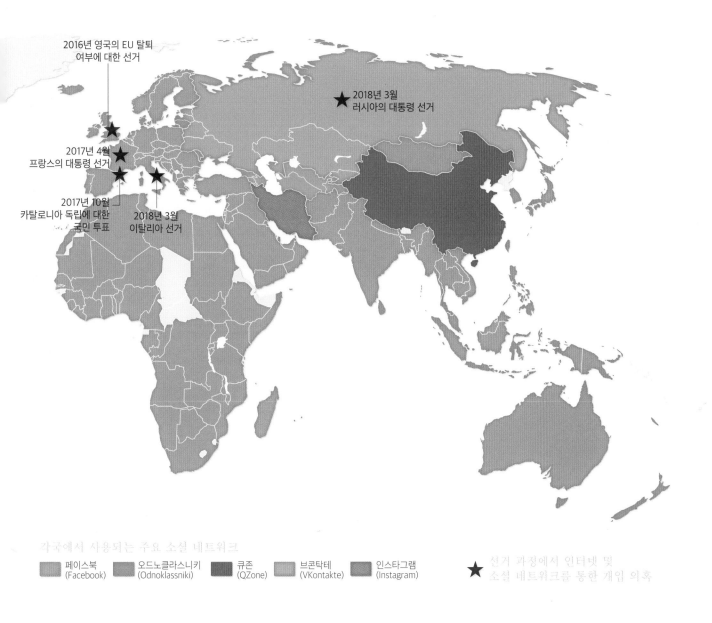

2016년 영국의 EU 탈퇴
여부에 대한 선거

2018년 3월
러시아의 대통령 선거

2017년 4월
프랑스의 대통령 선거

2017년 10월
카탈로니아 독립에 대한
국민 투표

2018년 3월
이탈리아 선거

각국에서 사용되는 주요 소셜 네트워크

■ 페이스북
(Facebook)
■ 오드노클라스니키
(Odnoklassniki)
■ 큐존
(QZone)
■ 브콘탁테
(VKontakte)
■ 인스타그램
(Instagram)

★ 선거 과정에서 인터넷 및
소셜 네트워크를 통한 개입 의혹

지만 인터넷 사용자는 7억 명에 달한다. 여론은 독자적인 방식으로 존재하고 전달되며, 공산당은 더 이상 과거처럼 국민의 일상생활을 규제하지 않는다.

이러한 여론의 비중은 경제 발전 수준(단순히 생존 자체가 목적인 하루에 1~2달러 버는 국민에게 정치적 요구 사항은 매우 적거나 심지어 전혀 없을 수도 있다),

문맹 퇴치 수준(문맹 인구는 정치 문화 수준이 낮다), 각국의 역사에 따라 다를 수 있다. 하지만 실제로 거의 모든 국가에서 시민 단체가 설립되고 강화되고 있다.

국제 거버넌스?

서로 다른 국가와 국민이 국제적인 공무를 관리하기 위해서 '국제 공동체'를 형성한다는 이 개념은 비교적 최근에 생겨났다. 세계화 시대에 모든 국가가 상호 의존할 수밖에 없는 현실에서 이 개념은 더욱 강해지고 있다.

상대적인 관계

주권 상실에 대한 두려움과 경쟁심은 세계 정부는 말할 것도 없고 글로벌 거버넌스 수립을 어렵게 만든다. 종종 거론되는 국제 공동체도 거의 실현되지 않고 있다. 간혹 국제 공동체가 언급되더라도, 거의 눈에 띄지 않는 성공을 축하하기보다 수많은 실패를 개탄하는 경우일 때가 더 많다.

제1차 세계 대전이 끝난 후 인류는 또다시 엄청난 인명 피해를 초래하는 세계적인 갈등에 휩싸이지 않으려면 집단 안보에 대해 공동 책임감이 필요하다고 느꼈다. 그리하여 국제연맹을 설립했다. 하지만 적대적인 이데올로기 분열은 국제연맹의 보편성을 방해했고 완전히 비효율적인 기구로 전락시켰다. 국제연맹은 진정한 권한을 갖지 못한 채 본질적인 사명을 수행할 수 없었다.

1945년 이후, 제2차 세계 대전 승전국들은 국제연맹의 실패로부터 교훈을 얻고 국제연합을 창설했다. 무력 사용 권한까지 보유한 안전보장이사회는 주로 집단 안보를 담당한다. 승전국 간의 동맹을 바탕으로 조직된 이 기구는 안타깝게도 냉전이라는 동서 대립의 영향으로 분열돼 있다. 안전보장이사회는 5개 상임 이사국(러시아, 중국, 미국, 프랑스, 영국)의 특권인 거부권 사용으로 인해 제대로 작동되지 않았다. 하지만 거부권은 세계적 기구의 존립과 강대국 참여를 위해 필수적이다.

불가결한 필요성

1990년 이라크가 쿠웨이트를 침공한 이후 새로운 기대감이 싹텄다. 미하일 고르바초프 소련 대통령은 이라크와 동맹 관계였지만 전략적 연대보다 법치주의를 우선시하는 데 동의했다. 유엔 헌장에서 규정하는 권한을 행사할 수 있도록 새로운 세계 질서를 구축해야 한다고 생각한 고르바초프는 만일 이라크가 1991년 1월 15일까지 쿠웨이트에서 철수하지 않는다면 이라크에 대한 무력 사용을 찬성하기로 합의했다. 걸프전은 국제 공동체의 이름으로 수행된 최초의 군사 작전이었다. 그러나 걸프전 성공 이후 미국은 1991년 7월 G7(미국, 영국, 프랑스, 독일, 일본, 이탈리아, 캐나다 등 선진 7개국) 정상 회담에서 소련에 대

한 경제 원조를 거절했다. 소련이 붕괴한 이후로 미국은 새로운 세계 질서의 건설자보다 냉전의 승리자가 되기를 더 원했던 것이다. 이렇게 역사적인 기회를 20세기에 들어서 세 번이나 놓쳐 버렸다. 국가 간 경쟁과 단극 체제 확립에 대한 미국의 믿음이 이런 식으로 진정한 집단 안보의 출현을 막았다.

인류는 세계적 차원의 과제에 직면해 있으며, 그 해답은 집단적 차원에서 찾을 수 있다. 그러나 상호 불신과 공동 의지 부재로 다자주의는 위기에 처해 있다. 2015년 12월 파리 협정 체결은 지구 온난화를 막아야 한다는 절대적 필요성에 따라 경제적, 정력적으로 각기 다른 상황에 있는 전 세계 거의 모든 나라가 단 하나의 협정을 위해 모인 예외적인 사건 중 하나다.

국제 공동체?

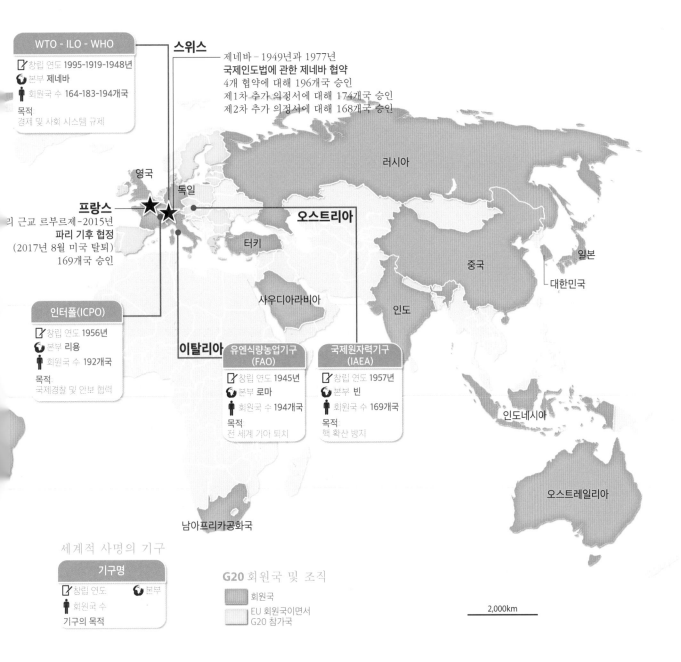

WTO - ILO - WHO
- 창립 연도 1995-1919-1948년
- 본부 제네바
- 회원국 수 164-183-194개국

목적
경제 및 사회 시스템 규제

스위스

제네바 – 1949년과 1977년
국제인도법에 관한 제네바 협약
4개 협약에 대해 196개국 승인
제1차 추가 의정서에 대해 174개국 승인
제2차 추가 의정서에 대해 168개국 승인

영국

독일

러시아

프랑스
리 근교 르부르제-2015년
파리 기후 협정
(2017년 8월 미국 탈퇴)
169개국 승인

오스트리아

터키

일본

대한민국

인터폴(ICPO)
- 창립 연도 1956년
- 본부 리용
- 회원국 수 192개국

목적
국제경찰 및 안보 협력

중국

사우디아라비아

이탈리아

**유엔식량농업기구
(FAO)**
- 창립 연도 1945년
- 본부 로마
- 회원국 수 194개국

목적
전 세계 기아 퇴치

**국제원자력기구
(IAEA)**
- 창립 연도 1957년
- 본부 빈
- 회원국 수 169개국

목적
핵 확산 방지

인도

인도네시아

남아프리카공화국

오스트레일리아

세계적 사명의 기구

기구명
- 창립 연도
- 본부
- 회원국 수
- 기구의 목적

G20 회원국 및 조직

회원국

EU 회원국이면서
G20 참가국

2,000km

경제 발전

세계가 이처럼 부유했던 적은 없었다. 극심한 빈곤은 놀라울 정도로 감소했지만, 불평등은 증가했고 빈곤의 함정은 남아 있다.

성장과 불평등

세계화는 전 세계 자산 증가로 이어졌으며, 특히 빈곤을 현저히 감소시켰다. 1980년에 극빈층 이하에 속하는 사람은 20억 명이었다. 세계 인구의 증가에도 불구하고 오늘날 극빈층은 겨우 8억 명 정도다. 하지만 경제적 불평등은 여전히 심각하며 기본적인 서비스(물, 보건, 교육)를 이용하는 것조차 어려운 곳도 있다. 글로벌 성장이 반드시 평등하게 이루어지는 것은 아니다. 2017년 비정부기구NGO인 옥스팜Oxfam은 인구의 1%가 전 세계 성장의 83%를 차지하고 있다고 계산했다.

남북 분열

1960년대의 탈식민지화 물결 이후로 선진국은 저개발국과 대립해 왔다. 저개발국은 대부분 완전한 자율권을 가진 지 얼마 되지 않았으며, 제3세계로 규정된다. 이러한 구별은 동서 분열(북반구 지역 국가만 포함)과는 다른 남북 분열로 이어졌다. 그 당시 경제학자들은 부유한 국가와 곧 '개발도상국'으로 규정될 국가 간의 격차를 줄일 최선의 방법에 대해 의견이 분분했다.

공적개발원조ODA는 도덕적인 고려뿐만 아니라 미소 양국의 경쟁을 반영한 전략적인 고려에 따라 만들어졌다고 할 수 있다. 또 일부 사람들은 국경 개방과 자유 무역이 가난한 나라가 후진성을 줄일 수 있는 유일한 수단이라고 생각한다.

오늘날 제3세계는 더 이상 비슷한 성격의 회원국으로 이루어진 집단이 아니다. 이미 선진국 클럽에 가입한 국가도 있고, 원자재를 잘 관리하여 부유해진 국가도 있고, 여전히 개발 중인 국가도 있다. 부패하고 비효율적인 체제로 국가 구조를 파괴하고 내부 갈등과 불행을 겪고 있는 저개발국과 심지어 파산한 국가도 있다.

경제 발전을 어떻게 측정할 것인가?

국내총생산GDP은 1년 동안 한 영토에서 생산된 부의 전체를 뜻한다. 이를 주민 수로 나누거나 구매력 평가PPP로 계산하여 생계비 차이를 계산할 수 있다. 인간개발지수HDI는 출생 시 기대 수명, 교육 기회, 1인당 GDP라는 세 가지 기준에 따른 보다 질적인 접근 방법이다.

2017년에는 공적개발원조가 1,470억 달러에 달했다. 유엔은 선진국에 GDP의 0.7%를 공여할 것을 요구했지만, 이러한 유엔의 목표치를 유럽 5개국(스웨덴, 룩셈부르크, 노르웨이, 영국, 덴마크)만이 달성했다.

2000년부터 새천년개발목표Millennium Development Goals, MDGs를 시행해 온 유엔은 2015년에 극빈층을 없애고 불평등을 줄이고 2030년까지 기후 온난화를 제한하는 것을 목적으로 지속가능개발목표Sustainable Development Goals, SDGs를 채택했다.

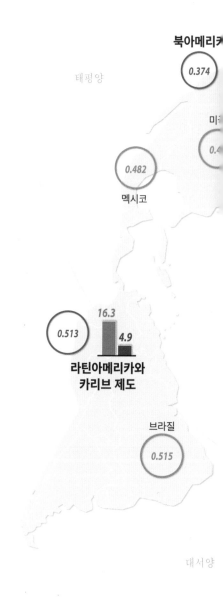

개발: 빈곤 감소와 불평등 증가 사이에서

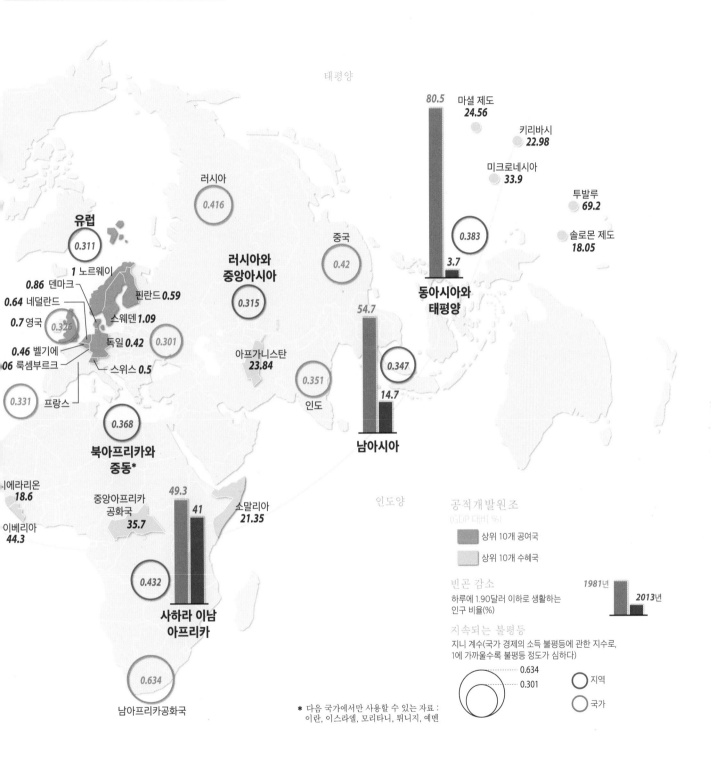

태평양

러시아
0.416

유럽
0.311

중국
0.42

러시아와
중앙아시아
0.315

80.5
마셜 제도
24.56

키리바시
22.98

미크로네시아
33.9

투발루
69.2

솔로몬 제도
18.05

0.383

3.7

동아시아와
태평양

1 노르웨이
0.86 덴마크
0.64 네덜란드
핀란드 0.59
0.7 영국
스웨덴 1.09
0.46 벨기에
독일 0.42
06 룩셈부르크
스위스 0.5
0.325
0.301

0.331
프랑스

아프가니스탄
23.84

0.368
북아프리카와
중동*

0.351

인도

54.7

0.347

14.7

남아시아

태평양

인도양

에라리온
18.6

중앙아프리카
공화국
35.7

49.3

41

소말리아
21.35

이베리아
44.3

0.432

사하라 이남
아프리카

공적 개발원조
(GDP 대비 %)

상위 10개 공여국

상위 10개 수혜국

빈곤 감소
하루에 1.90달러 이하로 생활하는
인구 비율(%)

1981년

2013년

지속되는 불평등
지니 계수(국가 경제의 소득 불평등에 관한 지수로,
1에 가까울수록 불평등 정도가 심하다)

0.634
0.634
0.301

지역

0.301

국가

남아프리카공화국

* 다음 국가에서만 사용할 수 있는 자료 :
이란, 이스라엘, 모리타니, 튀니지, 예멘

기후 온난화, 중대한 전략적 위협

최초의 산업 혁명은 환경에 끼칠 수 있는 피해를 전혀 고려하지 않은 채 일어났다. 가장 시급한 일은 가능한 한 많은 사람이 기근을 피하고 소비 생활을 할 수 있게 하는 것이었다. 산업 국가 인구 대다수의 기본 욕구가 충족되기 시작한 1970년대에 와서야 공기, 물, 대지 등 공짜로 쓸 수 있는 것도 고갈될 수 있다는 사실을 새롭게 인식하기 시작했다.

전략적 위협

재생할 수 없는 자원의 희소성, 생물 다양성에 대한 위기, 지구 온난화는 주요한 위협으로 다가오기 시작했으며, 몇 차례의 생태계 재앙으로 그에 대한 인식이 더 높아졌다. 앙투안 드 생텍쥐페리Antoine de Saint-Exupéry의 "우리는 지구를 조상들에게서 물려받은 것이 아니라 후손에게서 빌려 쓰고 있는 것이다."라는 명언은 오늘날에도 적용할 수 있다.

1987년 유엔은 "미래 세대의 욕구를 충족시킬 능력을 손상하지 않으면서 우리 세대의 욕구를 충족시키는 개발"을 지속 가능한 개발이라고 정의했다.

남반구 국가들은 환경에 대한 관심을 부유한 국가들의 사치로 여겼다. 그리고 환경 파괴는 선진국 성장의 직접적인 결과이며, 환경은 단지 남반구 국가의 개발을 방해하는 구실일 뿐이라고 생각했다.

유엔은 1992년부터 '지구 정상 회담'을 조직하기 시작했고, 이를 통해 구속력 있는 조치나 필요한 노력의 분배에 대해 합의하지 못하고 있다는 사실을 의식하게 됐다.

1988년 '기후 변화에 관한 정부 간 패널IPCC'이 출범하여 인식을 개선하는 데 중요한 역할을 담당하게 됐다. IPCC 총회는 2007년 앨 고어Al Gore 미국 전 부통령과 공동으로 노벨 평화상을 수상하며 지구 온난화에 대한 전략적 중요성을 입증했다. 위기에 처한 지구에서 계속 살아가는 데 중요하게 작용하는 것은 인류의 능력이라는 것이다.

활동 중인 국제 공동체?

해수면 상승이나 육지의 침수 문제와 관련 있는 빙하의 해빙은 여전히 이용 가능한 자원에 대한 치열한 경쟁으로 이어졌다.

1997년 교토에서 최초의 국제 협약이 체결됐지만, 미국과 중국이라는 세계의 주요 두 오염원이 이 협약에서 빠지면서 협약의 효율성을 크게 떨어뜨렸다. 2015년 12월 12일 파리에

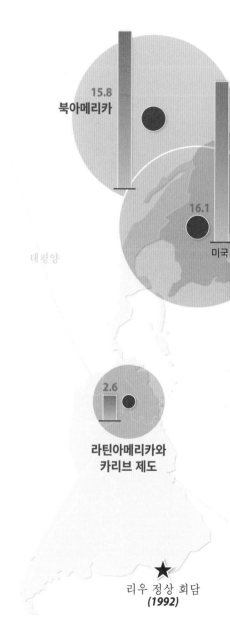

지속 가능한 인식?

15.8
북아메리카

16.1
미국

태평양

2.6
라틴아메리카와
카리브 제도

★
리우 정상 회담
(1992)

서 역사적인 기후 협정이 체결됐다. 일부는 몇몇 조항이 부적절하다고 판단했지만, 파리 기후 협정은 국제 공동체를 형성하는 모든 국가가 주요 과제에 대해 함께 행동했으며 커다란 격차에도 불구하고 합의에 도달할 수 있었던 최초의 협정이었다. 이 협정의 주요 목표는 2100년까지 지구 온도 상승을 1.5도 이내로 제한하고, 2020년까지 녹색기후기금GCF을 1천 억 달러 이상 조성하여 개발도상국들이 목표를 달성할 수 있도록 돕는 것이다. 이번에는 중국과 미국도 합의했다. 하지만 도널드 트럼프 미국 대통령은 대통령에 취임한 지 얼마 되지 않아 이 협정에서 탈퇴했다.

오랫동안 경제적인 제약으로 여겨져 왔던 환경 보전은 이제 필수 불가결한 문제일 뿐만 아니라 잠재적인 성장의 원천으로 간주된다.

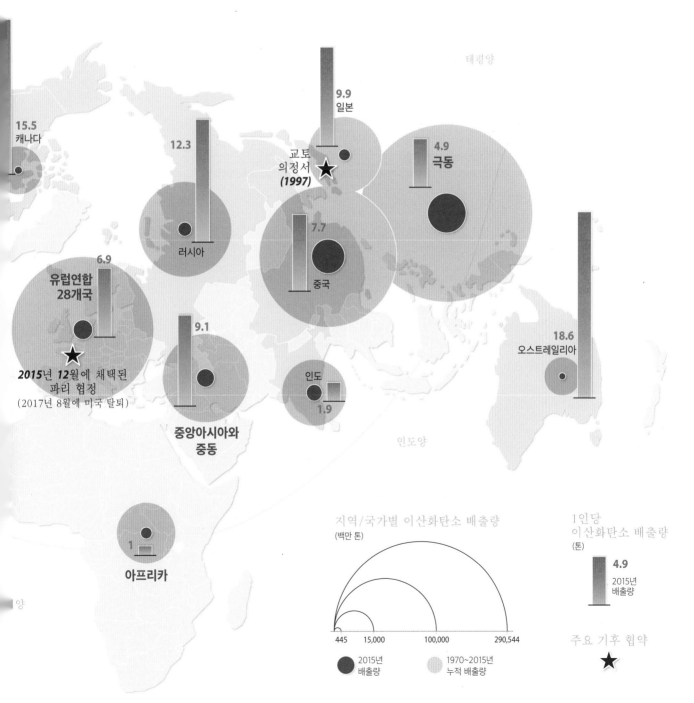

태평양

15.5
캐나다

12.3
러시아

9.9
일본

교토
의정서
(1997) ★

4.9
극동

6.9
유럽연합
28개국

★
2015년 **12**월에 채택된
파리 협정
(2017년 8월에 미국 탈퇴)

7.7
중국

9.1
중앙아시아와
중동

인도
1.9

18.6
오스트레일리아

인도양

1
아프리카

양

지역/국가별 이산화탄소 배출량
(백만 톤)

445   15,000   100,000   290,544

● 2015년
배출량

○ 1970~2015년
누적 배출량

1인당
이산화탄소 배출량
(톤)

4.9
2015년
배출량

주요 기후 협약
★

45

인구, 통제된 성장?

인구는 국가에 따라 자산으로도, 장애물로도 인식될 수 있다. 자산인 이유는 인구가 능력을 제공하기 때문이고, 장애물인 이유는 인구가 통제되지 않을 경우에는 경제 성장을 저해하고 저개발로 이어질 수 있기 때문이다.

무기일까, 비극일까?

토머스 맬서스Thomas Malthus가 1798년《인구론》을 썼을 때, 지구의 인구는 10억 명이었다. 그 당시 맬서스는 생존 수단(산술급수적 성장)과 비교하여 너무 많은 인구 성장(기하급수적 성장)은 결국 피할 수 없는 기근을 초래하리라고 예측했다. 그와 반대로 장 보댕Jean Bodin은 인구보다는 부의 문제로 보았다.

하지만 기술과 보건의 발전은 훨씬 더 많은 인류를 먹여 살릴 수 있게 했다. 오늘날 세계 인구는 76억 명이며, 이번 세기 중반쯤이면 약 100억 명 수준을 유지할 것으로 예상된다. 그러나 각기 다른 지역에서 인구가 똑같이 성장하지는 않을 것이다. 유럽, 일본, 러시아 등 선진국은 인구가 줄어드는 시기를 겪고 있다. 아시아에서는 인구가 계속 늘 것이고, 아프리카는 인구 폭발에 직면해 있다. 부유한 국가들은 인구의 심각한 노령화를 겪게 되겠지만, 로봇화 현상이 노동력 부족 문제를 해결해 줄 수 있을 것이다. 아프리카에서는 물과 땅의 문제와 마찬가지로 교육 및 고용 기회의 문제가 더욱 악화될 수 있다.

같은 지구에서 더 많은 인구와 더 적은 빈곤

인구가 많을수록 강하다는 생각은 원래 군대의 힘이 동원 가능한 군인 수와 밀접한 관련이 있던 시대에 생겨났다. 전통적인 농업 역시 수확량이 동원 가능한 일손의 수에 달려 있었다.

과거에는 유아 사망률이 높았기에 출생률이 높을 필요가 있었다. 과학과 의학 기술이 점차 발달하면서 사망률이 감소했다. 하지만 국가가 교육, 보건, 고용을 제공할 수 없던 시대에는 높은 출생률이 국가에 피해를 주었다. 인구수가 매우 많은 중국은 경제 성장을 위해 의도적으로 출산 자녀 수를 제한(1980년대 이후에 시행된 한 자녀 정책)했다. 하지만 노령화 문제에 직면하면서 이제는 가족이 두 명의 자녀를 가질 수 있게 허용하고 있다.

경제 성장과 관련하여 인구 증가는 중요한 문제다. 인구가 적고 소비자가 많은 세상에서 어떻게 기본적인 욕구를 계속 충족할 수 있을까? 현재의 소비 방식은 반드시 재고할 필요가 있다. 가장 가난한 30억 명이 지구 전체 온실가스 배출량의 7%를 배출하고 있는 반면에, 가장 부유한 7%가 온실가스 배출량의 50%를 배출하고 있다.

2015년부터 2050년 사이의 인구 변화
(평균적인 시나리오, 2015년 인구 대비 %)

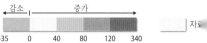

2015년부터 2050년 사이의 세계 인구 통계 변화

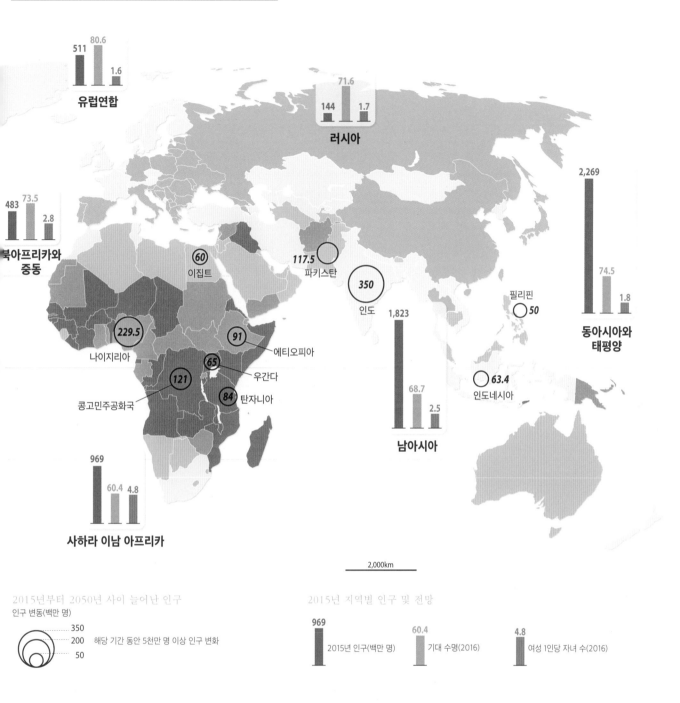

유럽연합
511 / 80.6 / 1.6

러시아
144 / 71.6 / 1.7

북아프리카와 중동
483 / 73.5 / 2.8

60 이집트

117.5 파키스탄

350 인도

91 에티오피아

65 우간다

229.5 나이지리아

121 콩고민주공화국

84 탄자니아

필리핀 50

동아시아와 태평양
2,269 / 74.5 / 1.8

63.4 인도네시아

남아시아
1,823 / 68.7 / 2.5

사하라 이남 아프리카
969 / 60.4 / 4.8

2,000km

2015년부터 2050년 사이 늘어난 인구
인구 변동(백만 명)

350
200
50

해당 기간 동안 5천만 명 이상 인구 변화

2015년 지역별 인구 및 전망

969 2015년 인구(백만 명)

60.4 기대 수명(2016)

4.8 여성 1인당 자녀 수(2016)

대륙별 세계 인구 변화(백만 명)

대륙	1900년		1950년		2014년		2050년	
	인구수	세계 인구 대비 비율	인구수	세계 인구 대비 비율	인구수	세계 인구 대비 비율	인구수	세계 인구 대비 비율
아프리카	130	8%	230	8.90%	1,138	15.71%	2,431	24.99%
라틴아메리카	75	4.50%	168	6.60%	623	8.7%	779	8.02%
북아메리카	80	5%	170	6.60%	358	4.94%	448	4.62%
아시아	950	57.50%	1400	60%	4,342	59.95%	5,284	54.32%
유럽	400	25%	549	22%	742	10.26%	726	7.46%
오세아니아	6	0.40%	13	0.50%	37	0.53%	57	0.59%

통제할 수 없는 이주의 흐름?

거주지를 떠나 새로운 거주지에 영구적으로 정착하는 사람을 이주민으로 간주한다. 이주는 국내(동일 국가 내) 또는 국외(다른 국가)로 이루어질 수 있다.

오래된 벽, 새로운 벽

과거에는 대부분 국민이 자국을 떠나는 것을 막으려고 국경을 세웠다. 특히 공산주의 체제와 독재 정권의 경우에는 더 그러했다. 철의 장막이나 베를린 장벽은 강력한 상징물이었다. 세계화로 점차 국경의 개념이 사라지고 있는 오늘날, 우발적인 이주민을 예방하거나 차단하기 위해 다시 국경이 세워지고 있다. 가장 눈에 띄는 예는 트럼프 대통령이 멕시코와의 국경에 세우려는 장벽 또는 스페인이 모로코 국경에 세운 세우타와 멜리야의 거대한 국경 철책이다.

국제 이주민 수는 1975년 7,700만 명에서 1995년 1억 2천만 명으로 증가했다. 현재는 2억 6천만 명으로 세계 인구의 3.4%를 차지한다. 보편적인 생각과는 달리 지구 북반구로의 이주가 실제 이주 흐름의 대부분을 차지하지는 않는다. 국제이주기구IOM에 따르면, 남반구에서 남반구로의 이주는 남반구에서 북반구로의 이주에 비해 계속 증가하여 2015년에 북반구로 이주한 사람은 8,530만 명인 데 비해 남반구 내의 이주민은 9,020만 명에 이른다.

이주민 증가는 다음의 몇 가지 요인 때문이다.

• 세계화와 국경 통제에도 불구하고 이동이 쉬워졌을 뿐만 아니라 다양한 정보 채널을 통해 다른 나라의 생활 방식을 알게 되고 부러워하게 됐기 때문이다.

• 노령 인구 증가로 종종 자국민이 기피하는 일자리에 저비용 노동력이 필요한 부유한 국가와 대다수의 젊은이가 기회를 찾고 있는 개발도상국 사이의 격차가 계속 벌어지고 있기 때문이다.

• 특히 시리아, 이라크, 리비아 지역의 내전 발발과 지속 그리고 사하라 사막 이남 아프리카의 극도로 억압적인 정권 유지 때문으로, 사람들은 정권을 바꿀 수 없는 경우 국가를 바꾼다.

이민자와 난민

난민은 인종, 종교, 사회적 신분 또는 정치적 견해 때문에 박해받는 것이 두려워 자국을 떠난다. 난민은 정치적 난민과 경제적 난민으로 구분된다. 유엔난민고등판무관실UNHCR에 따르면, 2016년 말 난민은 2,250만 명으로 전체 이주민의 약 8%, 세계 인구의 0.3%를 차지했다. 난민 10명 중 8명은 현재 개발도상국에 정착했다.

일부 국가에서는 이민자 유입 문제에 대해 국경 폐쇄 같은 거부 반응을 보이거나 정치적 우파 혹은 자율적인 민족주의 운동을 전개하기도 한다. 그러나 이러한 움직임이 선진국이 고급 인력 등 특정 범주의 이민자들에게 문을 활짝 여는 것을 막진 못했다. 이러한 인재 유출은 출신국에 심각한 해를 끼칠 수 있다.

통행의 어려움은 범죄 조직과 연관이 있는 은밀한 경로를 만들어 내기도 한다.

태평양

북아메리카
4,341

라틴아메리카와 카리브 제도
34,561

주요 10개국
출발지　목적지

이주
주요 흐름(천 명)

4,000　10,000　24,000　40,000~60,000

4,341
해외 거주자 수 (천 명)

국내 이주

이민 방지 장벽

이주 중인 세계 인구

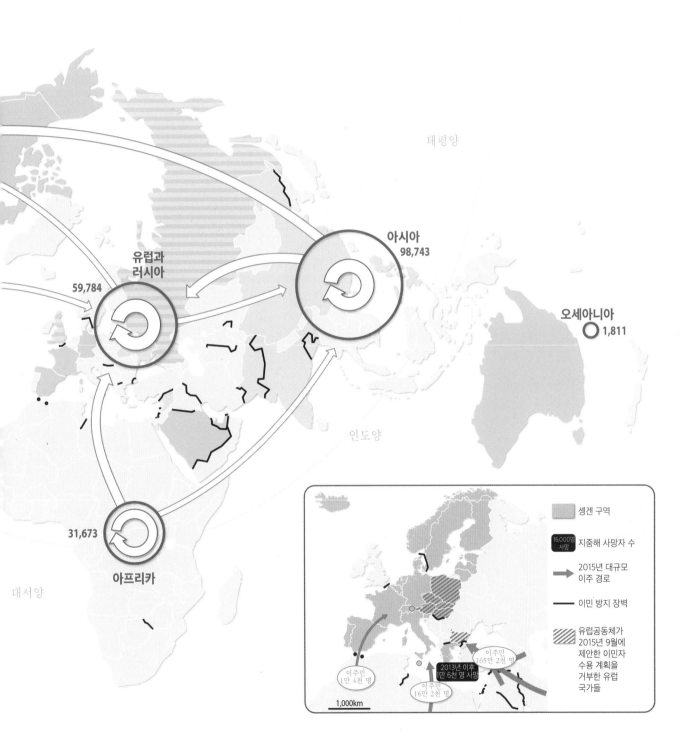

태평양

아시아
98,743

유럽과
러시아

59,784

오세아니아
1,811

인도양

31,673

아프리카

대서양

셍겐 구역

16,000명
사망 지중해 사망자 수

2015년 대규모
이주 경로

이민 방지 장벽

유럽공동체가
2015년 9월에
제안한 이민자
수용 계획을
거부한 유럽
국가들

이주민
1만 4천 명

2013년 이후
1만 6천 명 사망

이주민
165만 2천 명

이주민
16만 2천 명

1,000km

테러리즘, 존재론적인 위협?

2001년 9월 11일 테러 이후 테러리즘은 종종 국제 안보에 주요한 위협이 되고 있다. 테러는 희생자 수나 물질적 피해(테러는 대부분의 충돌이나 내전보다 사망자 수가 적다) 이상으로 미디어, 여론, 정치 지도자들에게 심리적으로 강한 충격을 남긴다.

어떻게 정의할까?

테러는 서방 국가들의 가장 취약한 부분에 타격을 가하는 위협 방법이다. 사실 우월한 군사력으로 강력하게 무장하고 있는 서방 국가들은 그들의 독립성이나 주권이 재래식 위협으로부터 안전하다고 느끼고 있었다. 테러리스트들은 민간인들이 보호받고 있다고 느끼는 일상적인 환경(교통수단, 도로, 백화점, 행정 건물, 학교, 카페테라스, 콘서트장 등)을 무차별적으로 공격함으로써 공포감을 심어 주고 이를 통해서 영구적인 압력을 행사한다. 정치 지도자와 전문가들은 언론을 통해서 안보 문제나 국내외 주요 관심사로 이러한 위협에 대해 매일 언급하고 있다.

테러에 대해서 합의할 수 있는 방식으로 정의하는 것은 오늘날에도 여전히 어렵지만, 우리는 몇 가지 특징을 간추릴 수 있다. 테러는 정치적 행위(범죄 혹은 경제적 동기와 구별된다)이고, 무장 폭력 수단(선전과 관련 없다)이며, 민간인을 대상(저항 세력은 오직 보안군 또는 점령군만을 공격한다)으로 한다. 그리고 또 다른 중요한 구분 요소는 바로 그들이 단지 국내 단체인지 혹은 국가 소속 단체(민간인 폭격)인지 여부다.

오늘날 테러는 주로(하지만 유일한 것은 아니다) 이슬람을 지지하는 단체들이 자행하고 있지만, 역사적으로 다양한 배경을 가진 단체들이 활동했다. 허무주의에 빠진 무정부주의자, 발칸의 민족주의자, 시온주의 무장 세력, 시크교도, 아일랜드 독립군 단체, 바스크 분리주의자 등등이다. 그러나 피해자가 가장 많은 지역은 이라크, 파키스탄, 시리아, 아프가니스탄, 나이지리아 등 이슬람 국가다. 극우파에 의해서 치명적인 공격이 벌어지기도 했다(2011년 브레이비크Breivik라는 극우주의자가 노르웨이에서 일으킨 테러로 77명 사망).

피해를 줄이기 위한 근본적 원인 해결

테러를 통해 구체적인 정치적, 외교적 성과를 얻는 데는 한계가 있다. 무고한 사람을 공격하는 테러 행위는 국제 여론에 대응하기도 힘들다. 하지만 이것은 정치적 해결책을 가진 상대

북아메리카

중앙아메리카와 카리브 제도

남아메리카

테러 공격의 집중도와 강도

강함

강도의 수치는 사망자 수와 부상자 수를 합친 값이다.

약함

진영을 약하게 만드는 효과가 있다. 위험한 것은 테러와 진압의 악순환이 계속될 수 있다는 것이다. 테러 위협에 대해 합법성을 부여하지 않으려고 그 원인에 대한 깊은 고민 없이 단지 무력으로 맞서 싸우는 것은 아무런 효과가 없다. 근본적 원인을 없애는 것은 해결되지 않은 갈등에 대한 정치적 방법을 찾

1970년부터 오늘날까지의 테러리즘

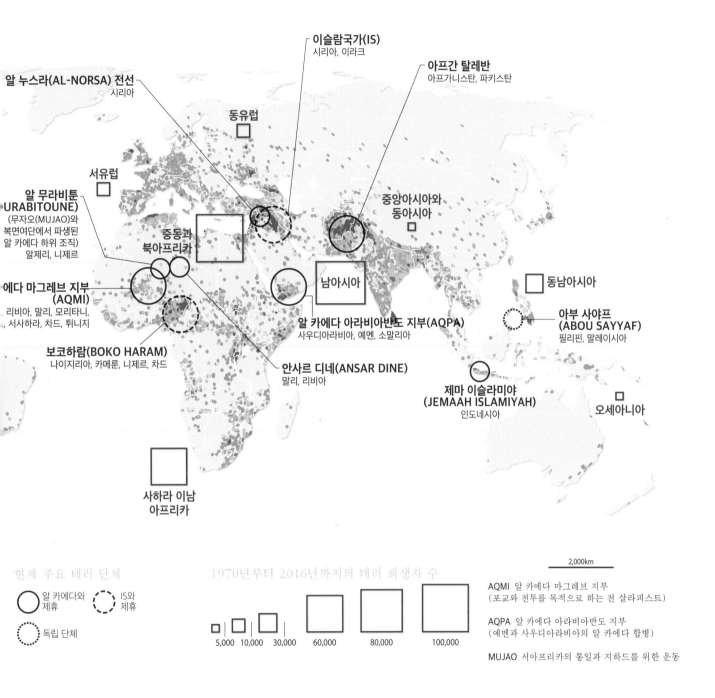

알 누스라(AL-NORSA) 전선
시리아

이슬람국가(IS)
시리아, 이라크

아프간 탈레반
아프가니스탄, 파키스탄

동유럽

서유럽

알 무라비툰
(URABITOUNE)
(무자오(MUJAO)와
복면여단에서 파생된
알 카에다 하위 조직)
알제리, 니제르

중앙아시아와
동아시아

중동과
북아프리카

에다 마그레브 지부
(AQMI)
리비아, 말리, 모리타니,
, 서사하라, 차드, 튀니지

남아시아

동남아시아

아부 사야프
(ABOU SAYYAF)
필리핀, 말레이시아

보코하람(BOKO HARAM)
나이지리아, 카메룬, 니제르, 차드

안사르 디네(ANSAR DINE)
말리, 리비아

알 카에다 아라비아반도 지부(AQPA)
사우디아라비아, 예멘, 소말리아

제마 이슬라미야
(JEMAAH ISLAMIYAH)
인도네시아

오세아니아

사하라 이남
아프리카

2,000km

현재 주요 테러 단체

○ 알 카에다와
제휴

◌ IS와
제휴

◌ 독립 단체

1970년부터 2016년까지의 테러 희생자 수

5,000 10,000 30,000 60,000 80,000 100,000

AQMI: 알 카에다 마그레브 지부
(포교와 전투를 목적으로 하는 전 살라피스트)

AQPA: 알 카에다 아라비아반도 지부
(예멘과 사우디아라비아의 알 카에다 합병)

MUJAO: 서아프리카의 통일과 지하드를 위한 운동

을 때 가능하다. 2011년에 오사마 빈 라덴Osama bin Laden이 사망했지만 테러는 끝나지 않았다. 2018년에 이슬람국가Islamic State, IS가 영토적 기반을 잃은 후에도 사람들은 여전히 언제 테러가 발생할지 몰라 두려워하고 있다. 이라크 전쟁처럼 테러를 소탕하기는커녕 더 키우게 되는 군사적 반응을 경계해야만 한

다. 테러는 단기적으로는 군대, 경찰, 사법 및 정보 등의 수단으로, 장기적으로는 그 근본 원인인 갈등을 해결할 수 있는 정치적 방법으로 대응해야 한다.

핵 확산은 피할 수 없는 일인가?

1945년 8월 6일 미국의 폭격기 에놀라 게이Enola Gay는 '리틀 보이Little Boy'라는 이름의 원자 폭탄을 일본 히로시마에 떨어뜨렸고, 그 즉시 6만 6천 명의 사망자가 발생했다. 8월 9일에는 두 번째 원자 폭탄인 '팻 맨Fat Man'을 나가사키에 떨어뜨려 4만 명이 사망했다. 8월 14일 히로히토 일본 황제는 항복을 선언했다.

불평등한 권력

핵무기는 이렇듯 비할 데 없는 파괴력을 입증했다. 1950년대에는 '핵 억제력'이라는 개념이 나타났다. 역설적이게도 평화는 핵에너지의 파괴력에 의해 보장되고 있다. 핵무기로 인한 피해는 너무나 막대해서 어떠한 공격도 엄두를 내지 못하게 만들었다. 핵보유국을 공격하고자 할 때의 비용과 이점은 더 이상 균형을 맞출 수가 없다. 윈스턴 처칠은 "핵 시대에 안보는 공포와 생존의 강인한 자녀, 멸망의 쌍둥이 형제일 것이다."라고 말했다.

소련은 1949년에 첫 번째 핵 실험을 했다. 미국과 소련은 핵 군비 경쟁에 착수했고 두 국가의 무기고는 전략적인 필요 이상으로 발전했다. 이 경쟁을 완화하기 위해 그들은 군비 축소를 장려하고, 1972년에 예측할 수 없는 위험을 제한하고자 전략무기제한협정SALT을 체결했다. 이는 각자에게 승인되는 무기의 한도를 상호 관리하는 것을 의미한다.

핵 확산에 대한 투쟁

두 강대국은 핵무기 독점권을 유지하지 못했다. 1952년 영국이 핵클럽에 가입했고 뒤를 이어 1960년에는 프랑스, 1964년에는 중국이 핵클럽에 가입했다.

두 핵 강국은 핵무기 확산을 막으려고 국제 사회에 핵확산금지조약NPT을 제안했고, 1968년 이를 체결했다.

NPT는 의무를 통해 인위적으로 균형을 맞추려 했다. 제1조에 따르면, 핵보유국(1967년 이전에 핵 실험을 한 국가)은 비핵 국가에 핵무기를 양도하지 말아야 한다. 이 조약은 실제로 핵무기를 보유하고 있는 국가의 의지에 따른 것이며, 그들에게 어떤 추가적인 제약을 주지 않는다. 제2조에 따르면, 비핵 국가는 그러한 무기를 취득하거나 제조하지 않을 것을 약속한다.

NPT에 서명하지 않은 이스라엘, 인도, 파키스탄은 핵을 보유하고 있다. 소규모 핵을 보유하고 있던 남아프리카공화국은 아파르트헤이트 폐지 이후에 핵무기 포기를 선언했다. 1990년 걸프전 이후 NPT 가입국인 이라크의 은밀한 계획이 발각되어 중단됐다.

북한은 2003년 NPT에서 탈퇴한 이후 도발과 협상을 번갈아 하고 있다. 핵무기는 한계에 다다른 정권의 생존을 보장하는 역할을 하고 있다. 이란은 북한과 마찬가지로 군사적 핵 프로그램을 보유하고 있다는 의심을 받는다. 2015년 7월 이란이 핵협정을 준수하고 있는지 확인하고 이란의 핵 시설 사찰을 허용하는 '이란 핵협정(포괄적 공동행동계획, JCPOA)'이 체결됐다. 하지만 2018년 5월 미국 트럼프 대통령은 이 협정에서 탈퇴했다.

1995년 5월 12일, 25년간 체결되어 왔던 NPT는 공식적인 핵보유국 5개국을 포함한 178개국에 의해 무기한 갱신됐다. 이는 가장 보편적으로 존재하는 조약 중 하나다.

일부 전문가들은 이제 핵무기를 소유한 테러 집단을 보게 될지도 모른다는 끔찍한 가능성을 제기한다. 또 다른 전문가들은 핵이 그러한 집단의 손길이 닿지 않는 곳에 있으며, 그들은 공격을 저지할 수 있는 다른 수단이 있다고 생각한다.

태평양

미국
1945

브라질

아르헨티나

대서양

핵 확산

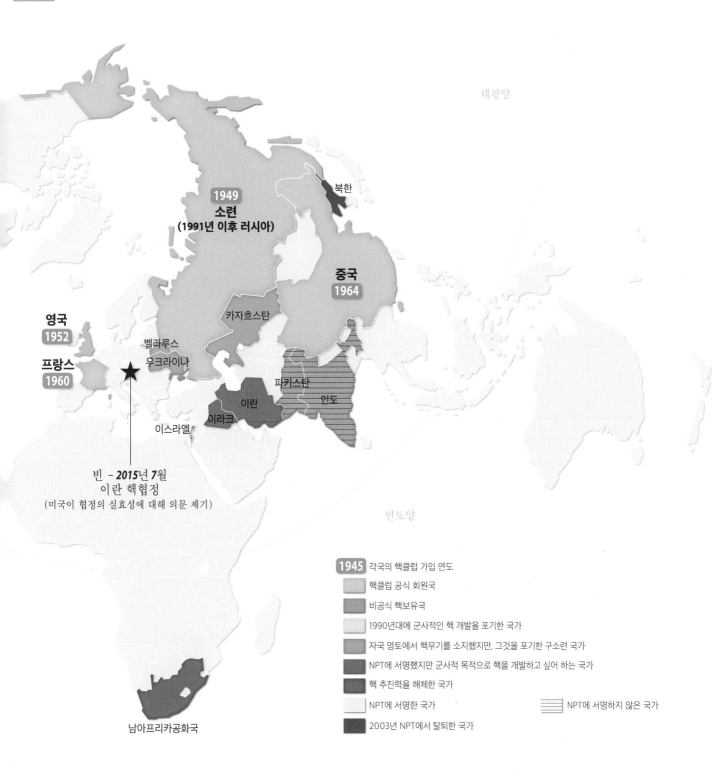

대평양

1949
소련
(1991년 이후 러시아)

북한

영국
1952

중국
1964

카자흐스탄

프랑스
1960

벨라루스
우크라이나

파키스탄
이란
인도
이라크

이스라엘

빈 – **2015년 7월**
이란 핵협정
(미국이 협정의 실효성에 대해 의문 제기)

인도양

남아프리카공화국

1945 각국의 핵클럽 가입 연도

핵클럽 공식 회원국

비공식 핵보유국

1990년대에 군사적인 핵 개발을 포기한 국가

자국 영토에서 핵무기를 소지했지만, 그것을 포기한 구소련 국가

NPT에 서명했지만 군사적 목적으로 핵을 개발하고 싶어 하는 국가

핵 추진력을 해체한 국가

NPT에 서명한 국가

NPT에 서명하지 않은 국가

2003년 NPT에서 탈퇴한 국가

조직범죄와 마피아

범죄 조직은 세계화에 적응했다. 그들은 각국의 정부 권력을 무시하면서 행동반경과 시장을 넓히고 있다. 각 국가는 이러한 도전 앞에서 서로 협력해야 한다.

조직범죄의 변화

범죄 조직은 주로 금지된 것(마약·인간·다이아몬드 등 온갖 종류의 불법 거래, 강도, 위조, 위조지폐, 멸종 위기종 등) 또는 엄격하게 규제되는 것(담배, 도박, 스포츠 베팅 등)을 바탕으로 활동한다. 사실상 추산하기 힘든 그들의 매출액은 세계 GDP의 1.5~5%를 차지하는 것으로 짐작된다.

192개 회원국을 보유한 국제경찰기구인 인터폴Interpol은 범죄 조직을 "국경을 고려하지 않고 최우선 목적인 이익 추구를 위해 끊임없이 불법 활동에 개입하는 모든 기업(또는 개인 집단)"으로 규정한다. 따라서 범죄 조직은 테러 집단과 같은 비밀스러운 비국가 행위자에 해당한다. 그들의 첫 번째 목표가 경제적인 것이고 두 번째 목표가 정치적인 것이라면, 이 두 가지 목표는 점점 더 강하게 상호 작용을 하고 있다. 실제로 게릴라, 민병대, 대규모 카르텔, 마피아의 구분이 더욱 모호해졌다. 일부 테러 단체는 범죄 조직으로 진화하기도 했다(페루의 '빛나는 길', 콜롬비아 무장혁명군FARC, 아프가니스탄의 '탈레반', 스리랑카의 '타밀엘람 해방 호랑이', 이슬람 마그레브의 '알 카에다' 등). 마약 밀매는 아프가니스탄, 사헬 또는 라틴아메리카에서 테러 집단과 범죄 조직을 연결하는 가장 심각한 범죄 행위로 남아 있다. 이로 인해서 '마약 테러narco-terrorism', '마약 게릴라narco-guerrilla' 같은 용어가 등장했다.

전략적 도전 과제

범죄 조직은 불법적인 측면을 넘어서서 국제 사회에 수많은 도발을 한다. 그들은 이미 국력이 약한 국가의 자원을 빼앗는 등 영향력을 행사하고 있다. 조직범죄는 일반적으로 정치인이나 관리들의 부패와 함께 이루어지며, 범죄 집단의 이익을 위해서는 심지어 국가를 위기에 빠뜨리기도 한다.

2016년에는 전 세계적으로 56만 건의 살인 사건이 발생했는데, 그중 68%가 범죄와 관련됐고 18%가 전쟁과 관련이 있었다(《이코노미스트The Economist》, 2018년 4월 6일 자). 이 수치를 통해 조직범죄가 테러와는 비교할 수 없을 정도로 많은 희생자를 낸다는 사실을 알 수 있다. 하지만 그에 관한 언론 보도는 훨씬 적다.

세계에서 범죄율이 가장 높은 50대 도시 중 43개 도시가 라틴아메리카에 위치한다. 카라카스, 산페드로술라(온두라스), 산살바도르는 인구 10만 명당 살인율이 각각 120, 112, 108명으로 유럽의 평균보다 약 100배 더 높다.

유럽에서는 전통적인 이탈리아 마피아 외에도 주로 발칸반도와 캅카스 지역에서 조직범죄가 발생하여 과거 유고슬라비아와 소련이었던 지역으로 확산됐다. 특히 서아프리카는 남미에서 유럽으로 가는 코카인 등 마약 운송의 경유지로 이용되고 있다.

독재, 가난, 내전을 피해서 유럽으로 향하는 난민의 행렬은 새로운 인신매매 경로를 만들고 있다.

북아메리카, 중앙아메리카와 카리브 제도

카리브 제도

안데스 지역

코카

남아메리카의 피해자

코카인 생산 □ 주요 생산 지역 → 코카인 이동 경로

헤로인 생산 □ 주요 생산 지역 → 헤로인 이동 경로

범죄 유형	추정 연간 가치(달러)
위조	9,230억~11,300억
마약 밀매	4,260억~6,520억
인신매매	1,502억
불법 벌채	520억~1,570억
불법 어업	155억~364억
불법 채광	120억~480억
불법 석유 채굴	52억~119억
야생동물 밀매	50억~230억
소형 무기 및 가벼운 무기 밀거래	17억~35억
문화재 밀거래	12억~16억
장기 매매	8억 4천~17억

국제적인 조직범죄

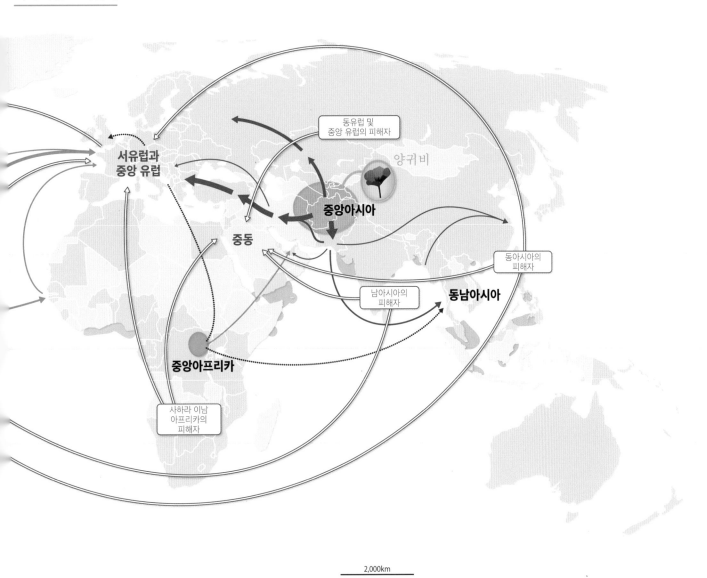

2,000km

적 활동	콩고민주공화국의 밀거래	인신매매	범죄 발생률이 가장 높은 3대 도시
2017년 자료	⬤ → 금 ⬤ ┄> 주석 원광	→ 목적지에서 발견된 희생자 전체 인원 중 최소한 5% 인원의 이동 경로 ▢ 관련 국가	❶ 베네수엘라 카라카스 ❷ 온두라스 산페드로술라 ❸ 엘살바도르 산살바도르

스포츠 외교

스포츠는 단순한 여가 활동이나 구경거리, 경쟁이 아니다. 스포츠 경연 대회는 대중 매체나 사회에서 큰 비중을 차지하며 전략적 역할을 하기도 한다. 우승자는 지구촌의 아이콘이 된다.

스포츠의 전략적 목적

스포츠는 국가 간의 규칙이 있는 평화로운 대결의 장이 되고 있다. 국제올림픽위원회IOC와 국제축구연맹FIFA은 사람들을 끌어들이는 힘이 있다. IOC와 FIFA는 유엔이 실패한 일, 즉 중국과 대만, 이스라엘과 팔레스타인을 한자리에 모이게 하는 데 성공했다. 211개의 회원국을 보유한 FIFA는 유엔(193개국)보다 더 많은 회원국을 보유하고 있다.

경기 결과뿐만 아니라 대회 유치 경쟁도 치열하다. 초기에 올림픽은 유럽과 북미, 월드컵은 유럽과 남미에서 독점적으로 개최됐지만 이후 다극화됐다. 비록 아직 올림픽이 아프리카 대륙에서 개최된 적은 없지만 말이다.

축구와 세계화

세계적 스포츠인 축구는 세계화의 상징 중 하나로 여겨지기도 한다. 축구는 전 세계적으로 시장 경제, 민주주의, 심지어 인터넷보다 훨씬 더 널리 퍼져 있다.

축구는 한 세기가 넘는 기간 동안 자발적으로 정복당한 사람들의 열정을 자극하여 완벽하게 평화로운 방법으로 세력을 확장해 왔으며, 이는 지정학적으로 매우 드문 현상이다.

영국에서 출발한 축구는 우선 항로를 통해 퍼져 나갔다(최초의 프로 구단은 르아브르, 함부르크, 제노바, 바르셀로나, 빌바오 등의 항구 도시에서 생겨났다). 1930년대부터는 철로를 통해 퍼져 나갔고, 1960년대 이후 라디오와 텔레비전이 축구의 전파를 완수했다.

스포츠와 정체성

일반적으로 스포츠, 특히 축구는 집단 정체성과 소속감을 자극하고 표출시킨다. 세계화가 국가 정체성을 사라지게 했다면, 세계화된 스포츠 대회는 국가 정체성을 강화한다.

이미지가 국가 권력의 중요한 한 요소로 여겨지는 시대에 스포츠 챔피언은 좋은 결과를 통해 국위 선양에 기여할 수 있다. 소규모 국가의 경우 스포츠는 국제 무대에 등장하여 세계인에게 국가의 존재를 알리는 좋은 방법이기도 하다. 단결력이 약한 국가에서 축구 국가 대표팀에 대한 응원은 종종 민족적, 종교적, 사회적 분열을 초월하기도 한다.

월드컵 대회

1904년 벨기에, 덴마크, 스페인, 프랑스, 네덜란드, 스웨덴 및 스위스 대표가 모여 FIFA를 창설했다.

최초의 월드컵은 1930년 우루과이에서 개최됐다. 당시에는 보름이나 걸리던 여정을 감당할 수 없었기에 단지 4개의

월드컵

1. 구소련: 7번 참가
2. 구 체코슬로바키아: 8번 참가
3. 구 유고슬라비아: 8번 참가

브라질
아르헨티나
우루과이

□ 월드컵을 한 번 이상 개최한 나라

우승국
1번 2번 3번 4번 5번

준결승 진출국
(횟수)
13
5
1

네덜란드
스웨덴
독일
프랑스
이탈리아
500km

월드컵 결승 진출 총 횟수
1 4 8 12

올림픽 개최 도시

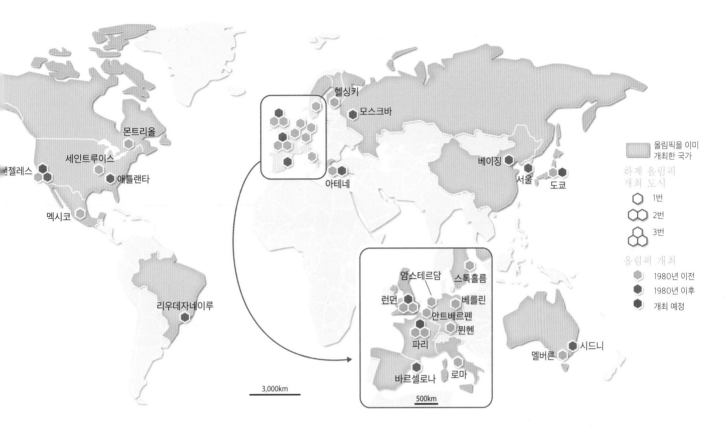

올림픽을 이미
개최한 국가

하계 올림픽
개최 도시

○ 1번
⬡ 2번
⬡⬡ 3번

올림픽 개최

● 1980년 이전
● 1980년 이후
● 개최 예정

3,000km

500km

유럽 팀과 9개의 남미 팀만 참가했다. 현재는 211개 연맹국이 예선전에 참가하여 본선에 진출하는 32개 팀 중 하나가 되려고 치열하게 싸운다(2026년에는 40개 팀으로 늘어날 것이다).

유럽과 남미 대륙이 아닌 지역에서 월드컵이 개최된 것은 1994년 미국이 최초다. 2002년에는 처음으로 아시아에서 한국과 일본이 공동으로 월드컵을 개최했다. 이 두 경쟁국은 함께 일할 수밖에 없었다. 2010년에는 아프리카 대륙 최초로 남아프리카공화국에서 개최됐다. 러시아에서는 2018년에 처음 개최됐으며, 2022년 카타르에서 개최된 다음 2026년에는 북미(캐나다, 미국, 멕시코)에서 개최될 예정이다. 월드컵 우승은 주로 유럽과 남미 국가들이 차지했다(브라질 5승, 이탈리아와 독일 4승, 아르헨티나, 프랑스, 우루과이 2승, 영국과 스페인 1승).

올림픽, 세계의 발전된 모습

올림픽은 모든 스포츠와 모든 국가를 한자리에 모이게 했다. 처음에는 은밀하게 참가했지만(1896년에는 13개국에서 100명이 약간 넘는 선수들이 참가했다), 점차 국제 사회의 중요한 행사가 됐다. 올림픽 개최 도시는 항상 지정학적인 힘의 관계를 반영해 왔다.

• 제2차 세계 대전 이전에는 유럽과 미국만이 이러한 특권을 누렸다.

• 1964년 도쿄 올림픽은 제2차 세계 대전의 이미지를 떨쳐버리고 일본의 근대성을 부각했다.

• 1968년 제3세계에 대한 인정은 멕시코의 올림픽 개최로 이어졌다.

• 1972년 베를린 올림픽은 강대국 독일의 귀환을 알렸다.

• 1980년 모스크바 올림픽에는 소련의 아프가니스탄 침공을 이유로 미국을 비롯한 몇몇 서구 국가들이 불참했다.

• 전략적으로나 이데올로기적으로 경쟁 관계였던 동서 양 진영은 메달 수를 비교했고, 미국과 소련은 올림픽 우승을 통해 체제의 우월성을 증명하고자 했다.

• 21세기 초의 베이징 올림픽(2008)과 리우 올림픽(2016)은 신흥 국가의 강세를 인정한 것이다.

국제 사법은 단지 허구일 뿐인가?

세계 정부, 세계 경찰, 현실적인 집단 안보가 없다면 국제 사법도 존재할 수 없을 것이다. 주권의 원칙에 따라 국가는 다른 국가들에 의해 심판받을 수 있다는 사실을 받아들이지 못한다. 하지만 국제 사회가 사법적인 틀을 불완전하게 갖추었다고 하더라도 그것을 고수하고 발전시킬 가치가 있다.

국제 형사 재판?

캄보디아 법원 내
특별 재판부
유엔과 캄보디아 정부 간 합의
2007년~

유엔 레바논 특별 재판소
유엔과 레바논 정부 간 합의
2009년~

태평양

대서양

네덜란드
헤이그   레이츠헨담

캄보디아

구 유고슬라비아
국제형사재판소
유엔안전보장이사회가 설립
1993~2017년

시에라리온
프리타운

아루샤
탄자니아

시에라리온 특별 법원
시에라리온 정부와 유엔 간
안전보장이사회 결의 및 합의
2002~2013년

르완다
국제형사재판소
유엔안전보장이사회가 설립
1994~2015년

조건에 따른 정의: 국제사법재판소의 예

1945년 15명의 재판관으로 구성된 유엔 산하 기구인 국제사법재판소ICJ가 창설됐다. 하지만 이 기구는 비회원국과 관련된 분쟁을 직접 심의하거나 해결할 수 없었다. 국제사법재판소의 권한은 한계가 있었지만, 그럼에도 사법적이고 평화로운 수단을 통해 몇몇 분쟁의 악화를 막기도 했다.

냉전 이후 여러 차례 충격적인 사건을 겪고 나서 전쟁 범죄, 반인류 범죄, 집단 살해죄, 침략 범죄 등을 재판하려면 특별한 법원을 설립할 필요가 있다고 판단했다. 르완다에서 대량 학살이 자행됐고, 세계 평화에 대한 희망을 품고 있던 유럽(구 유고슬라비아)에서 전쟁 범죄가 일어났던 것이다. 일단 분쟁이 끝난 후

■ 2018년 1월 1일 로마 규정 당사국
■ 임시 재판소

재판소 이름
창립
존립 시기

1 국제형사재판소: 상설 재판소
- 1998년 로마에서 설립돼 2002년 발효
- 본부: 헤이그
- 판결: 3건 유죄 판결, 23건 진행 중
- 2017년 부룬디가 최초로 공식 탈퇴

에 재판하는 것은 부적절하다고 보았으며 '승자의 정의'를 우려한 비정부기구들의 압력으로 1998년 국제형사재판소ICC가 설립됐다. 그때부터 국제형사재판소는 징벌의 역할뿐만 아니라 예방적인 역할도 하게 됐다. 헤이그에 본부를 둔 이 기구는 2018년 기준으로 123개 회원국을 보유하고 있다.

보편성의 실패: 국제형사재판소의 예

국제형사재판소는 유엔안전보장이사회에서 제소한 경우를 제외하고 회원국의 영토 내에서 일어난 범죄 혹은 재외 자국민이 저지른 범죄만 재판할 수 있다(상임 이사국들은 거부권을 행사할 수 있으며, 다섯 개 상임 이사국 중에서 프랑스와 영국만이 국제형사재판소 회원국이다). 국제형사재판소는 소급력이 없으며 단지 전쟁 범죄, 반인류 범죄, 대량 학살이나 침략과 같은 가장 심각한 범죄에 대해서만 재판할 수 있다. 국제형사재판소는 안전보장이사회 그리고 회원국이나 검사가 소를 제기할 때 재판을 열 수 있다. 미국, 중국, 러시아, 인도, 대부분의 아랍 국가와 이스라엘은 회원국이 아니다.

2009년에 안전보장이사회의 기소로 국제형사재판소는 다르푸르에서 행해진 반인류 범죄에 대해 수단 대통령 오마르 알 바시르Omar Al-Bashir의 체포 영장을 발부했다. 진보의 관점에서 볼 때 국가 원수가 기소된 것은 처음이었지만, 아프리카 국가의 지도자들만 기소되고 있다는 점이 문제로 지적됐다. 오마르 알 바시르는 기소된 상태에서도 계속해서 아프리카 국가들을 방문했고, 베이징과 모스크바를 공식 방문하기도 했다. 조지 W. 부시 미국 대통령이나 토니 블레어 영국 총리는 이라크 전쟁과 그로 인한 치명적인 결과에 책임이 있음에도 국제형사재판소에 기소된 적이 없다고 불평하는 사람도 있다. 하지만 영국은 현재 예비 조사 중이다. 2016년 남아프리카공화국을 비롯한 아프리카의 다수 국가가 다음과 같은 토론을 하면서 국제형사재판소에서 탈퇴하겠다고 위협했다: 모두에게 공평하지 않더라도(강대국의 위법성이 가장 의심되는 상황에서도 강대국은 기소되지 않는다) 정의가 없는 것보다는 부분적인 정의라도 있는 것이 나을까?

국제형사재판소 설립 이후 아프리카 국가 중 9개국(우간다, 콩고, 수단, 중앙아프리카공화국, 케냐, 리비아, 코트디부아르, 말리, 부룬디공화국)이 기소됐으며, 비아프리카 국가 중에서는 조지아가 기소된 적이 있다.

민주주의와 인권은 진보하고 있을까?

서방 국가들은 냉전을 공산 전체주의에 대항하는 민주주의의 투쟁으로 묘사했다. 실제로 일정 수준의 자유가 서방 국가에는 실재하고 공산 국가에는 존재하지 않았다고 하더라도, 서방 국가 역시 종종 잔인한 유혈 독재 정권을 지지하거나 수립하는 것을 주저하지 않았다. 소련을 비롯한 그 동맹국들을 상대로 싸우려는 목적은 제3세계의 시선을 다른 곳으로 돌리고, 심지어 유럽 대륙 내에 있는 포르투갈과 스페인의 독재 권력을 받아들이도록 하는 것이었다. 소련과 맞서고 있던 당시에도 서방 국가들은 오랫동안 남아공의 아파르트헤이트 체제를 지지했었다.

민주주의 확산

민주주의는 1980년대에 세력을 넓히기 시작했다. 독재 정권이 무너진 라틴아메리카를 시작으로 경제 발전의 여세를 몰아 매우 억압적인 독재 체제를 수립했다가 견고한 민주주의를 확립한 남한과 대만을 포함한 아시아로 퍼져 나갔다. 소련의 붕괴로 동유럽 전체에 민주주의가 정착할 수 있었다. 아프리카 대륙에서도 1990년대에 이러한 물결을 따를 것이라고 기대됐다. 그러나 기대했던 대로 민주주의가 마치 도미노 현상처럼 대륙 전체로 퍼져 나가지는 않았지만, 더 이상 무력이 아니라 투표로 정권 교체가 이루어지는 아프리카 국가들이 생겨나고 있다. '아랍의 봄'으로 불리는 튀니지와 이집트의 독재 정권 붕괴와 더불어 아랍 세계에도 민주주의가 자리 잡을 수 있을 거라는 희망이 싹텄다. 그러나 이러한 희망은 예멘과 시리아에서의 치열한 내전과 이집트의 잔인한 군사 억압으로 순식간에 사라졌다.

민주주의와 법치 국가

민주주의가 보편적인 규범이 되지는 않았다고 하더라도, 민주주의는 많이 진보했으며 모든 대륙으로 확산했다. 민주주의를 단지 선거 여부로 판단할 수는 없다. 독재 정권은 공개 선거를 한다. 참된 민주주의는 진정한 경쟁 선거 그리고 야당, 소수당, 표현의 자유, 종교의 자유, 생각의 자유, 왕래의 자유가 국민에게 보장되는 법치를 바탕으로 이루어진다. 반反자유적인 민주주의도 존재하는데, 이 경우 형식적으로 치러지는 선거가 정권의 독재 체제를 상쇄하지는 못한다.

2003년 이라크에 민주주의 체제를 수립한다는 명분으로 이라크 전쟁이 발발했다. 물론 그것은 전략적 야심을 감추려는 핑계일 뿐이었다. 민주주의는 수출할 수 있는 제품이 아니며, 전쟁으로 이루어질 수 있는 것은 더더욱 아니다. 아무리

인권에 대한 위협

태평양

미국

자메이카 **6**　**9** 쿠바

코스타리카 **10**

대서양

민주주의 수립을 명분으로 내세운다고 하더라도 (리비아의 경우처럼) 다양한 군사 개입은 실패하고 만다.

하지만 시민 사회가 주도하는 민주화 운동은 존재한다. 민주주의는 항상 내부적으로 이루어지는 과정이다. 또한 종종 뒤로 후퇴할 수도 있는 긴 과정이기도 하다. 다음의 세 가지 요소가 결정적으로 작용한다.

• 역사적이고 전략적인 DNA : 각 민족은 역사가 있으며, 따라서 각기 다르게 반응한다.

• 생활 수준 : 다수의 중산층(1인당 하루에 1.90달러 미만으로 생활하는 경우에 정치적 요구는 우선순위가 되지 못한다).

• 일정 수준의 문해력 : 문맹은 국민을 더욱 쉽게 통제할 수 있게 한다.

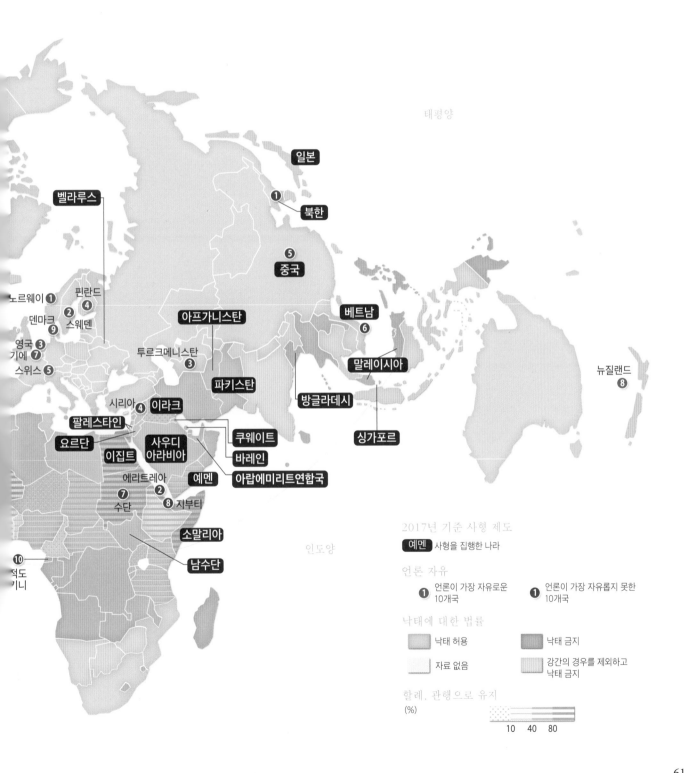

대평양

일본

❶ 북한

벨라루스

❺ 중국

노르웨이 ❶

핀란드

❷ ❹

덴마크 스웨덴

❾

영국 ❸

기에 ❼

스위스 ❺

베트남

❻

아프가니스탄

투르크메니스탄

❸

파키스탄

말레이시아

뉴질랜드

❽

시리아 이라크

방글라데시

팔레스타인

쿠웨이트

요르단

사우디

아라비아

바레인

싱가포르

이집트

예멘

아랍에미리트연합국

에리트레아

❷

❼ ❽ 지부티

수단

소말리아

적도

기니 ❿

남수단

인도양

2017년 기준 사형 제도

예멘 사형을 집행한 나라

언론 자유

❶ 언론이 가장 자유로운 10개국   ❶ 언론이 가장 자유롭지 못한 10개국

낙태에 대한 법률

낙태 허용   낙태 금지

자료 없음   강간의 경우를 제외하고 낙태 금지

할례, 관행으로 유지

(%)

10   40   80

문명의 충돌?

냉전이 끝나면서 전략적 발전에 대해 전혀 다른 두 가지 해석이 이루어졌는데, 이는 모두 미국에서 비롯된 것이었다.

서로 대립되는 두 가지 해석

첫 번째는 프랜시스 후쿠야마Francis Fukuyama의 《역사의 종언The End of History》에 나오는 낙관적인 이론이다. 프랜시스 후쿠야마는 헤겔주의적인 역사는 대립과 그로 인한 충돌 가능성으로 이루어졌으며, 이제 국가는 적어도 이론상으로는 민주주의와 시장 경제 원칙을 고수한다고 말했다.

두 번째는 1993년 새뮤얼 헌팅턴Samuel Huntington이 《문명의 충돌The Clash of Civilizations》에서 제안한 이론이다. 그에 따르면 갈등으로 인해 처음에는 왕자와 왕이 대립했고, 프랑스 혁명 이후에는 국가 전체가 대립하여 피해자 수가 극적으로 늘어났으며, 결국은 이데올로기(민주주의 대 나치즘 또는 파시즘, 서구 민주주의 대 공산주의)가 충돌하게 된다. 냉전 종식은 전쟁이 끝났다는 의미가 아니라 전쟁이 변모했다는 의미다. 이제부터는 문명이 충돌한다. 문명은 객관적인 요소(공동의 역사, 종교, 언어)와 주관적인 요소(하나의 전체에 속한다는 소속감)로 이루어진다. 우리는 이데올로기를 바꿀 수는 있지만 문명을 바꿀 수는 없다. 따라서 문명의 대립은 훨씬 심각하다. 새뮤얼 헌팅턴은 문명권을 서구, 정교, 이슬람, 힌두, 아프리카, 일본, 라틴아메리카, 유교 등 8개로 구분했다. 그는 지배적인 문명이지만 침체기에 빠진 서구문명과 사실상 중국 문명인 유교 문명 또는 피지배적인 문명이지만 팽창하고 있는 이슬람 문명 사이의 충돌은 피할 수 없다고 했다.

문명화 또는 문명 내 전쟁?

헌팅턴의 이론은 1991년 냉전 종식이 세계 평화를 가져오리라는 희망을 품고 있던 순간에 발발한 걸프 전쟁과 발칸 전쟁을 근거로 한다. 이 이론은 국제 문제에 관한 논의의 배경이됐고 2001년 9·11 테러 이후 더 큰 지지를 받았다. 그러나 걸프전은 무엇보다 아랍 국가들, 이라크와 쿠웨이트 간의 전쟁이었다. 일반적으로 주요한 충돌은 서로 다른 문명보다는 같은 문명 내에서 발생했다. 르완다 대량 학살(1994년)을 비롯해 가장 참혹한 내전은 아프리카에서 일어났다. 가장 치열한 국가 간 충돌 역시 동일 문명 내(중국/대만, 남한/북한)에서 일어났다. 그렇다면 누가 문명을 대표하는가? 이슬람 문명은 시아파와 수니파 그리고 페르시아, 아랍, 터키, 아시아에 분산돼 있다.

역사는 결코 사전에 쓰이지 않는다

헌팅턴의 이론은 냉전 이후 미국의 전략적 목표와 일치했다. 미국은 중국의 도전에 대처하면서 서구 세계의 선두에 남아 이슬람 세계를 장악하고자 한다.

이 이론은 충돌에 대해 보편적으로 해석할 수 있는 기준을 제시한다는 이점이 있지만, 일관성 있게 적용할 수는 없다. 이 이론의 결정적인 특징은 문명이 자동으로 충돌할 것이라고 전제한다. 그것은 불가능한 것은 아니지만, 불가피한 것도 아니다. 실제로 역사는 결코 미리 기록되지 않는다. 헌팅턴은 문명의 충돌을 예언하면서 그것을 옹호하지는 않았다.

신보수주의자와 지하드주의자들은 피할 수 없는 충돌에 대해 공통된 관점을 갖고 있다. 이는 전혀 불가피한 일이 아니며, 어떤 정책을 실시하는지에 따라 달라질 수도 있다는 것이다.

태평양

멕시코 ★

콜롬비아 ■ 베네수엘라 ■

페루 ★

라틴아메리카 문명

대서양

헌팅턴 이론의 확인

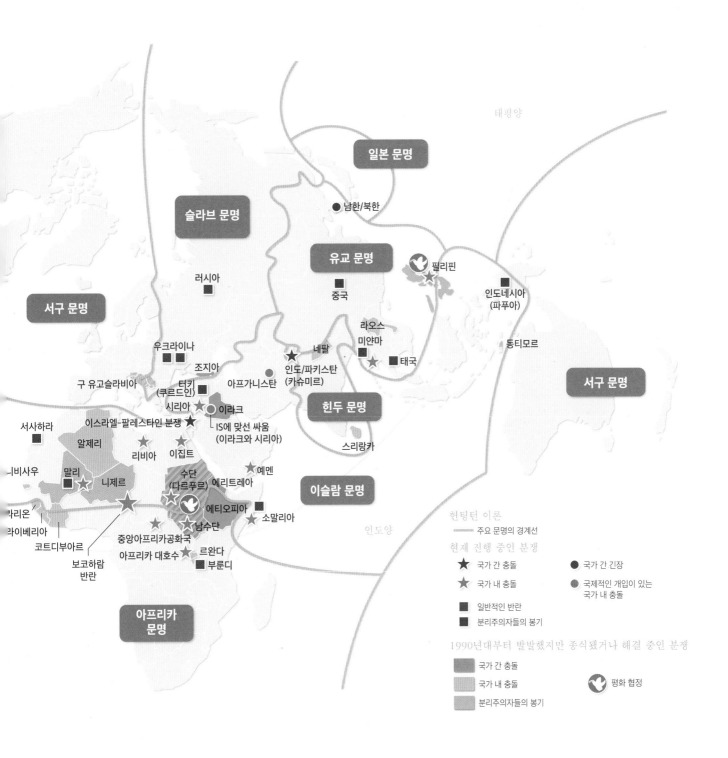

독일 분할과 베를린 위기

나치가 패배한 이후 독일은 연합국이 공동 관리했다. 미국, 프랑스, 영국, 소련은 독일을 네 구역으로 분할하여 공동 점령했다. 소련 관할지 내에 위치한 베를린 역시 같은 방식으로 분할됐다. 1945년부터 1947년까지 승전국 간에 여러 차례 회담이 있었지만 독일의 운명에 대한 합의는 이루어지지 않았다. 이것이 바로 냉전의 시작이었다.

소련의 봉쇄

미국, 프랑스, 영국은 1946년 8월 그들의 점령지에 모여서 새로운 통화인 '독일 마르크Deutsche Mark'를 도입하는 등 새로운 독일 국가의 기반을 마련했다. 소련은 1948년 6월 23일 서베를린의 육로와 수로를 모두 봉쇄하겠다고 선언하고, 서독으로 이어지는 철로와 도로를 모두 차단했다. 서베를린은 다른 지역과 완전히 격리됐고, 서방 국가들은 모스크바가 베를린 전체를 합병할까 봐 우려했다. 서방 국가들은 약 1년 동안 250만 명의 서베를린 주민에게 공중 회랑을 통해 식량을 공수했다. 항공 운송 기술이 거의 발전하지 않았던 시대였기에 이는 과감한 도전이었다. 직접적인 충돌을 할지 말지에 대한 결정을 소련에 떠넘긴 것은 약삭빠른 정치적 선택이었다. 하지만 소련은 식량을 공수하는 미국 비행기를 격추하지 않기로 했으며, 이러한 봉쇄를 연장하는 것이 무의미함을 깨달았다. 결국 1949년 5월 12일에 베를린 봉쇄가 해제됐다.

봉쇄 정책에 따른 막중한 결과

과거 프로이센 군국주의의 상징이었던 베를린은 서방 진영에게 '자유를 위한 투쟁' 지역이 됐다. 국가 분할을 대가로 서독에서부터 독일의 정치적 재건이 이루어졌다. 서독은 그들의 자유가 미국의 군사적 보호에 달려 있음을 잘 알고 있었다. 1949년 5월 8일, 서방측이 점령하던 세 개의 분할 지역이 연방 정부로 통합돼 독일연방공화국(FRG, 서독)이 됐다. 이에 따라 소련이 점령하던 지역은 자체 헌법을 채택하고 독일민주공화국(GDR, 동독)이 됐다. 이렇게 해서 독일은 서구 진영에 속한 국가와 소련 진영에 속한 국가로 나뉘었다. 1954년 독일연방공화국은 완전한 주권을 부여받아 북대서양조

서베를린 접근 경로

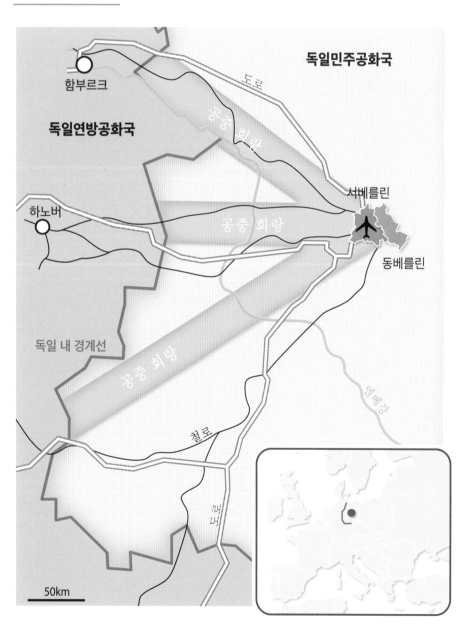

50km

1945년 네 구역으로 분할된 베를린

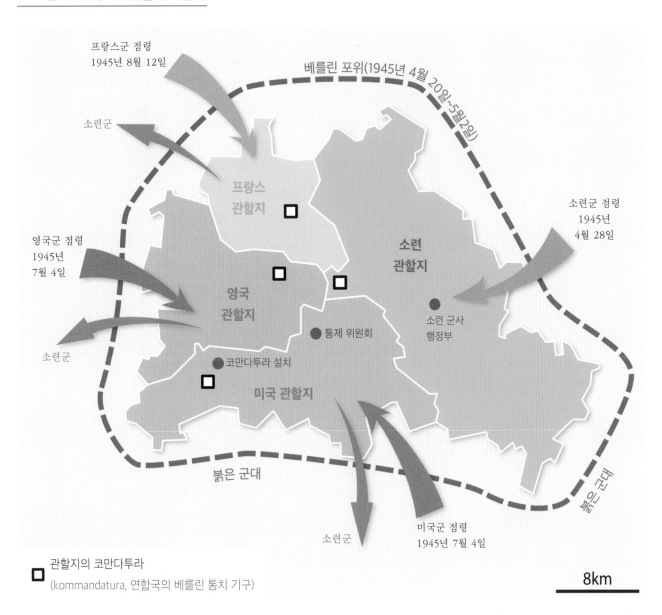

프랑스군 점령
1945년 8월 12일

소련군

베를린 포위(1945년 4월 20일~5월 2일)

소련군 점령
1945년
4월 28일

영국군 점령
1945년
7월 4일

프랑스
관할지

소련
관할지

소련 군사
행정부

소련군

영국
관할지

● 통제 위원회

● 코만다투라 설치

미국 관할지

붉은 군대

소련군

미국군 점령
1945년 7월 4일

□ 관할지의 코만다투라
(kommandatura, 연합국의 베를린 통치 기구)

8km

약기구에 가입했다. 소련은 이에 대응하고자 1955년 바르샤바조약기구를 창설했다.

베를린 장벽 건설과 붕괴

베를린은 서방 점령지의 위험 지역(서베를린이 고립되어 있었기 때문에)이었으며 바르샤바 조약의 약점이었다. 또한 베를린은 동독과 서독의 이동 통로였다. 1949년부터 1961년까지 350만 명의 동독인이 자유를 선택하고 서독으로 탈출했다. 이는 동독의 체제가 인기가 없고 약점이 있다는 사실을 드러내는 것이었다. 그리하여 동독은 1961년 8월 15일 밤, 동독에서 서독으로의 이동을 차단하는 벽을 쌓았다. '수치의 벽'이라 불린 이 벽은 물리적으로나 상징적으로 독일의 단절, 더 나아가 유럽, 즉 동유럽과 서유럽의 단절을 나타냈다.

40년 후 서독으로 넘어가고자 하는 동독 주민이 급증했고, 정부는 더 이상 이를 막을 수 없었다. 결국 이 장벽은 1989년 11월 9일에서 10일 밤사이에 파괴됐고, 이는 동서독 분리와 유럽 분열의 종식을 상징한다.

한국 전쟁

한국 전쟁은 냉전의 절정으로 여겨진다. 그 이전까지 소련이나 미국이 큰 관심을 보이지 않았던 국가에서 전쟁이 발발한 것이다.

한국 전쟁(1950~1953년)

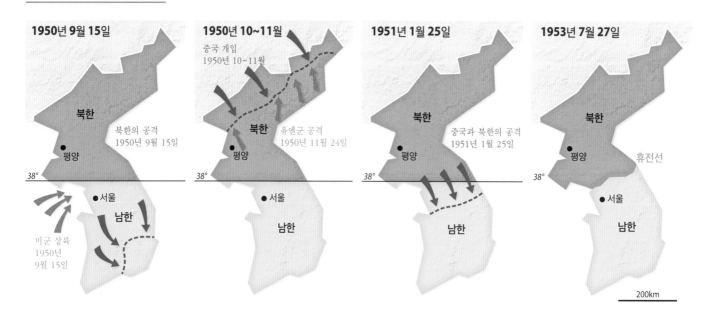

두 개의 한국

한국은 1910년부터 이어졌던 일본의 식민 통치에서 벗어나자마자 북위 38도선 양쪽으로 소련과 미국이 주둔하는 것을 경험했다. 서서히 두 개의 국가, 즉 친미 성향의 남한과 친소 성향의 북한이 잉태되고 있었다. 1949년 초 소련과 미국은 군대를 철수했고 임시 분계선이던 38선은 '아시아의 철의 장막'이 됐다.

1950년 1월 12일 미국 국무 장관 딘 애치슨Dean Acheson은 미국의 '극동방위선'을 알류산열도, 일본, 오키나와, 필리핀을 연결하는 선으로 정한다고 선언했으며, 한국은 여기서 배제됐다. 이에 무리 없이 행동해도 된다고 결론 내린 북한은 1950년 6월 25일 아무런 저항을 받지 않고 38선을 넘었다. 미국은 즉시 유엔안전보장이사회 소집을 요구했다. 소련은 베이징이 아닌 대만을 중국의 정통 정부로 인정해 상임 이사국 자리에 배정한

것에 항의하고자 불참을 선언했다. 미국은 소련의 부재를 이용해 유엔평화유지군의 지휘권을 요구하는 결의안을 통과시켰다. 인도 네루 총리는 스탈린과 트루먼에게 한국의 평화를 대가로 중국의 유엔 가입을 승인하자고 제안했지만, 미국이 거부했다.

많은 인명을 앗아 간 충돌

1950년 10월 7일, 유엔군이 38선을 넘었다. 중국은 자신들의 체제마저 위협받을까 우려하여 수천 명의 의용병을 보내 북한 편에서 싸웠다. 이에 유엔군은 후퇴해야 했고 서울을 빼앗겼다.

제2차 세계 대전의 영웅이자 유엔군 총사령관이었던 맥아더MacArthur 장군은 중국에 대한 폭격을 촉구하고 심지어 핵무기 사용을 제안했다. 1951년 4월 10일 트루먼 대통령은 맥아더 장군을 해임했다. 군사력보다 정치권력이 우월함을 재

확인하고 지역 전쟁을 동서 핵전쟁으로 확전하기를 원치 않았기 때문이다. 유엔군은 38선까지 진격했지만, 이번에는 북한 영토로 넘어가지는 않았다.

1951년 6월에 시작된 협상은 2년간 지속되다 1953년 7월 27일에 판문점에서 휴전 협정이 체결됐다. 이후 비무장지대가 두 나라를 분리하고 있다. 미국과 소련은 각각 남한과 북한에 군사적, 경제적 원조를 제공하는 데 합의했다.

핵 시대에 발생한 이 첫 번째 충돌은 무수한 인명을 앗아 갔다. 서구인들은 소련이 서유럽을 더 잘 공격하려고 아시아 무대에서 교란 작전을 수행한 것이거나 미국의 결의를 시험하기 위한 연습 작전이었을 거라고 보기도 한다. 미국은 한국 전쟁을 통해 반공산주의의 신격화(매카시즘)를 시작했고, 소련의 위협에 대응하고자 서독을 대서양 연맹의 정치 군사 조직으로 통합하는 데 박차를 가했다.

수에즈 전쟁

소련과 미국의 첫 공동 작전이라고 할 수 있는 수에즈 전쟁은 역사상 가장 짧은 전쟁 중 하나다. 하지만 그 영향력은 지속적이다. 군사적으로 승리한 프랑스와 영국은 외교적으로 압박을 받았고, 제3세계가 국제 무대에 등장하게 됐다.

운하의 국유화

아랍 민족주의자인 나세르Gamal Abdel Nasser는 1952년 이집트에서 권력을 잡았다. 이집트는 미국이 무기 공급을 거부하자, 중동 진출의 기회를 노리고 있던 소련 쪽으로 향했다. 미국은 이집트 아스완의 댐 건설을 원조하기로 했던 약속을 철회했다. 나세르 대통령은 미국의 압력에 굴복하지 않는다는 것을 보여 주려고 1956년 7월 26일 수에즈 운하를 국유화했다.

이 결정으로 운하에 대한 가장 큰 지분을 보유했던 프랑스와 이 항로를 주로 사용하던 영국이 피해를 보았다. 이스라엘은 이집트의 군사력 상승을 우려해 프랑스와 영국에 작전을 제안했다. 이에 따라 1956년 10월 29일 프랑스의 군사 지원을 받은 이스라엘이 이집트를 공격했다. 프랑스와 영국은 운하의 안전을 핑계로, 양쪽 교전국에 병력을 철수하지 않으면 운하 지역을 점령하겠다는 최후통첩을 보냈다. 이로써 이스라엘군은 이집트 시나이를 점령할 수 있었지만, 카이로는 이를 받아들이지 않았다. 그러자 프랑스와 영국이 직접 개입했다.

모스크바와 워싱턴의 개입

아이젠하워Dwight D. Eisenhower 미국 대통령은 자신이 승인하지 않은 작전에 대해 통보받지 못했다는 사실이 달갑지 않았다. 아랍과 아시아 국가들이 보기에 이 작전은 제국주의적 발상이었다. 하지만 소련은 헝가리 민주화 혁명을 무력 진압한 것에 대한 국제 여론의 관심을 돌릴 수 있게 되어 기뻐했다. 또한 서방 제국주의에 대항하여 이집트와 제3세계 국가들의 보호자로서의 입지를 강화할 기회를 얻었다. 11월 5일 소련은 프랑스, 영국 및 이스라엘에 협박성 문서를 보냈다. 만약 파병을 그만두지 않으면 최신식 무기, 심지어 핵무기도 사용할 준비가 되어 있다고 선언한 것이다. 이에 깜짝 놀란 영국과 프랑스를 두고 아이젠하워는 그들의 안전 보장을 위해 미국에 의존해서는 안 된다고 말했다. 프랑스-영국 함대는 이집트 포트사이드에 정박하자마자 비참하게 되돌아와야 했다.

따라서 완전한 패배는 이 지역의 헌병 역할을 하고자 했던 나라들, 즉 결국 미국의 몫으로 돌아갈 역할을 욕심냈던 나라들의 것이었다. 미국은 동맹국들을 위기로 몰아넣으면서 사실상 주저 없이 소련과 연대했다. 이것이 공동 작전의 시작이었다. 비록 적이긴 했지만, 미국과 소련은 공동의 이익을 얻을 수 있었다.

프랑스는 이 패배를 통해 미국에 전적으로 의지할 수 없다는 결론을 얻었다. 소련의 위협 앞에서의 무력함과 미국의 비겁함은 프랑스가 핵무기를 보유하기로 하는 데 결정적 역할을 했다. 반대로 영국은 미국의 지지, 심지어 허락이 없다면 어떤 주요한 국제 활동을 시도할 수 없다고 결론 내렸다.

제3세계는 국제 사회에서 존재감을 확고히 했고, 아랍 민족주의는 그로 인해 더욱 강해졌다. 서구 세계의 전초 기지 역할을 했던 이스라엘은 지역적으로 고립됐다.

수에즈 전쟁(1956년)

쿠바 위기

쿠바 위기 때만큼 세계가 핵전쟁에 가까워졌던 적은 없었다. 하지만 쿠바 위기는 긴장 완화의 시작으로 이어졌다. 두 열강이 서로 대립하고 있음에도 더 큰 공동 관심사, 즉 핵 충돌을 피하고자 한다는 사실을 깨달았기 때문이다.

쿠바 위기(1962년)

쿠바 영토에 설치된 소련 미사일 기지
소련 미사일 사정거리
아치 모양으로 배열된 18척의 미국 함대

위기의 시작

1959년 쿠바에서 권력을 잡은 피델 카스트로Fidel Castro는 민족주의 정책을 펼쳤고, 이는 쿠바를 자신의 보호국으로 여겨 왔던 미국을 화나게 했다. 카스트로가 미국이 이권을 가진 대부분의 산업체를 국유화하자, 미국은 1960년 10월 쿠바에 대해 모든 경제 교류를 중단하는 금수 조치를 내렸다.

1961년 4월 17일 미국 중앙정보국CIA은 카스트로 정부를 전복하고자 쿠바 망명자들이 피그스만Bay of Pigs을 공격할 수 있도록 지원했다. 하지만 마르크스-레닌주의를 선포하고 소련과의 관계를 강화하던 카스트로를 중심으로 쿠바 국민이 힘을 합쳐 이 작전은 완전히 실패로 돌아갔다.

1962년 10월 미국의 첩보 비행기 U2를 통해 쿠바에 미사일 발사 기지가 존재함이 드러났다. 미국은 플로리다에서 불과 150km 떨어진 곳에 설치되는 소련 핵무기에 대한 위협을 무릅쓰더라도 반응하지 않을 것인지, 개입할 것인지 딜레마에 빠졌다. 미국은 군사 작전을 고려하기도 했지만, 그것은 그때까지 두 강대국이 조심스럽게 피해 왔던 직접적인 충돌을 유발할 수 있었다. 미국은 쿠바 해안을 봉쇄하여 소련 선박이 쿠바에 핵무기를 들여오지 못하게 막고, 미사일 시설을 해체하라는 최후통첩을 보냈다.

위기에 임박하여

존 F. 케네디John Fitzgerald Kennedy 미국 대통령은 1962년 10월 22일 방송 연설에서 국민에게 쿠바의 미사일 존재를 알리고, 미국은 이 상황을 받아들이지 않기로 했다며 세계 대전의 가능성을 언급했다. 케네디는 유럽과 중남미 동맹국들의 지지를 받았다. 다음 날, 니키타 흐루쇼프 Nikita Sergeevich Khrushchyov 소련 서기장은 미국의 봉쇄 조치를 국제법에 위배되는 행위로 규탄하고 "침략자가 전쟁을 시작하면, 소련은 가장 강력한 타격을 가함으로써 싸울 것"이라고 밝혔다. 하지만 그는 소련은 전쟁을 원치 않는다고 전하며, 미국에 대해 해외에 있는 모든 군사 기지를 해체하라고 요구했다. 미국은 쿠바의 소련 기지 해체에 대한 대가로 유럽과 아시아의 안보 체제 해체를 요구받은 것이다. 미국은 이 제안을 받아들일 수 없었다. 결국 흐루쇼프는 소련 선박이 미국이 봉쇄한 해안선에 닿지 않도록 돌리라고 명령했지만, 이미 쿠바에 배치된 무기의 문제는 여전히 남아 있었다.

소련과 미국 간의 비밀 협상을 통해 케네디가 타협안을 제시했다. 소련이 미사일을 철수하면 미국은 봉쇄를 해제하고 쿠바를 공격하지 않겠다고 약속한 것이다. 흐루쇼프는 이에 동의했고, 미국이 소련을 겨냥하고자 영국과 터키에 설치한 토르Thor와 주피터Jupiter 미사일 기지의 철수를 요구했다. 두 나라는, 특히 소련은 동맹국인 쿠바와 상의 없이 협상을 체결했다. 이에 소련과 쿠바의 관계는 1970년까지 계속 악화됐으며, 미국은 이를 이용해 쿠바와의 관계 회복을 노렸다.

케네디는 쿠바 위기의 명백한 승자였다. 그의 단호함이 효력을 발휘했다. 반대로 흐루쇼프의 모험은 그의 크렘린 동료들에게 비난을 받았다. 하지만 실제로는 소련이 이겼다. 미국은 쿠바를 공격하지 않을 것이고 미국의 미사일은 유럽에서 철수될 것이었기 때문이다.

베트남 전쟁

1954년 7월, 디엔비엔푸Dien Bien Phu 전투에서 패한 프랑스는 제네바 협정에 따라 인도차이나반도에서 식민 지배를 끝냈다. 그리고 베트남은 사실상 두 개의 나라로 나뉘었다.

분할된 나라

북위 17도선 북쪽은 호찌민Ho Chi Minh, 胡志明이 주도하는 공산당이 권력을 장악하고서 중국과 소련의 지원을 받았다. 남쪽에는 응오딘지엠Ngo Dinh Diem, 吳廷琰의 반공산주의 독재 정권이 들어섰다. 이 독재 정권은 순식간에 민족해방전선 National Liberation Front, NLF의 내부 저항에 부딪혔고, 북베트남의 공산 정권은 외부에서 이를 적극 지원했다.

1958년부터 미군이 남베트남 군대를 지원했다. 이는 공산주의가 전 세계로 퍼지는 것을 막으려는 차원의 문제였다. 그러나 미군은 전략적 배치와 우수한 무기를 보유하고도 소련과 중국의 지원을 받는 베트남의 저항을 쉽게 끝낼 수 없었다.

베트남이라는 수렁에 빠진 미국

베트남 민간인을 향해 살상력이 큰 화염 무기인 네이팜탄napalm을 투하한 미국은 국제 여론의 빈축을 샀다. 미국은 더 이상 자유 민족이나 나치즘에 대한 승리가 아닌, 단지 독립을 위해 투쟁하는 힘없고 용감한 사람들을 상대로 싸우는 새로운 제국주의의 상징이 됐다.

이 전쟁은 미국 내에서조차 인기가 없었다. 미국 정부는 공산주의에 맞서 싸운다는 도덕적 명분 아래 베트남에서 저지른 만행을 합법화했지만 이 논리는 점점 더 받아들여지지 않았다. 게다가 전쟁에는 큰 비용이 들었다(하루 5천만 달러). 미국은 베트남이라는 수렁에 빠져 있었다. 전략적으로 큰 이득이 없는 베트남

1967년 11월 베트남 전쟁

소련과 중국의 지원을 받는 민족해방전선(NLF)이 통제하는 지역

----- 호찌민 루트

남베트남 정부와 미국이 통제하는 지역

● 남베트남-미국 연합 기지

★ 미국이 폭격한 북베트남 지역

200km

은 동서 충돌의 상징이 됐다.

1969년 권력을 잡은 리처드 닉슨 대통령은 전쟁을 계속하는 것은 미국에 이익이 될 것이 없다고 생각했다.

협상이 시작됐고, 1973년 1월 23일 미 국무 장관 키신저와 북베트남 지도자인

레둑토Le Duc Tho, 黎德壽는 파리에서 평화 협정을 체결했다.

끔찍한 결과를 가져온 전쟁

베트남 전쟁으로 미군 병사 56,277명이 사망했고 2,211명이 실종됐다. 미국은 '베트남 증후군'으로 외부에 대한 군사적 개입을 꺼리게 됐으며 지속적인 타격을 입었다. 미군 철수 후인 1975년 4월 북베트남 군대는 파리 협정을 위반하고 사이공 시市를 점령해 호찌민 시로 만들었다. 이웃한 라오스는 인민공화국이 됐고, 캄보디아에서는 급진적 좌익 무장단체인 크메르 루주Khmer Rouge가 권력을 장악했다. 수많은 베트남 사람들이 배를 타고서 공산 정권이 매우 심각한 독재 정치를 하는 조국을 몰래 탈출했다(보트 피플boat people). 1989년 11월 베를린 장벽이 무너진 이후 베트남은 조금씩 자유로워져서 서방 세계에 문을 열었다.

아프가니스탄 전쟁(소련)

소련의 지원을 받던 아프가니스탄 공산당은 1978년 쿠데타를 통해 권력을 잡았다. 아프간 수도 카불의 지식인들 사이에 뿌리내린 공산당은 농촌에서는 인기가 없었다. 공산당이 이루고자 하는 개혁의 흐름은 심각한 긴장을 야기했다. 게다가 공산당은 두 가지 당파, 즉 온건파와 급진파로 분열됐다. 온 나라에서 무장 반란이 일어났다. 아프가니스탄과 국경을 2,500km 공유하고 있던 소련은 폭동이 소련의 이슬람 인구에게로 퍼져 나가거나 아프가니스탄의 인민민주당이 소련의 영향력에 대해 의문을 품게 될까 봐 우려했다. 소련은 아프간 공산당의 온건파를 강화하려고 이 나라를 침략했다.

국제적인 비난

1979년 12월 24일, 소련은 5천 명의 공수 부대를 카불 공항에 투하했고 2개 사단이 국경을 침범했다. 이듬해에는 5만 명이었던 병력을 1981년에 다시 12만 명으로 늘렸다. 소련 책임자들은 이러한 침공에 대한 국제적인 영향력과 아프가니스탄에서 야기될 저항을 과소평가했다. 미국 제국주의에 반대하는 제3세계 국가들의 동맹국임을 자처해 온 소련이 개발도상국을 침공한 것이다.

1980년 1월 14일 유엔총회에서는 찬성 104표, 반대 18표로 소련의 침공을 비난하는 결의안을 채택했다. 소련에 대한 제3세계의 신뢰 역시 큰 타격을 입었다. 이슬람 국가들이 가장 적대적인 반응을 보였다.

아프가니스탄 침공은 미국과 소련 간의 긴장 완화 관계를 끝냈다. 세계는 소련이 아프가니스탄을 통해서 페르시아만을 차지하게 될까 봐 두려워했다. 소련군과 아프가니스탄 정규군은 카불을 제외한 영토 대부분을 차지하고 있던 아프가니스탄 반군과 맞서 싸웠다. 아프가니스탄 반군 게릴라 단체인 무자헤딘mujahidin은 파키스탄, 중국, 수많은 이슬람 국가를 통해 미국의 지원을 받고 있었다. 그 당시 서구 국가들은 수많은 이슬람 근본주의자 전사들의 극단주의적인 성격을 전혀 우려하지 않았다.

기복이 심한 아프가니스탄의 지형과 외부로부터의 지원 덕분에 무자헤딘은 소련에 맞서 싸울 수 있었다. 소련 측의 붉은 군대의 공격, 대규모 폭격, 화학 무기 사용도 저항을 줄이지 못했다. 소련은 아프간이라는 늪에 빠져 버렸다. 전쟁은 돈이 많이 들고 국민의 지지를 받지도 못했다.

정치적, 경제적, 인적 비용뿐만 아니라 전쟁에서 승리할 수 없음을 인식한 고르바초프는 1988년 2월에 철군을 결정했다.

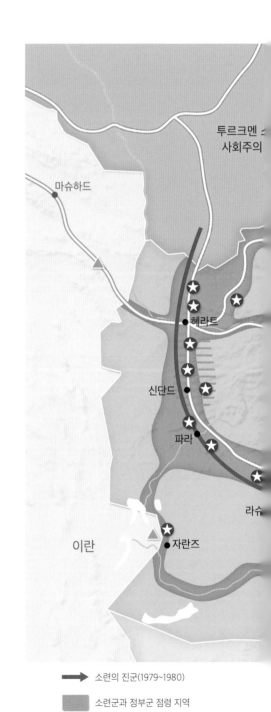

→ 소련의 진군(1979~1980)

▨ 소련군과 정부군 점령 지역

계속된 충돌

하지만 아프간 전사들은 여러 파로 갈라져서 계속 전쟁을 이어갔다. 이러한 상황은 1994년 남부에서 결성된 극단적 근본주의 세력인 탈레반Taliban이 등장하는 배경이 됐다. 1996년 탈레반은 카불을 포함한 모든 도시를 정복했다. 하지만 아흐마드 샤 마수드Ahmad Shah Massoud 사령관이 주도한 북부동맹Northern Alliance과 같은 저항 세력을 계속 상대해야만 했다. 소련 침략 당시 마수드와 탈레반은 한편이었지만, 붉은 군대가 철수한 후 그들은 서로 맞서 싸웠다. 마수드는 결국 2001년 9·11 테러 이틀 전날 빈 라덴이 보낸 요원들에게 암살되고 말았다.

소련의 아프가니스탄 침략(1979~1980년)

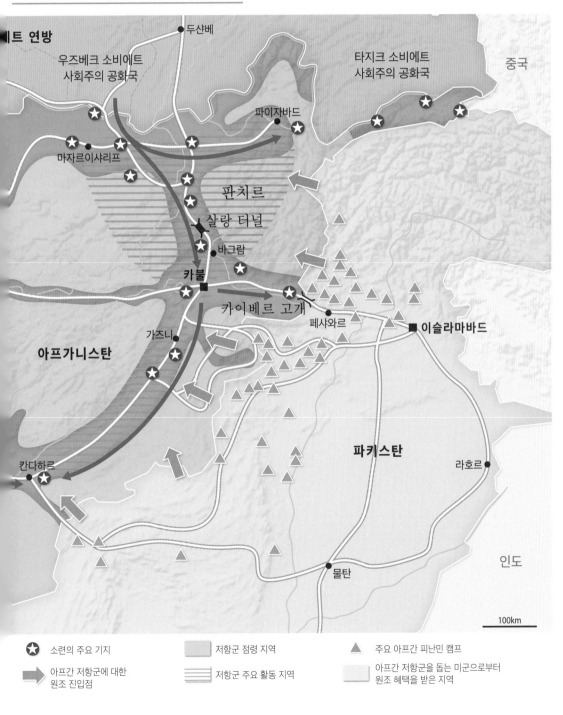

소련의 주요 기지

아프간 저항군에 대한 원조 진입점

저항군 점령 지역

저항군 주요 활동 지역

주요 아프간 피난민 캠프

아프간 저항군을 돕는 미군으로부터 원조 혜택을 받은 지역

아프가니스탄 전쟁(NATO)

1996년 카불에서 권력을 장악한 탈레반은 1980년대에 소련과 맞서 싸운 빈 라덴에게 망명을 허가했다. 1998년 미국은 알 카에다의 소행으로 밝혀진 케냐와 탄자니아 주둔 미 대사관 테러에 대한 보복으로 아프가니스탄 동부에 위치한 알 카에다 훈련 캠프에 크루즈 미사일을 발사했다.

미국의 합법적 방위

2001년 9·11 테러 이후 미국은 탈레반에 빈 라덴의 인도를 요구했지만, 탈레반은 이를 거절했다. 2001년 9월 12일 유엔안전보장이사회는 만장일치로 미국 자위권을 인정하는 〈결의안 1368호〉를 채택했다. 미국은 10월 7일 '항구적 자유 작전Operation Enduring Freedom'이라는 작전명으로 전쟁을 선포했다. 이 작전은 자위로 간주돼 국제 사회의 지원을 받았다. 미군은 마수드 사령관이 암살되기 전(9월 11일 테러 48시간 전)까지 지휘했던 북부동맹에 의지했다. 탈레반은 2001년 12월 6일 탈레반 세력의 최대 거점인 칸다하르마저 함락된 후 완전히 패배했지만, 그럼에도 탈레반 최고 지도자인 무하마드 오마르Muhammad Omar와 빈 라덴은 잡히지 않았다.

법치 국가 건설

2001년 12월 20일 유엔안전보장이사회는 카불에 국제안보지원군ISAF 설립을 허가하는 〈결의안 1386호〉를 채택했다.

2003년에 국제안보지원군의 지휘를 맡은 NATO는 나라 전역으로 활동 범위를 넓혔다. 국제안보지원군의 목표는 대테러 임무 완수와 아프가니스탄을 법치 국가로 만드는 것이었다. 그러나 미국의 관심은 아주 순식간에 이라크로 옮겨 갔고, 아프가니스탄은 더 이상 최우선 순위에 있지 않았다. 이에 대해 버락 오바마는 하지 말았어야 하는 선택적인 전쟁(이라크 전쟁)을 하느라 필수적인 전쟁(아프가니스탄 전쟁)을 놓쳤다고 조지 부시를 비난하기도 했다. 그럼에도 서방 국가의 군대는 꾸준히 늘어나서 15만 명에 달했으며, 이 중 3분의 2가 미국인이었다.

서방 국가 주둔의 재검토

초기에 패배했던 탈레반은 자살 공격, 지뢰 설치, 대규모 공격 등을 통해 전력을 회복했다. 탈레반은 2005년부터 다시 영토 대부분을 차지했다. 하미드 카르자이Hamid Karzai 대통령과 아프가니스탄 군대는 카불을 넘어서 영토 통제권을 확대하는 데 어려움을 겪고 있었기에 1990년대에 내전에 뛰어들었던 아프가니스탄의 오래된 군부 세력과 동맹을 맺었다. 카르자이 대통령은 점점 더 미국의 인질처럼 보였고, 처음에는 환영받았던 외국 군대는 점령군처럼 여겨졌다. 미군 병사의 태도는 무례하고 경멸적이었다. 대중에 대한 실책으로 점차 대중의 지지를 잃게 됐고, 이는 탈레반 쪽에 유리하게 작용했다.

2011년 5월 2일 파키스탄에서 작전을 수행하던 중에 그곳에 피신해 있던 빈 라덴이 암살됐다. 하지만 아프가니스탄 전쟁은 끝나지 않았다. 아프간은 서방 국가의 도움을 받은 최초의 국가였지만, 아프간 정부는 실패한 정부였다. 서방 군대와 아프가니스탄 대중 사이의 단절감은 회복하기 힘들어 보였다. 서방 군인들은 아프간 군대로부터 받은 공격에 대한 트라우마 때문에 대중과 차단된 병영에서만 지냈고, 탈레반은 영토 대부분을 통제하고 있었다. 2014년 12월 28일 국제안보지원군의 13년간의 개입이 끝이 났다. NATO에서 파견한 '확고한 지원 임무Resolute Support Mission' 부대가 그 뒤를 이었다. 1만 3천 명 이상의 병력으로 구성된 이 부대는 테러와의 전쟁을 지원하고 훈련을 제공하는 것을 목표로 한다.

이란

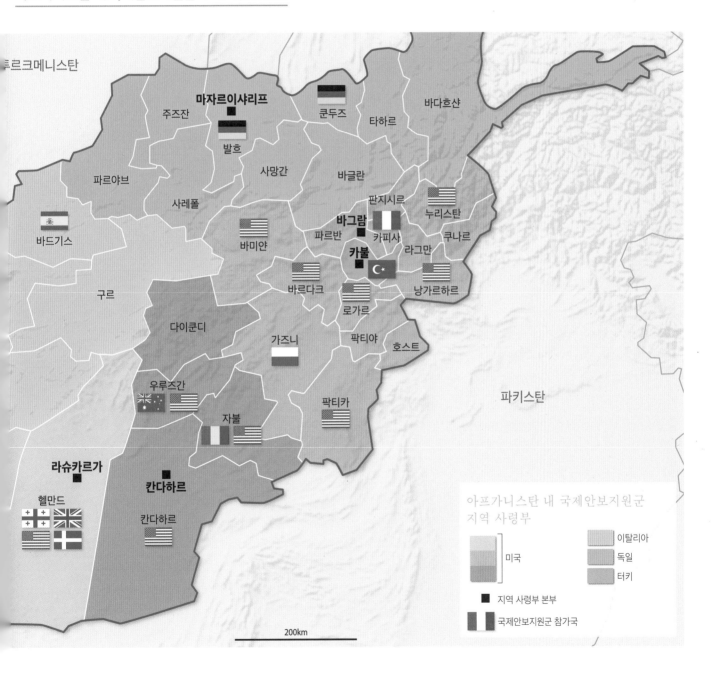

아프가니스탄 내 국제안보지원군의 배치(2012년)

걸프 전쟁

1990년 8월 2일 밤, 수백 대의 이라크 전차가 쿠웨이트 국경을 넘었다. 8월 8일 사담 후세인은 쿠웨이트와 이라크의 합병을 선언했다.

분쟁의 기원

1932년에 독립한 이라크는 1899년 이후로 영국의 보호령이었던 쿠웨이트의 주권을 주장하기 시작했다. 쿠웨이트는 1961년 영국으로부터 독립했다. 이라크는 1963년에 쿠웨이트의 주권을 인정했다. 1988년 이라크는 사담 후세인Saddam Hussein이 페르시아의 적으로부터 아랍 민족을 구한다는 명목으로 이끌어 왔던 이란과의 전쟁을 끝냈다.

비난에서 개입까지

이라크의 쿠웨이트 침공은 국제 사회의 비난을 받았다. 미국과 쿠웨이트는 유엔 안전보장이사회(약칭 안보리)를 소집했다. 1990년 8월 6일 안보리는 이라크와의 군사, 상업, 재정 활동을 금지하는 〈결의안 661호〉를 채택했으며, 미국은 사우디아라비아에 미군을 배치했다('사막의 방패 작전Operation Desert Shield').

사담 후세인은 '성스러운 전쟁'이라는 명분을 내세우며 아랍-이스라엘 간의 분쟁과 연관 지으려 했지만, 수많은 아랍 국가들이 연합군에 가담하는 것을 막지 못했다. 침공한 지 6개월 만에 29개 국가와 약 70만 명의 사람들이 한자리에 모였다. 사담 후세인은 중재안을 하나씩 거부했다. 결국 11월 29일 안보리는 이라크가 1991년 1월 15일까지 쿠웨이트에서 철군하지 않는다면, 모든 수단의 사용을 허가한다는 〈결의안 678호〉를 통과시켰다. 그리고 1월 16일에 '사막의 폭풍 작전Operation Desert Storm'을 시작했다.

걸프 전쟁

아랍연맹 회원국

걸프협력회의 소속 국가

쿠르드족

주요 유전

이라크의 움직임:
★ 스커드 미사일 폭격지
◎ 공화국 수비대 위치
➜ 이라크의 지상전 이동

연합군의 움직임:
◼ 병력 배치
● 공군 기지
➜ 1991년 2월 23일부터 25일까지 전선(지상전)의 이동

전쟁의 전개 과정

1991년 1월 17일부터 2월 23일까지 연합군은 이라크의 전투 능력과 의지를 무력화하고 물류 시설과 요충지를 파괴하는 공세를 가했다. 이라크는 이스라엘과 사우디아라비아에 미사일을 발사했지만, 그 효과는 매우 제한적이었고 연합군의 공격으로 받은 심리적 타격을 부인할 수는 없었다. 이라크는 단기간의 지상전을 벌인 끝에 1991년 3월 2일 휴전 협정(〈결의안 686호〉)에 대한 안보리의 조건을 받아들여야 했다.

걸프 전쟁으로 미국의 외교적, 군사적, 기술적 우월성이 강조됐다. 미국은 다양한 동맹을 창설하고 유지했으며 유엔 안보리가 미국의 개입에 대한 선택을 합법화하도록 하는 데 성공했다. 미국은 쿠웨이트와 사우디아라비아처럼 분쟁에 연루되지 않은 강대국인 독일과 일본으로부터 재정적 원조를 받아냈다. 결국 미국은 이 지역에 대한 그들의 주도권을 확인했다.

르완다 대학살

제1차 세계 대전 이후 벨기에는 그 이전에 독일의 식민지였던 르완다와 부룬디를 신탁 통치하게 됐다. 이 땅에는 언어와 역사를 공유하는 두 개의 민족인 후투족과 투치족이 살고 있었다.

분열의 발생

두 종족의 분열은 민족적이라기보다 사회적이었다. 유목을 하던 투치족Tutsi은 농사를 짓던 후투족Hutu보다 사회적으로 더 인정받았다. 벨기에 식민 통치자들은 수적으로 더 적은 투치족에게 접근하여 교육을 제공했고, 후투족에게는 교육의 기회를 차단했다. 투치족은 엘리트 집단을 형성했고, 후투족은 원한과 복수심을 쌓아 갔다. 더 많은 교육을 받은 투치족은 1950년대부터 반식민주의 이론에 동조하기 시작했고, 후투족은 어찌 됐든 자신들을 더 차별하는 식민 권력에 충성했다.

르완다와 부룬디는 각기 독립하게 됐다. 부룬디에서는 두 종족 간의 대학살이 수차례 벌어져(1965년, 1969년, 1972년, 1988년, 1991년과 1993년) 주로 투치족이 희생됐고, 수많은 투치족 사람들이 우간다로 망명했다. 우간다에서도 후투족이 다수(인구의 85%)를

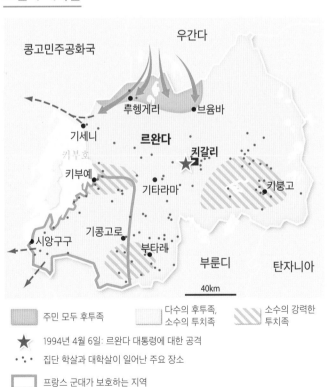

르완다 대학살

▨ 주민 모두 후투족	다수의 후투족, 소수의 투치족	소수의 강력한 투치족

★ 1994년 4월 6일: 르완다 대통령에 대한 공격

•∴• 집단 학살과 대학살이 일어난 주요 장소

▢ 프랑스 군대가 보호하는 지역

➡ RPF(르완다 애국전선) 공격

--➤ 주변 국가로 후투족 난민 유입

차지하고 있었다. 1990년 투치족은 우간다에서 무력으로 권력을 장악하려 했지만, 프랑스-벨기에 군대의 개입으로 실패했다. 프랑스의 후원으로 체결된 아루샤Arusha 협정에 따라 선거를 실시하고 소수인 투치족의 권리를 보장함으로써 내전 종식을 기대하게 됐다.

새로운 집단 학살

후투족 출신인 쥐베날 하브자리마나Juvénal Habyarimana 르완다 대통령은 이를 수용했지만, 후투족 강경파는 반발했다. 1994년 4월 6일 하브자리마나 대통령이 탄 비행기가 격추됐다. 이에 대해 일부는 후투족 강경파의 소행이라고 하고, 다른 일부는 폴 카가메(Paul Kagame, 투치족 출신의 르완다 현 대통령) 일당의 소행이라고도 한다. 이 사건을 계기로 후투족 강경파는 투치족과 후투족 온건파를 대상으로 끔찍하고 잔인한 무차별 학살을 했고, 약 100일 동안 80만 명의 목숨을 빼앗았다. 유엔은 평화 유지 활동이 불가능하다고 판단해 군대를 철수했고, 미국은 이 일에 개입하고 싶어 하지 않았다.

프랑스는 집단 학살을 멈추기 위해 파병했지만, 오히려 투치족은 프랑스가 후투족 책임자들을 보호한다고 비난했다. 폴 카가메는 우간다의 도움으로 쿠데타를 일으켜 권력을 잡았다. 그는 프랑스를 집단 학살의 공범자라고 비난했다. 이후 갈등은 수십만 명의 후투족이 망명한 콩고민주공화국DRC의 내전으로 이어졌다. 그들 중에는 집단 학살자도 포함돼 있었고, 이는 카가메의 르완다 개입을 정당화해 주었다.

하지만 이로 인해 르완다는 지금은 콩고민주공화국이 된 사실상 실패한 국가라고 할 수 있는 자이르의 일부를 차지할 수 있었다. 콩고민주공화국에서의 충돌로 1994년부터 2002년 사이에 4백만 명이 넘는 사망자가 발생했다. 폴 카가메는 르완다를 강경하게 다스리면서 모든 반대 세력을 침묵시키지만, 부패를 근절하며 진정한 경제적 성공을 거두고 있다. 그는 2017년에 압도적으로 대통령에 재당선됐다.

발칸 전쟁

유럽이 대립과 냉전이 끝났다고 생각하던 순간에, 유혈 충돌이 유럽을 가로질렀다.

유고슬라비아 내전

다양한 민족이 하나의 연방을 구성하던 유고슬라비아는 1991년 6월 25일 크로아티아와 슬로베니아의 독립 선언 이후 해체됐다. 유럽이 마스트리히트 조약(Treaty of Maastricht, 유럽의 정치, 경제 및 통화 통합을 위한 조약)으로 공동 해외 안보 정책을 구성하는 동안 유고슬라비아는 해결할 수 없는 분쟁에 직면해 있었다.

1945년 유고슬라비아의 정치가 티토Tito는 세르비아, 크로아티아, 슬로베니아, 몬테네그로, 마케도니아, 보스니아헤르체고비나 등 6개 공화국으로 연방 공화국을 창설했다. 다른 공화국들보다 부유했던 크로아티아와 슬로베니아는 더 많은 자치권을 요구했지만, 그것은 1980년 티토가 사망할 때까지 이루어지지 않았다.

1987년 세르비아계 지도자인 슬로보단 밀로셰비치Slobodan Milošević가 베오그라드에서 권력을 잡으면서 민족주의를 주창했다. 소련의 위협이 사라지자 다양한 공화국들이 하나의 연방으로 묶여 있을 명분이 약해졌다. 게다가 유고슬라비아 연방은 1980년대 초부터 심각한 경제 위기를 겪어 왔고, 슬로베니아와 크로아티아는 세르비아의 영향력에서 벗어나면 경제

전선(1992년 여름)

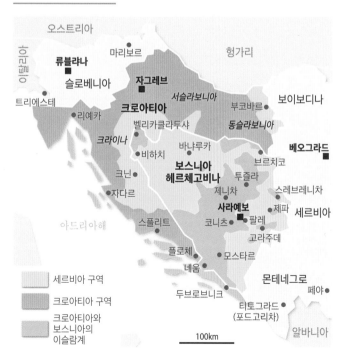

데이턴 평화 계획, 1995년 11월 21일

적으로 더 생산적일 것이라 믿었다. 그들은 더 이상 유고슬라비아 시장이 필요치 않았다. 슬로베니아는 1990년 12월 국민투표로 독립을 선언했고, 1991년 7월에 세르비아로부터 독립을 인정받았다. 1990년 5월부터 프라뇨 투지만Franjo Tuđman 크로아티아 대통령은 보스니아헤르체고비나를 포함한 크로아티아의 독립을 선언하고자 했다. 그는 인구 450만 명 가운데 60만 명에 달하는 세르비아계 주민들은 고려하지 않았다. 곧 제2차 세계 대전 같은 최악의 시간으로 되돌아갈지도 모른다는 두려움이 세르비아계 주민들을 자극했다. 크로아티아는 국민 투표를 통해 1991년 6월 25일 독립했다. 9월 19일 유럽연합EU은 유고슬라비아에 평화유지군을 파견하자는 프랑스와 독일의 제안을 거부했다. 1992년 1월 유럽공동체의 모든 회원국은 슬로베니아와 크로아티아의 독립을 인정했다.

전쟁은 제일 먼저 세르비아의 지원을 받는 크로아티아 내 소수 세르비아인들과 크로아티아 사이에서 발발했다. 크로아티아 내의 세르비아인들은 크로아티아가 유고슬라비아에 대해 했던 것처럼 독립권을 요구했다. 그런 다음 세르비아가 크

로아티아를 폭격하며 개입했다. 사이가 좋았던 두 나라는 치열하게 서로를 죽였다. 1992년 4월 7일 유럽공동체는 보스니아헤르체고비나의 독립을 인정했다.

국제 공동체의 어려움

유엔을 통해 평화유지군을 배치한 국제 사회는 전쟁을 막기에는 무력했으며, 단지 보스니아인에게 인도적 지원을 제공함으로써 전쟁의 영향력을 제한할 수밖에 없었다. 세르비아는 1995년 7월 유엔군이 안전 지역으로 보호하고 있던 스레브레니차 지역에 거주하는 8천 명의 이슬람교도를 학살하여 국제적인 비난을 받았다.

보스니아 국가의 탄생

1995년 여름, 크로아티아가 공격을 시작하여 크로아티아 내 세르비아인들이 차지했던 땅을 회복했다. 이에 미국이 공중

공습을 시작했고, 결국 투지만 크로아티아 대통령, 알리야 이제트베고비치Alija Izetbegović 보스니아 대통령, 밀로셰비치 세르비아 대통령이 모여 데이턴 평화 협정Dayton Peace Accord을 체결했다. 그들은 크로아티아 국가, 세르비아 국가 옆에 보스니아 단일 국가라는 명목으로 보스니아헤르체고비나를 사실상 세 지역(크로아티아, 보스니아, 세르비아)으로 나누면서 전쟁을 끝냈다. 크로아티아와 보스니아계가 영토의 51%를 차지하고, 세르비아계는 49%를 차지하기로 했다. 평화안정군(SFOR 또는 Stabilization Force)과 국제 행정부가 투입되어 이 지역에 평화가 자리 잡을 때까지 감독하면서 보스니아를 사실상 보호국으로 만들었다.

보스니아는 여전히 분열의 위험을 안고 있다. 1999년 전쟁 이후로 코소보는 2008년에 독립을 선언했다. 크로아티아는 2013년에 유럽연합에 가입했으며 세르비아는 공식적으로 가입을 신청했다.

유고슬라비아부터 구 유고슬라비아까지

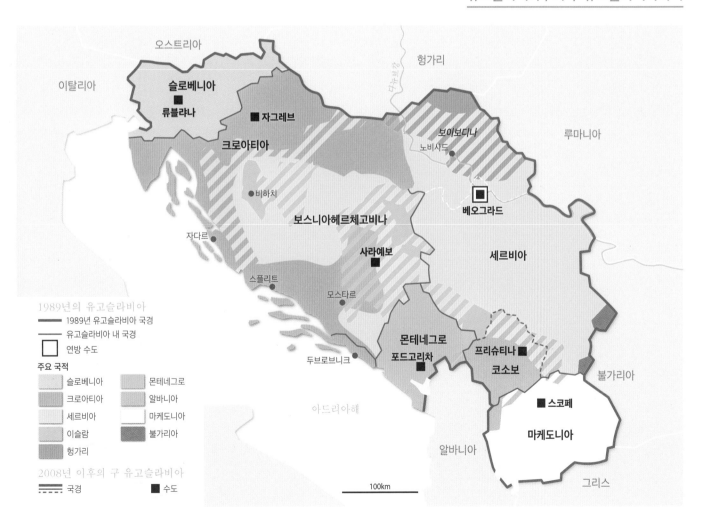

1989년의 유고슬라비아
- ━━ 1989년 유고슬라비아 국경
- ─── 유고슬라비아 내 국경
- ☐ 연방 수도

주요 국적
슬로베니아	몬테네그로
크로아티아	알바니아
세르비아	마케도니아
이슬람	불가리아
헝가리	

2008년 이후의 구 유고슬라비아
- ≡≡≡ 국경
- ■ 수도

코소보 전쟁

보스니아 전쟁이 끝나자 세르비아의 지배를 받고 있던 코소보에서 다시 분쟁이 시작됐다. 주민 대다수가 알바니아계 이슬람교도였던 코소보는 세르비아로부터 강한 차별을 받고 있었다.

코소보

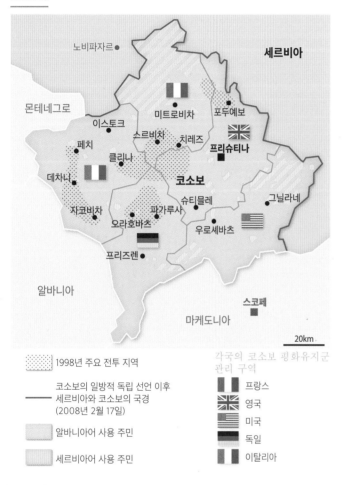

노비파자르 ●

세르비아

몬테네그로

이스토크
미트로비차
포두예보

페치
스르비차
치레즈
클리나
프리슈티나

데차니

코소보

자코비차
슈티믈레
그닐라네

오라호바츠
파가루사

우로셰바츠

프리즈렌

알바니아

스코페 ■

마케도니아

20km

▦ 1998년 주요 전투 지역

─── 코소보의 일방적 독립 선언 이후
세르비아와 코소보의 국경
(2008년 2월 17일)

▢ 알바니아어 사용 주민

▢ 세르비아어 사용 주민

각국의 코소보 평화유지군
관리 구역

▦ 프랑스
▦ 영국
▤ 미국
▬ 독일
▥ 이탈리아

전쟁의 시작

1996년 2월 코소보 해방군KLA이 일련의 폭탄 테러를 예고하자, 유고슬라비아와 세르비아는 코소보의 여러 마을을 파괴했다. 1998년 3월 중도파 지도자인 이브라힘 루고바Ibrahim Rugova가 코소보 대통령으로 당선됐지만 세르비아는 이를 인정하지 않았다. 유엔은 3월 31일 유고슬라비아에 대한 무기 판매 금지 조치를 취했고, 9월 23일 세르비아 군대 철수와 협상을 요구했다. 충돌은 계속됐고, 1999년 2월 프랑스와 영국은 평화 회담을 개최하고자 모든 당사자를 불러 모았다. 3월 19일 세르비아가 NATO군이 유고슬라비아 영토에 주둔하며 휴전을 감시하는 것을 거부하면서 회담은 실패로 끝났다. 유고슬라비아 내전 당시 잔학 행위를 저질렀던 밀로셰비치는

다시 한번 인종 청소를 시작했다. 유럽(유럽의 안전 보장 연설이 구체적인 수단을 가지고 있다는 것을 보여 주고 싶어 했다)과 미국(NATO가 결성된 지 50년이 지났고 소련이 사라진 상황에서 NATO가 여전히 유용하다는 것을 증명하고 싶어 했다)의 공신력이 문제가 됐다. 이렇게 해서 NATO는 역사상 처음으로 공격받거나 위협받지 않은 상태에서 전쟁에 나섰다.

NATO의 개입

1999년 3월 23일 NATO는 중국과 러시아의 거부권을 우려해 유엔 안보리의 투표를 거치지 않고 유고슬라비아에 대해 연합군 작전을 개시했다. 유고슬라비아 군대는 코소보 주민들을 대거 쫓아내 난민으로 만들었고, 이런 상황은 유럽 여론이 전쟁을 지지하게 만들었다. 이 불평등한 전쟁은 78일간 지속됐다. 밀로셰비치는 1999년 6월 3일 항복을 강요받았고, NATO의 평화유지군이 코소보에 주둔하게 됐다.

1999년 6월 10일 코소보는 세르비아에 속해 있는 동시에 최종 지위를 결정하기 위해 국제연합 보호령이 됐다. 대다수 알바니아계 주민들은 독립을 원했지만, 국제 사회는 지역적 분쟁 가능성을 우려해 독립 인정을 망설였다. 2000년 10월 선거에서 패배한 밀로셰비치는 2001년 4월 체포돼 구 유고슬라비아 국제형사재판소ICTY에 넘겨졌다. 이번에는 코소보에 남아 있던 세르비아계 주민들이 대량 학살의 희생자가 됐다.

코소보의 독립을 향하여

미국은 코소보의 주장을 지지했다. 이는 미국에 헌신할 작은 국가의 탄생을 의미했기 때문이다. 유럽은 코소보 주둔군 유지비 문제와 독립 거부 시 이 군대가 코소보 분리주의자의 표적이 될까 봐 코소보의 독립을 부분적으로 받아들였다. 반면 러시아는 코소보 분리가 가져올 수 있는 전파의 위험성을 강조하며 반대했고, 세르비아도 코소보의 독립을 반대했다.

2008년 2월 17일 코소보는 독립을 선언했고 미국, 프랑스, 영국은 이를 공식 인정했다. 코소보가 독립한 지 10년이 지난 후에도 러시아와 세르비아뿐만 아니라 스페인과 벨기에 등 몇몇 유럽 국가는 코소보의 경제가 인위적이며 조직범죄가 심각하다는 이유로 독립을 인정하지 않고 있다.

이란/미국/이스라엘

이란 총리 모하마드 모사데크는 1951년 석유를 국유화했고, 1953년 미국 중앙정보국이 선동한 쿠데타로 실각했다. 1941년부터 권력을 잡은 이란의 샤(Shah, 왕)는 다시 권한이 강해졌고 미국과 전략적 동맹을 맺었다. 이란은 이스라엘을 인정하고 유대인 국가에 석유를 공급하여 주위 아랍 국가들의 적대감을 유발했다.

이란과의 단절

모하마드 레자 샤 팔레비Mohammad Reza Shah Pahlevi는 이란의 제2대 샤로, 서구화를 지향하며 나라를 근대화했다. 1973년의 석유 파동 이후 상당한 자원을 보유한 이란은 비밀경찰 사바크SAVAK를 통해 치열한 억압을 시작했다. 미국은 걸프 지역의 주요 동맹국으로서 그 지역 경찰 역할을 하고 있었다. 따라서 샤에 대한 반대 세력은 주로 반미주의자였다.

보수 성직자와 진보 세력도 반대한 팔레비 정권은 결국 1979년에 전복됐다. 그 뒤 정권을 잡은 아야톨라 루홀라 호메이니Ayatollah Ruhollah Khomeini는 미국이 팔레비를 복위시킬까 봐 두려워(하지만 지미 카터 대통령은 그럴 생각이 없었다) 반미를 주장했고 이스라엘과 수교를 단절했다.

미국은 이란에 대해 정치적, 경제적 제재를 취했다. 대부분의 국가들도 이란을 멀리했다. 이런 약점을 노린 이라크는 전쟁을 선언하고 전력을 쏟아부었다(1980~1988). 군사적 노력과 제재는 이라크를 고립시키고 약하게 만들었지만, 오히려 체제를 강화시켰다. 호메이니는 억압적인 신정 체제를 구축하고 전쟁을 내세워 모든 반대 세력을 침묵시켰다.

이란은 군사적 목적이 있는 것으로 의심되는 핵 프로그램을 시작했다. 이스라엘과 관계를 단절한 이란은 팔레스타인을 빌미로 아랍 민족 사이에서 인기를 얻고자 했다. 아랍 지도자들은 철저하게 반이스라엘, 반미를 외치고 있었다.

이란: 공동의 적

이란, 석유 및 가스 전력
(%)
석유   가스

2015년 7월 합의 전까지 이란의 핵 시설
♣ 주요 장소
▢ 2015년 빈에서 5+1개국과 이란 간에 이란 핵협정 체결 (2018년 5월 미국 탈퇴)

이란의 동맹국

이스라엘의 핵 시설
☢ 디모나: 생산 지역으로 추정

미국의 군사 원조
▢ 2017년 9월: 2019~2028년 동안 이스라엘에 380억 달러의 군사 원조 합의

이스라엘과 사우디아라비아
⟷ '일시적인' 동맹: 안보 문제 및 정보 서비스 교류

충돌
직접: 2018년 5월, 상호 포격전: 시리아 기지에서 골란고원을 향한 이란군의 폭격; 시리아 내 이란 기지로 공급한 이스라엘
간접: 레바논의 헤즈볼라(테헤란의 지원)와 이스라엘 군대가 골란고원과 남부 레바논에서 몇 차례 충돌

세계 생산량 중 점유율(2016)   4.8   6.2
세계 매장량 중 점유율   12.9   15.8

비난과 처벌 사이

1990년대 후반 빌 클린턴 미국 대통령과 모하마드 하타미 이란 대통령은 어색한 화해를 했지만, 이런 분위기마저도 조지 W. 부시 대통령이 집권하며 끝이 났다. 부시는 2002년 1월 연설에서 이란을 이라크, 북한과 함께 '악의 축'으로 규정했다.

2003년 이라크 전쟁 이후 이란은 정권에 대한 군사 개입을 두려워했고, 이스라엘과 미국에 대한 비난을 권력 통합 수단으로 삼았다.

이스라엘은 군사 작전을 시행해 이란이 핵무기에 접근하는 것을 막아야 한다고 주장했다. 미국과 서방 국가들은 이란에 대한 제재를 강화했고, 러시아와

중국도 합세했다. 이란 국민은 정권 개방을 원하고 있었다.

2013년 이란 대통령으로 선출된 온건파 출신 하산 로하니Hassan Rouhani는 국가 경제를 살리고 고립을 끝내고자 했다. 2015년 7월 이란은 국제 사회가 부과한 각종 제재를 해제해 주면 핵무기 개발을 제한하겠다는 합의서를 체결했다. 이란을 실존적 위협으로 간주한 이스라엘과 사우디아라비아의 지도자들은 분노했지만, 오바마 대통령은 화해의 카드를 사용했다. 그러나 트럼프 대통령이 집권하면서 워싱턴과 테헤란 간의 화해는 끝이 났고, 미국은 이란 핵협정 탈퇴를 선언했다.

이스라엘과 아랍의 충돌

1896년《유대인 국가Der Judenstaat》를 출간한 테오도어 헤르츨Theodor Herzl은 드레퓌스 사건Dreyfus Affair 이후에도 유럽에서는 여전히 반유대주의가 창궐할 것이라고 확신하면서 유대인의 안전을 보장하기 위해 국가를 만들자고 제안했다. 1917년 영국 외무 장관 밸푸어Balfour는 독일 제국에 대항할 유대인 공동체가 생기길 바라며 팔레스타인에 유대인을 위한 민족 국가를 수립하는 데 동의한다고 선언했다. 그의 생각은 "땅이 없는 사람들에게 땅을 주는 것"이었다.

하나의 땅에 두 민족

하지만 제1차 세계 대전이 끝난 뒤 영국의 위임 통치령이 됐던 팔레스타인의 주민 90%는 아랍인이었다. 두 번의 세계 대전 사이에 시온주의Zionism 운동을 추진하고 반유대주의적 박해를 피하려는 수많은 유대인이 팔레스타인으로 모여들면서 유대인 인구가 10%에서 30%로 늘어나게 됐다. 이때부터 아랍인과 유대인이 충돌하기 시작했다.

1945년 이후 팔레스타인을 관할하던 유엔은 이를 하나의 국가로 인정할지, 유대 국가와 아랍 국가로 분할할지 주저하다가 결국 결정을 유보했다. 유대 국가인 이스라엘은 팔레스타인 영토의 55%를 차지하게 됐지만 아랍인들은 이를 인정하지 않았다. 1948년에 첫 번째 전쟁이 일어났고 이스라엘의 승리로 끝났다. 이로 인해 이스라엘은 팔레스타인 영토의 78%를 차지했고, 60만 내지 80만 명의 아랍인이 달아나거나 붙잡혔다. 이는 팔레스타인인들에게는 나크바(Nakba, 대재앙)였다. 요르단이 서안 지구와 동예루살렘을 차지하고, 이집트가 가자 지구를 장악하면서 아랍 국가는 세워지지 않았다. 1956년 수에즈 전쟁 이후 1967년에 6일 전쟁이 발발하여 이스라엘은 동예루살렘, 시나이반도, 시리아의 골란고원을 비롯한 팔레스타인의 나머지 지역을 차지하게 됐다. 이것은 아랍 국가들에게는 굴욕이었다. 아랍 국가들은 이스라엘을 세 번이나(평화, 인정, 협상에 대해) 거부했다.

팔레스타인 분할안의 변천 과정

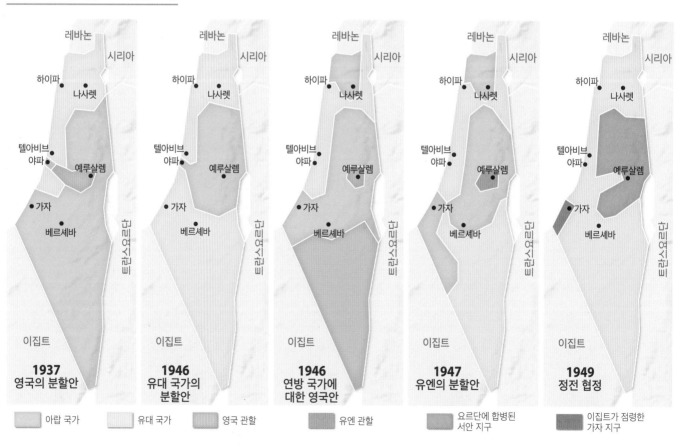

| 1937 영국의 분할안 | 1946 유대 국가의 분할안 | 1946 연방 국가에 대한 영국안 | 1947 유엔의 분할안 | 1949 정전 협정 |

아랍 국가　유대 국가　영국 관할　유엔 관할　요르단에 합병된 서안 지구　이집트가 점령한 가자 지구

1973년 이집트와 시리아 군대는 욤 키푸르Yom Kippur 전쟁을 일으켰고, 처음에는 이스라엘 군대를 몰아세우는 데 성공했지만, 결국 전세가 뒤집히면서 이전의 영토를 회복하지는 못했다. 이집트는 이스라엘과 별도의 평화를 선택했고, 미국을 위하여 소련과 국교를 단절했다. 이 선택으로 이집트는 1978년 캠프 데이비드 협정을 체결한 후에 시나이반도를 되찾을 수 있었지만, 동시에 아랍연맹에서 퇴출당했다.

이스라엘-아랍의 충돌에서 이스라엘-팔레스타인 충돌까지

1964년 팔레스타인해방기구PLO가 창설됐다. 1982년 이스라엘은 레바논에 있는 PLO 기지를 파괴하려고 '갈릴리 평화 작전Operation Peace for Galilee'을 시작했다. 같은 해에 이스라엘 군대의 개입 없이 레바논 기독교 민병대가 사브라Sabra와 샤틸라Shatila 팔레스타인 난민촌에서 저지른 대규모 학살은 여론을 분노케 했다.

1987년에 '인티파다Intifada'라는 팔레스타인인들의 반이스라엘 저항 운동이 시작됐다. 이스라엘 군대는 팔레스타인 민간인을 무력 진압했고, 이로써 국가 이미지가 실추됐다.

냉전 종식으로 이스라엘은 미국의 동맹국 지위를 상실했다. 이스라엘의 이츠하크 라빈Yitzhak Rabin은 팔레스타인과 협상하기로 했고, 이는 1993년 오슬로 협정Oslo Accords으로 이어졌다. PLO는 팔레스타인 자치 정부를 인정한 이스라엘 국가에 대해서 점령한 영토의 일부에 대한 권한을 인정했다. 1995년에 라빈이 평화 협상에 반감을 품은 극단주의 유대인에게 암살되면서 그 당시 강하게 샘솟았던 희망이 사라져 버렸다. 팔레스타인 난민촌 학살 사건 책임자로 국방장관에서 사퇴했던 아리엘 샤론Ariel Sharon이 2001년 총리에 취임하며 권력에 복귀하자 인티파다가 재개됐고, 이로 인해 억압과 공격이 계속됐다.

2018년 요르단강 서안 지구의 영토 조직

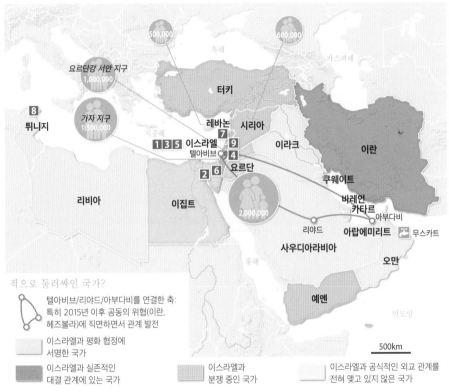

적으로 둘러싸인 국가?

텔아비브/리야드/아부다비를 연결한 축: 특히 2015년 이후 공동의 위협(이란, 헤즈볼라)에 직면하면서 관계 발전

이스라엘과 평화 협정에 서명한 국가

이스라엘과 실존적인 대결 관계에 있는 국가

이스라엘과 분쟁 중인 국가

이스라엘과 공식적인 외교 관계를 전혀 맺고 있지 않은 국가

500km

위기와 분쟁에 사로잡히다

1 1948년 5월: 이스라엘-아랍 간 최초의 전쟁

2 1956년 10월: 수에즈 위기: 나세르에 의한 운하 국유화

3 1967년 6월: 6일 전쟁: 이스라엘의 서안 지구, 가자 지구 및 동예루살렘 점령

4 1968년 3월: 이스라엘군과 팔레스타인 전투기 간의 카라메 전투

5 1970년 '검은9월단': 요르단 정부군에 맞서 결성된 팔레스타인 전투원들의 보복 테러

6 1973년 10월: 이스라엘과 시리아-이집트 연합군 간의 욤 키푸르 전쟁

7 이스라엘의 레바논 공격과 전쟁: 1978년, 1982년 (이스라엘 군대의 개입 없이 사브라와 샤틸라 난민 대량 학살), 1996년, 2006년

8 1985년 10월: PLO 사령부(튀니스)에 대한 이스라엘 공습

9 2018년 5월: 시리아에 주둔한 이란 군대가 골란고원에 로켓 공격을 가하자 이스라엘이 반격

이스라엘-팔레스타인 간 분쟁의 영향

주변국으로 간 팔레스타인 난민의 수(근사치)

1994년 이스라엘과 아랍 국가들 간의 수자원 협약으로 만들어진 해수담수화연구센터

이라크 전쟁

2003년 3월 19일 밤부터 20일 사이에 바그다드에 미사일 폭격이 가해졌다. '이라크의 자유'라는 이름으로 실시된 이 작전으로 사담 후세인 정권은 순식간에 무너졌다. 유엔안전보장이사회는 5월 22일 이라크가 공식적으로 미국의 보호령이 된다는 <결의안 1483호>를 채택했다. 미국이 주도한 연합군은 2006년 6월에야 실질적인 집행권을 이라크 주권 정부에 넘겨주었고, 2011년 12월 18일에 이라크로 파견된 미군 부대가 최종적으로 철수했다.

예고된 충돌

미국과 영국의 이라크에 대한 개입은 1991년 걸프 전쟁 이후 시작되어 이라크를 긴 빈곤의 절정에 이르게 했다. 유엔 안보리 <결의안 661호>(1990년)는 이라크의 인프라와 인적 기반을 쇠퇴하게 했다. 그렇다고 이 결의안이 이라크에서 후세인의 지배력을 약화한 것은 아니다. 이라크에 부과된 제재를 완화하는 조건으로 채택된 또 다른 결의안들은 핵무기, 화학 무기, 세균 무기, 장거리 미사일 등 모든 것을 파괴할 것을 요구했다. 미국은 쿠웨이트 수감자나 실종자 석방과 같은 쿠웨이트의 주권과 영토 보전을 인정하고, 인권 존중과 유엔의 인도주의적 임무를 지원할 것을 요구했다.

1991년 유엔 안보리 <결의안 688호>는 두 개의 비행 금지 구역(쿠르드족 구역과 시아파 구역)을 만들어서 이라크의 민족 분열을 구체화했다. 결국 이라크 정권은 걸프 전쟁 배상금과 유엔이 이라크 영토에서 임무를 수행하며 발생한 피해 보상금 지급을 강요받았다.

1998년 미국과 이라크 사이에 새로운 긴장감이 감돌았다. 영국군의 지원을 받은 클린턴 행정부는 12월 16일부터 18일까지 '사막의 여우' 작전으로 폭격을 시작했다. 이 작전의 목적은 이라크 무기 사찰을 위해 만들어진 유엔특별위원회UNSCOM의 활동에 협력할 것을 강요하려는 것이었다. 미국이 실질적으로 이라크 정권을 끝내기로 결정한 것은 이 시기였던 듯하다. 1998년 10월 31일 클린턴 대통령은 이라크 당국자들과 함께 <이라크 해방법>에 서명했다. 미국 의회의 투표를 거친 이 법은 이라크의 민주주의 정권을 위한 토대를 마련하고 사담 후세인 정권의 전복을 가능하게 했다.

분쟁의 현실화

그러나 조지 W. 부시 행정부는 이라크의 위협 문제를 다시 의제에 올렸다. 부시 대통령은 2002년 1월 29일 연설에서 이란, 북한, 이라크를 "악의 축"이라고 칭했다. 그때 이후로 이라크 정권의 운명은 이 나라의 무장 해제를 원하는 미국의 확고한 의지로 인해 불안정한 시기에 접어들었다.

부시 대통령은 2002년 9월 12일 제57차 유엔총회 연설에서 사담 후세인에게 대량살상무기WMD를 당장 폐기할 것을 촉구했다. 이라크가 유엔 사찰단을 무조건적으로 받아들이겠다고 했음에도 미국은 계속 위협을 가했다.

미국 의회는 2002년 10월 11일 이라크에서의 일방적인 무력 사용을 승인했다. 계속되는 미국의 위협 앞에서 유엔 안보리는 <결의안 1441호>를 채택하여 이라크에 대해 모든 대량살상무기 프로그램을 폐기하라고 요구했다. 12월 7일 이라크는 유엔 사찰단에 무기 프로그램에 관한 성명을 발표했다. 유엔은 이에 대해 정확성이 부족하다고 판단했다. 국제 사회의 비난이 커지고 있었음에도 이라크와의 관계를 끝내기로 결심

이라크: 민족과 종교

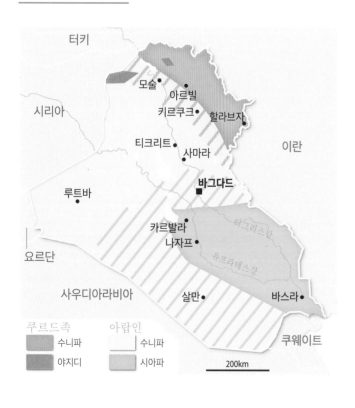

터키

시리아

모술
아르빌
키르쿠크
할라브자
티크리트
사마라
루트바
바그다드
이란
카르발라
나자프
유프라테스강
요르단
살만
바스라
사우디아라비아
쿠웨이트
200km

쿠르드족
수니파
야지디

아랍인
수니파
시아파

이라크의 에너지 자원

터키

시리아

유프라테스강

제이한까지

모술

아르빌

키르쿠크

바이지 파타

바니야스까지

하디타

티크리트
사마라

카나킨

라마디

카디마인

팔루자

바그다드

요르단

자르카와
하이파까지

루트바

카르발라

쿠트

쿠파 힐라

이란

아마라

사우디아라비아

나자프

사마와

나시리야

아바단

살만

바스라 파오

쿠웨이트

얀부까지

🏭 주요 유전

▮ 정유 공장

석유 및 가스 파이프라인:
—— 사용 중 ········ 폐쇄

200km

충돌의 쟁점

영국과 미국의 이라크 개입은 걸프전 때와 비교가 되지 않았다. 연합군은 저항군을 마주치기는 했지만, 단 2주 만에 이라크 수도에 도달할 수 있었다.

　이라크 전쟁의 결과는 미국의 전략적 야망 그리고 국제 정치 질서라는 두 가지 패러다임에 비추어 평가해야 한다. 세계 최강대국인 미국은 그들의 우월성을 보장하는 군사 행동으로 지도력을 과시하려 했다. 미국은 이라크 침공 준비를 통해 2001년 9·11 테러 다음 날부터 시작한 군사 재배치에 대한 논리를 유지할 수 있을 것이다. 그리고 영토 내 미군 주둔을 반대하는 주민 때문에 성가시다고 판단한 사우디아라비아 대신에 걸프만의 작은 토후국(에미리트)들에 미군 기지를 건설할 수 있을 것이다. 게다가 이라크의 기반 시설 파괴는 점령국이 결정하는 재건 방식 덕분에 미국 산업에 유리한 계약을 보장할 것으로 보였다. 미국이 이라크에 관심을 보인 것은 이라크가 세계 석유 매장량의 10%를 차지하는 대표적 석유 보유국이기 때문이기도 했다. 이라크는 이 지역 최고 석유 산유국인 사우디아라비아와 경쟁할 수 있을 정도로 석유를 보유한 이상적인 나라였다. 게다가 이를 통해 미국의 요구 조건과 맞지 않는다고 판단되는 석유수출국기구OPEC에 몇 가지 특정 규칙을 주장할 수 있을 것이었다. 마지막으로 2006년 12월에 체포되어 처형된 사담 후세인 정권의 몰락으로 그 중심에 있던 국가에 대해 완전하고 지속적으로 투자할 수 있을 것이다. 그리고 이로써 미국에 적대적인 모든 국가에 압력을 가하기가 쉬워질 것이다. 하지만 모든 과정이 워싱턴의 예상대로 호의적으로 진행됐다고는 말할 수 없다.

한 미국 정부는 콜린 파월Colin Powell 유엔 사무총장에게 2003년 2월 5일 사담 후세인 체제를 심각하게 비난하는 성명을 발표하게 했다. 3월 17일 부시 대통령은 유엔의 실패를 선언하고, 후세인과 그의 두 아들에게 무력 개입을 원치 않는다면 48시간 이내에 이라크를 떠나라고 권고했다. 이라크 대통령은 이 최후통첩을 거부했다. 3월 20일, 바그다드는 미국으로부터 첫 번째 폭격을 당했다.

　전 세계 대부분의 정부는 전쟁을 반대했고, 어쨌거나 이라크 정권이 수용하기로 한 국제 사찰을 통한 군축을 선호했다. 세계 여론도 미국의 동기가 순수하다고 믿지 않았기에 전쟁에 적대적이었다. 2003년 2월 15일 전 세계 수천만 명의 사람들이 전쟁을 반대하는 시위를 벌였다. 미국은 무엇보다 유엔 안보리의 동의 없이 15개국 중 단지 4개국(미국, 영국, 스페인, 불가리아)만이 찬성한 불평등한 전쟁을 시작했다고 비난받았다.

러시아와 우크라이나, 화해할 수 없는 두 국가?

우크라이나는 서구와 슬라브족의 영향을 동시에 받고 있다. 1918년부터 1920년 사이에 독립한 우크라이나는 소비에트 연방에 편입됐다. 우크라이나는 모스크바 중앙 정부의 억압에도 불구하고 민족의식을 유지했다. 1991년 소비에트 연방이 해체된 후 우크라이나, 러시아, 벨라루스의 세 슬라브족 국가는 독립을 선언했다.

모스크바와 키예프 사이의 크림반도

크림반도는 1954년 소련 공산당 서기장 니키타 흐루쇼프의 결정에 따라 우크라이나에 편입됐다. 주민 85%가 러시아인인 크림반도의 항구 도시 세바스토폴에는 러시아 함대가 상당수 정박하고 있었다.

우크라이나는 2004년 오렌지 혁명이 일어나고 친서구 성향의 빅토르 유셴코 Viktor Yushchenko가 권력을 잡을 때까지 러시아와 정치적, 전략적으로 긴밀한 관계를 유지했다. 그 후 2010년에 다시 친러시아 성향의 빅토르 야누코비치Viktor Yanukovych가 대통령이 됐다. 러시아는 우크라이나에 대해 가스 공급가를 대폭 인하해 주고, 세바스토폴 해군 기지 임대 계약을 25년 연장하기로 합의했다.

크림반도 대 우크라이나

2013년 유럽연합은 우크라이나에 협력 협정을 제안했는데, 이는 러시아와의 관계를 일부 단절하는 효과가 있었다. 야누코비치 대통령은 이 제안을 거절했고, 이로 인해 정권 부패와 독재를 항의하는 주민들의 시위가 촉발됐다. 2014년 2월 야누코비치 정권은 결국 전복됐고, 모스크바는 세계적인 고립 정책 속에서 미국의 영향력을 경험하고 있었다.

국제법 관점에서는 불법이었지만, 국민 투표 결과 다수의 찬성으로 크림반도는 2014년 3월 러시아에 편입됐다. 우크

궁지에 빠진 우크라이나 위기

민족 언어의 현실
러시아어를 모국어로 사용하는 인구(%)

10   40   66

독립 지역, 합병 지역, 분쟁 지역
2014년 3월 러시아의 일방적인 크림반도 합병, 유엔의 비인정

돈바스 지역
(6천 명 사망, 1만 5천 명 부상, 1백만 명 이주)

경제적 쟁점
주요 가스 공급관

돈바스 광물 매장량: 석탄(6만km²)

실패로 끝난 위기 해결 방안
러시아   2014년 9월 민스크 협정   돈바스 내 휴전 중단, 산발적 전투
2015년 2월 2차 민스크 협정

세바스토폴의 러시아 해군 기지: 1997년 조약 이후 전략적인 흑해 진입로

러시아에 대한 서구 나라의 경제 제재

라이나 돈바스Donbass에서 친러시아파(친러시아 분리주의자)와 반러시아파(우크라이나 정부군) 간 무력 분쟁이 벌어졌다. 이에 서구 국가들(국제 사회의 다른 국가들은 제외)은 러시아에 대한 경제 제재를 결정했다.

2015년 2월 프랑스와 독일의 후원 아래 제2차 민스크 협정으로 휴전이 선언됐다. 그러나 최종 합의는 사실상 이뤄지지 않았다. 러시아는 크림반도를 얻

었지만 우크라이나를 잃었으며, 우크라이나에서는 반러시아 민족 감정이 확산됐다. 하지만 우크라이나는 또한 지도자들의 과실과 부패의 희생양이기도 했다. NATO는 우크라이나의 군사비 지출 증가 이유가 러시아의 위협에 대처하기 위해서라고 판단한다. 러시아는 냉전 분위기를 부인하고, 러시아 군사비는 미국 군사비의 10%에 불과하다고 주장한다.

지옥으로 떨어진 시리아

시리아 내전은 21세기 초에 일어난 가장 심각한 유혈 사태다. 2011년 3월 내전이 시작된 이래로 전체 인구 2천2백만 명 중 약 50만 명이 사망했으며 1천2백만 명의 피난민이 발생했고 그중 5백만 명 이상이 해외로 도피했다. 보건 및 교육 시스템이 무너졌고 국가 경제는 크게 후퇴했다.

아사드 정권

알 아사드al-Assad 가문은 1970년부터 시리아의 권력을 장악했다(하페즈Hafez는 2000년에 그의 아들 바샤르Bashar에게 정권을 물려주었다). 이 가문은 전체 국민의 10%에 불과한 알라위파Alawites에 속한다(시리아 국민의 70%는 수니파다). 냉전 동안 시리아는 소련과 긴밀한 관계를 유지했다. 2011년 아랍 혁명으로 튀니지와 이집트 정권이 무너지자, 시리아 시민들은 그 여세를 몰아 반정부 시위를 했다. 시위대는 사회적 형평성(정권의 친인척이 경제적 자원을 독점했다)과 더 많은 자유를 요구했다. 정권은 시위대를 무자비하게 진압했고 시리아 정권은 전복되지 않았다.

바샤르 알 아사드는 자신이 알라위트족, 기독교인, 쿠르드족과 같은 소수 민족의 보호자임을 자처했지만, 테러에 대한 방지책처럼 보이려고 감금했던 지하드Jihād 전사들을 풀어주기도 했다. 정부의 무자비한 진압 앞에서 반군들은 무기를 사용하기 시작했다. 서방 국가들은 동정심을 보이기는 했지만, 아프가니스탄에서처럼 무기가 지하드 전사들의 손에 들어가게 될까 봐 무기 제공을 망설였다.

혁명에서 전쟁으로

내전과 바샤르 정권이 끝나길 원한 아랍 정권들과 터키는 과격 단체의 행동을 못 본 척했다. 온건파 반군은 지하드와 정권 사이에서 꼼짝하지 못했다. 민주주의 확립을 요구하던 평화적 시위는 피의 내전으로 바뀌었고 국제적 규모로 확대됐다. 러시아와 이란은 시리아 정권을 도왔다. 이란과 시리아는 이란-이라크 전쟁 (1980~1988년) 이후 동맹국이었다. 이란은 리비아 개입 결의안에 대한 투표에서 기권했던 것과 달리, 동맹국인 시리아를 보호하려고 체계적으로 거부권을 행사하려 했다. 시리아는 화학 무기 사용을 주저하지 않았고, 오바마는 미국을 새로운 수렁에 빠뜨리지 않으려고 시리아가 레드라인(한계선)을 넘었다고 선언했다.

바샤르 알 아사드 정권의 억압으로 수많은 시리아인이 지하드 그룹에 가담했다. 2014년 6월 다에시(Daesh, 이슬람국가IS의 아랍식 명칭)는 그들이 활동하던 시리아와 이라크 영토 일부에서 칼리프caliph 재건을 선언했다. 해외 각국은 테러리스트의 위협에 직면하여 다른 분쟁을 제쳐두었다. 2015년 9월 러시아는 폭탄 공격을 시작으로 바샤르 알 아사드가 영토를 되찾고 권력을 강화하는 데 도움을 주었다. 하지만 다양한 반군 세력과 정권이 첨예하게 대립하고 있는 한, 시리아에서 정치적 해법을 찾기는 어려울 듯하다.

시리아, 분열된 국가

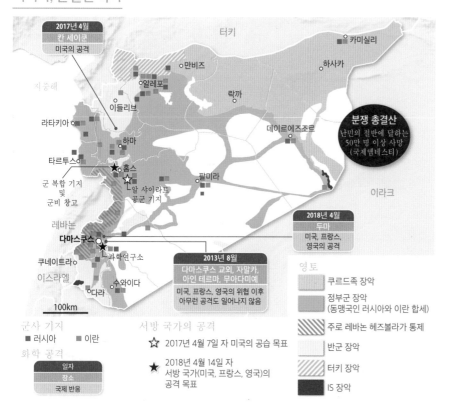

이슬람국가, 국가 형태의 테러 단체?

2014년 6월 이라크-레반트 이슬람국가(다에시)의 지도자인 아부 바크르 알 바그다디Abu Bakr al-Baghdadi는 시리아와 이라크에 걸쳐 있는 영토 위에 이슬람 지도자 칼리프가 통치하는 독립 국가를 창설한다고 선언했다.

테러 국가

이슬람국가IS의 설립은 테러의 중대한 변화를 보여 주었다. 처음으로 테러 단체가 영토 기반을 갖추었다. IS는 상징적으로나마 제1차 세계 대전 중에 아랍 국가들에 대해 독립을 약속했던 프랑스와 영국이 이를 부인하고 이 지역을 서로 분할 통치하려고 비밀리에 체결했던 사이크스피코 협정Sykes-Picot Agreement에 대해 다시 문제를 제기했다. IS와 대립하는 서구 국가나 아랍 국가들은 IS를 인정하지 않지만, IS는 국가의 외적인 특성을 모두 갖추고 있다. 사실상 IS는 일정한 영토에 거주하는 국민에 대해 가장 비효율적인, 즉 공포로 통치하는 정부를 갖추고 있었다. 그러나 물론 어떤 국가도 IS를 국가로 인정하지 않는다.

2015년 IS는 이라크-시리아 국경을 초월하는 영토를 통치했다. 1천만 인구가 거주하는 약 30만km²(프랑스 영토의 절반이 넘는다)의 영토에는 농업, 광업 및 석유 자원이 풍부하다. IS는 자체적으로 세금을 걷고 그들의 방식대로 공공 서비스를 제공했다. 해외에 있던 3만 명의 지하디스트(이슬람 전사)가 IS에 합류했고, 10여 개국에서 활동하던 수많은 테러 단체가 충성을 맹세했다.

IS는 원래 사담 후세인 정권의 옛 관리들과 바그다드의 시아파 정권으로부터 차별받던 수니파 부족과 알 카에다 요원들 간의 동맹에서 유래했다. 시리아에서는 바샤르 알 아사드의 탄압으로 인해 급진적인 수니파가 IS에 가담했다. IS는 쿠르드 소수 민족, 기독교인, 야지디족Yazidis 그리고 그들의 전체주의적인 명령에 반항하는 수니파 사람들을 가혹하게 통제했다. IS는 2003년의 이라크 전쟁과 2011년에 시작된 시리아 내전으로 탄생한 산물이다.

숙련된 의사소통 능력

테러리스트들은 이슬람교도에 대한 과도한 군사적 대응이나 보복을 기대하고서 서구의 인질을 끔찍하게 살해하고 서구 국가들에 폭탄 테러를 저질렀다. 그들의 목표는 이슬람교도들에게 서방 국가에는 그들이 있을 자리가 없다는 것을 보여 주는 것이었다. IS는 숙련된 의사소통 능력 덕분에 젊은 이슬람교도들을 유

테러리스트 국가?

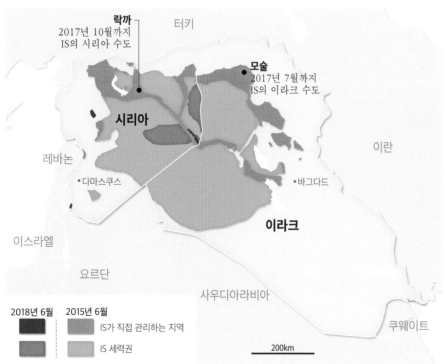

락까
2017년 10월까지
IS의 시리아 수도

터키

모술
2017년 7월까지
IS의 이라크 수도

시리아

레바논

이란

다마스쿠스

바그다드

이라크

이스라엘

요르단

사우디아라비아

쿠웨이트

200km

2018년 6월　2015년 6월
IS가 직접 관리하는 지역
IS 세력권

IS, 국제적 위협

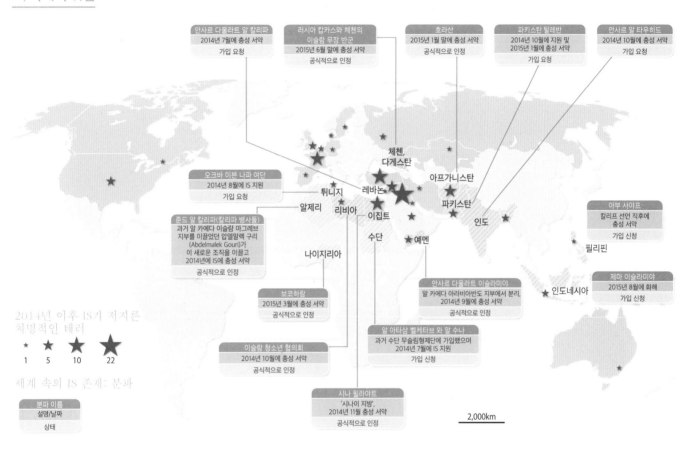

안사르 다울라트 알 칼리파
2014년 7월에 충성 서약
가입 요청

러시아 캅카스와 체첸의
이슬람 무장 반군
2015년 6월 말에 충성 서약
공식적으로 인정

호라산
2015년 1월 말에 충성 서약
공식적으로 인정

파키스탄 탈레반
2014년 10월에 지원 및
2015년 1월에 충성 서약
가입 요청

안사르 알 타우히드
2014년 10월에 충성 서약
가입 요청

오크바 이븐 나파 여단
2014년 8월에 IS 지원
가입 요청

준드 알 칼리파(칼리파 병사들)
과거 알 카에다 이슬람 마그레브
지부를 이끌었던 압델말렉 구리
(Abdelmalek Gouri)가
이 새로운 조직을 이끌고
2014년에 IS에 충성 서약
공식적으로 인정

아부 사야프
칼리프 선언 직후에
충성 서약
가입 신청

안사르 다울라트 이슬라미야
알 카에다 아라비아반도 지부에서 분리,
2014년 9월에 충성 서약
공식적으로 인정

제마 이슬라미야
2015년 8월에 화해
가입 신청

보코하람
2015년 3월에 충성 서약
공식적으로 인정

알 아타삼 벨케타브 와 알 수나
과거 수단 무슬림형제단에 가입했으며
2014년 7월에 IS 지원
가입 신청

이슬람 청소년 협의회
2014년 10월에 충성 서약
공식적으로 인정

시나 윌라야트
'시나이 지방',
2014년 11월 충성 서약
공식적으로 인정

체첸, 다게스탄
아프가니스탄
레바논
튀니지
알제리
리비아
이집트
파키스탄
인도
수단
예멘
나이지리아
필리핀
인도네시아

2014년 이후 IS가 저지른
치명적인 테러
1 5 10 22

세계 속의 IS 존재: 분파

분파 이름
설명/날짜
상태

2,000km

혹하거나 개종시켜서 지지층을 확대해 나갔다. IS에 맞서기 위해 60여 개의 서구 국가들과 아랍 국가들(러시아 포함)이 연맹을 맺었다. 하지만 초기에 이들은 별로 적극적이지 않았는데, 그 이유는 각국이 IS와의 전쟁 외에 각기 다른 전략적 목표를 가지고 있었기 때문이다. 사우디아라비아는 이란의 위협으로 몽롱

한 상태였고, 터키는 쿠르드 문제에 집중하고 있었으며, 러시아와 이란은 알 아사드 정권이 유지되기를 원했고, 미국은 이스라엘을 지원했다. 여러 국가에서 저질러진 테러는 이들 연맹의 결속력을 점점 강화했다. IS는 현재 영토를 거의 상실했지만 사라지지 않고 계속 위협을 가하고 있다.

시리아 내전의 연장과 알 아사드 정권의 억압적인 정책은 여전히 사람들을 IS로 모여들게 하고 있다. 이라크 정부의 수니파에 대한 보다 포용적인 정책과 이 지역의 수많은 분쟁에 대한 지속 가능한 해결책이 IS를 사라지게 할 것이다.

이란과 사우디아라비아의 대결

사우디아라비아와 이란 간의 긴장 고조는 전략적인 관점에서 가장 위험한 상황 중 하나다. 이는 세계에서 지정학적으로 가장 위험한 곳에 있는 두 거대 지역의 대결이다.

걸프 지역의 리더는?

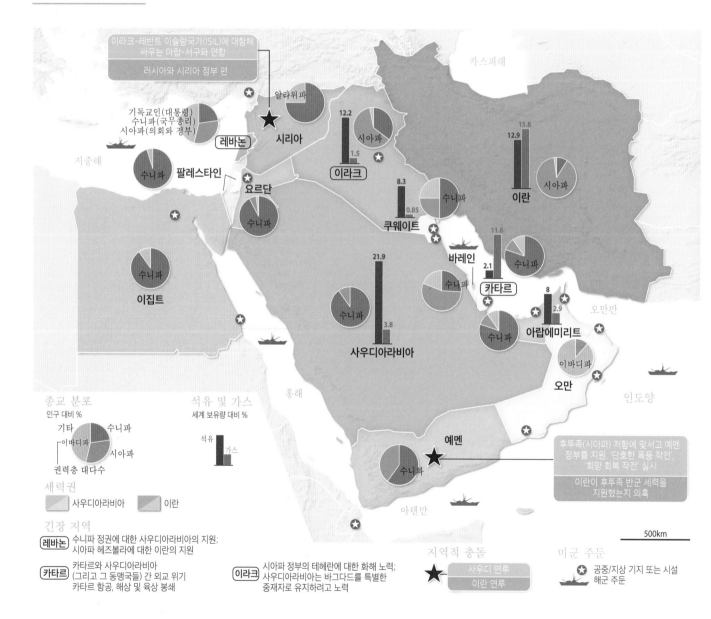

이란의 확신

단지 수니파와 시아파의 경쟁만으로 리야드와 테헤란의 관계가 완전히 결정된 것은 아니다. 여기에 보수적인 군주제와 혁명을 주장하는 공화당 정권, 아랍 권력과 페르시아 권력, 미국과 연결된 나라와 1979년 이래로 미국과 적대 관계를 유지한 나라 사이의 대립이 더해졌다.

이라크가 조용해진 뒤로, 이 두 나라는 걸프 지역에서의 주도권을 놓고 경쟁하는 두 강대국이 됐다. 미국과 사우디아라비아는 1945년 미 군함 퀸시Quincy 호에서 체결한 협약(미국에 석유를 저렴하게 공급해 주고 그 대가로 미국은 사우디 정권의 안정을 보장해 준다는 약속)으로 맺어진 동맹 관계였음에도, 1970년대 초 미국은 이란을 이 지역 경찰로 선출했다. 호메이니 혁명으로 이란과 미국 사이에 강한 적대감이 생기면서 이란은 상대적으로 약해졌으며, 걸프 지역 아랍 국가들은 시아파 소수 민족에 의한 혁명이 전파될까 봐 우려했다. 하지만 이라크가 이란의 야욕에 맞서 아랍 국가의 방패 역할을 하면서, 이란의 퇴출은 사우디아라비아를 안심시켰다. 1990년 걸프 전쟁, 그로 인한 금수 조치,

2003년의 전쟁 등으로 이라크가 약해지자 이란은 새로운 가능성을 엿보고 있었다. 2000년대부터 세계는 이란이 힘의 균형을 뒤집을 수 있는 핵무기를 개발하고 있지는 않은지 우려하고 있다.

사우디아라비아의 불안

2015년 7월 이란 핵협정이 체결됐다. 이는 사우디아라비아로서는 별로 달갑지 않은 것이었다. 이 협정으로 인해 이란이 다시 국제 사회에 등장하게 됐다. 이란 경제가 다시 활기를 띠었기 때문이다. 미국이 자국 영토 내에서 상당량의 셰일 가스를 개발하면서 사우디아라비아의 석유에 대한 필요성이 줄어든 상황에서, 사우디아라비아 지도자들은 버락 오바마 대통령이 동맹을 깨뜨릴까 봐 우려했다. 미국의 충실한 동맹이던 호스니 무바라크Hosni Mubarak 이집트 대통령도 2011년 이집트 혁명 때 미국에 버림받았던 사실을 잘 알고 있었다. 사우디아라비아는 언젠가 이와 같은 운명을 겪지 않을까 불안했다. 그래서 이란에 대한 미국의 공격을 비밀리에 옹호하기까지 했다.

사우디아라비아의 무함마드 빈 살만 Mohammed bin Salman 왕세자는 이란이 예멘의 후투족 반군을 도와준 것을 비난하면서 이란 봉쇄 정책에 보다 적극적으로 나섰다.

사우디아라비아는 반인륜적인 범죄가 벌어지고 있는 예멘에 대규모 공격을 시작했다. 무함마드 빈 살만 왕세자는 이란에 대해 매우 적대적인 도널드 트럼프 대통령의 격려에 힘입어 카타르가 이란과 지나치게 친교를 유지한다는 이유로 카타르에 대한 봉쇄를 결정했다. 또한 리야드를 방문한 레바논 총리에게 헤즈볼라Hezbollah를 통해서 이란이 레바논 영토를 차지하도록 내버려 두고 있다고 비난하며 그를 총리직에서 사퇴시켰다. 하지만 이러한 시도는 역효과가 났다. 사우디아라비아는 예멘이라는 수렁에 빠져 버렸다. 카타르는 이란과 더 가까워지고 레바논에서는 반사우디아라비아 정서가 강해지고 있다.

이스라엘과 팔레스타인, 영원한 충돌?

2018년 이스라엘과 팔레스타인 간의 평화는 그리 멀지 않아 보였다. 그러나 유엔안전보장이사회의 5개 상임 이사국을 비롯한 국제 사회가 주창하고, 이스라엘과 팔레스타인 모두 원칙적으로 받아들인 이른바 '2개국 해법'은 단기적 혹은 중기적으로 이행하기가 불가능해진 듯하다.

불가능한 평화

평화란 동예루살렘을 수도로 하고 요르단강 서안과 가자 지구를 통합하는 팔레스타인 국가 창설과 모든 아랍 국가들의 이스라엘 인정을 의미할 것이다. 최종 국경 변경에 대한 상호 승인과 보상도 이루어져야 할 것이다.

하지만 극복하기 힘든 두 가지 장애물이 있다. 이스라엘은 동예루살렘을 둘로 나눌 수 없는 영원한 수도라고 선언했고, 정착촌을 건설하여 팔레스타인 영토를 빼앗았다. 동예루살렘과 요르단강 서안 지구에 거주하는 이스라엘 인구는 오슬로 협정을 체결했던 1993년 28만 명(서안 지구에 거주하는 11만 5천 명 포함)에서 2017년 약 60만 명(서안 지구에 40만 명, 동예루살렘에 20만 명)으로 늘어났다.

2018년 5월 14일 도널드 트럼프는 미국 대사관을 텔아비브에서 예루살렘으로 옮겼다. 이는 지금까지 어떤 미국 대통령도 하지 않았던 일이며, 이 중요한 지역과 관련하여 팔레스타인을 비롯한 모든 이슬람 민족 앞에서 이스라엘을 옹호한 것이다. 바로 이날 이스라엘 군대는 가자 지구에서 이에 항의하는 팔레스타인 시위대를 향해 총격을 가하여 국경 가까이에 있던 약 60명의 팔레스타인 민간인을 살해했다.

이스라엘은 국제 사회의 개입 없이 오직 이스라엘과 팔레스타인 간의 직접 협상을 통해서만 평화가 성립될 수 있다고 확신한다. 하지만 이스라엘이 중심지를 양보하려는 의지가 없으며 상호 간의 힘이 불균형한 상태에서, 이러한 전망은 단지 허상일 뿐이다. 팔레스타인은 합법성이 점차 줄어들고 있는 팔레스타인 자치 정부(마지막 선거가 2005년으로 거슬러 올라간다)와 점점 더 부상하고 있는 무장단체 하마스Hamas 사이에서 분열되고 있다.

연대기

1948년 5월 14일 이스라엘의 독립 선언.

1967년 6일 전쟁이 끝나면서 이스라엘이 팔레스타인 전 지역 점령.

1987~1993년 최초의 인티파다로 팔레스타인 측 1천1백 명 이상 사망, 이스라엘 측 160명 사망.

1993~1995년 오슬로 협정, 팔레스타인 영토 확립.

2000년 캠프 데이비드 협상 실패.

2000~2005년 두 번째 인티파다로 팔레스타인 측 3천 명 이상 사망, 이스라엘 측 1천 명 이상 사망.

2006년 1월 팔레스타인 입법 선거에서 하마스 승리.

2007년 이후 이스라엘과 이집트의 가자 지구 봉쇄.

2006~2008년/2009년 하마스와 파타(Fatah, 팔레스타인 민족해방운동) 간의 팔레스타인 내부 충돌로 3백 명 이상 사망.

2009년 이스라엘이 '캐스트 리드 작전Operation Cast Lead'으로 가자 지구를 공격하여 팔레스타인 측 1천3백 명 이상 사망, 이스라엘 측 13명 사망.

2012년 이스라엘이 '방어의 기둥 작전Operation Pillar of Defense'으로 가자 지구를 공격하여 177명 사망.

2014년 여름 이스라엘이 가자 지구를 공격한 '프로텍티브 에지 작전Operation Protective Edge' 결과 팔레스타인 측 2천2백 명 이상 사망(3백 명 이상의 어린이 사망자 포함), 이스라엘 측 73명 사망.

2016~2017년 '칼의 인티파다'The Stabbing Intifada(특히 예루살렘과 정착촌에서 이루어짐).

2018년 5월 14일 텔아비브 주재 미국 대사관을 예루살렘으로 이전. 이스라엘군이 가자 지구에서 '귀환 대행진Great March of Return' 시위를 벌이던 시위대를 공격하여 팔레스타인 측 1백 명 이상 사망, 3천 명 이상 부상.

국제 공동체의 무력화

이스라엘은 2001년 이후 우파에서 극우파로 변화했다. 정부 내 이민자의 비중이 커지면서 이스라엘은 외교적으로 많은 성공을 거두었다. 도널드 트럼프가 권력을 잡으면서 이스라엘을 절대적으로 지지하고 있지만, 오바마는 선거 기간 동안 반이스라엘 정책을 주장했었다.

유럽 역시 이스라엘에 압력을 가하는 문제에 관해 합의하지 못하고 있다. 이란의 위협 앞에서 사우디아라비아는 최근 이스라엘과 더 가까워졌다. 미국의 원조에 의존하며 세계 최대, 최고의 이슬람주의 단체인 무슬림형제단과 전쟁을 벌이고 있는 이집트는 유대인 국가에 대해 가장 유순한 동반자 국가다. 텔아비브는 특히 르완다와의 관계 덕분에 아프리카에서 외교적 돌파구를 마련했다. 이스라엘은 또한 러시아 블라디미르 푸틴Vladimir Putin 대통령과 우호 관계를 맺고 있으며, 1백만 명의 이스라엘 시민이 구소련 출신이다. 이스라엘은 인도와도 전략적 협력 관계를 맺고 있으며, 중국과 무역 협력을 추진하고 있다.

팔레스타인 문제는 아랍 정권들의 실질적인 지원이 없음에도 불구하고, 아랍 – 이슬람교도들에게 신성한 문제라는 여론을 형성하고 있다. 강도가 약해지고 진압된 것처럼 보이기도 하지만 이스라엘과 팔레스타인 간 분쟁은 여전히 해결되지 않았으며 전략적 재앙으로 이어질 수 있는 시한폭탄으로 남아 있다.

평화는 불가능한가?

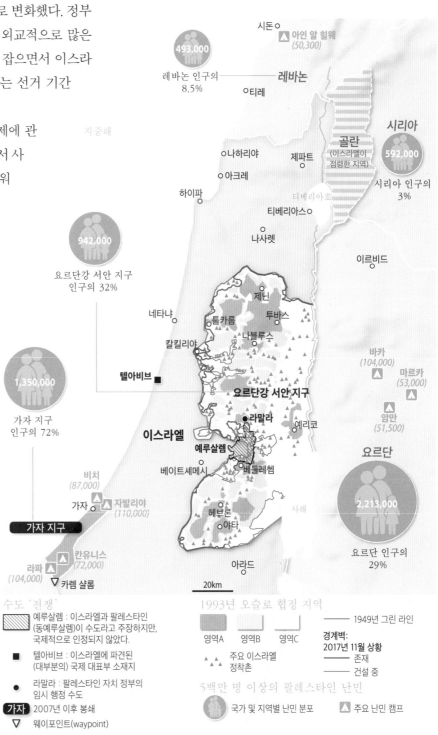

시돈

아인 알 힐웨
(50,300)

493,000
레바논 인구의 8.5% — 레바논
티레

지중해

시리아
592,000
시리아 인구의 3%

골란
(이스라엘이 점령한 지역)

나하리야
제파트

아크레

하이파
티베리아호

티베리아스

나사렛

이르비드

942,000
요르단강 서안 지구 인구의 32%

제닌

바카
(104,000)

네타냐
툴카름
투바스

마르카
(53,000)

칼킬리야
나블루스

1,350,000

암만
(51,500)

텔아비브 ■

요르단강 서안 지구

라말라
에리코

이스라엘

요르단
2,213,000

예루살렘

가자 지구 인구의 72%

베이트셰메시
베들레헴

비치
(87,000)

가자
자발리야
(110,000)

헤브론
야타

요르단 인구의 29%

가자 지구

칸유니스
(72,000)

라파
(104,000)

아랏

▽ 카렘 샬롬

사해

20km

수도 '전쟁'

⬛ 예루살렘 : 이스라엘과 팔레스타인 (동예루살렘)이 수도라고 주장하지만, 국제적으로 인정되지 않았다.

■ 텔아비브 : 이스라엘에 파견된 (대부분의) 국제 대표부 소재지

● 라말라 : 팔레스타인 자치 정부의 임시 행정 수도

가자 2007년 이후 봉쇄

▽ 웨이포인트(waypoint)

1993년 오슬로 협정 지역

영역A 영역B 영역C

▲▲ 주요 이스라엘 정착촌

——— 1949년 그린 라인

경계벽:
2017년 11월 상황
——— 존재
——— 건설 중

5백만 명 이상의 팔레스타인 난민

👥 국가 및 지역별 난민 분포   ▲ 주요 난민 캠프

91

이라크의 재건을 위하여?

1991년 걸프 전쟁 이후, 이라크는 미국이 요청하고 유엔이 결정한 엄격한 금수 조치를 받아들여야 했다. 강력한 산업 기반과 견고한 농업 기반을 지닌 풍요로운 석유 산유국이던 이라크의 경제는 수십 년 뒤로 퇴보했다. 금수 조치로 인해 1991년부터 2003년까지 약 50만 명이 사망했다.

2001년 9월 11일의 흥정 효과

국가는 피를 흘렸지만, 사담 후세인은 억압적인 정권을 유지했다. 이라크에 대한 금수 조치로 심지어 사담 후세인의 국민에 대한 통제력이 강화됐다. 이라크가 대량살상무기 개발 프로그램을 복원하고 있지는 않은지 확인하기 위한 국제 사찰이 이루어졌다. 그럼에도 이라크는 미국과 이스라엘에 의해 실존적인 위협으로 취급됐고, 국제 사회에서도 배척됐다. 미국의 신보수주의자들은 1996년 후세인 정권을 전복해야 한다고 주장했지만, 아무도 새로운 전쟁에 착수하기를 원하지 않았다.

2001년 9·11 테러는 신보수주의자들에게 먹잇감을 제공해 주었다. 그들은 사담 후세인과 알 카에다의 연관성(사실 부자연스러운 주장이었다)과 대량살상무기 개발 프로그램의 지속 가능성으로 조지 W. 부시 대통령(불간섭주의 정책으로 당선)을 설득했다. 미국은 두려움(이라크가 대량살상무기로 새로운 테러를 저지른다면 미국은 어떻게 될까?)과 미국 국민의 복수에 대한 염원에 따라 움직였다.

거대한 정보 조작

전쟁을 정당화하려고 조작한 정보를 바탕으로 대규모 캠페인이 시작됐다. 대부분의 나라와 여론은 전쟁을 반대했다. 하지만 신보수주의자들은 이라크에서 폭군을 타도하고 민주주의를 수립하여, 그 도미노 효과로 주위 아랍 국가들을 민주화하고 아랍 국가와 이스라엘 간의 평화 수립에 기여해야 한다는 도덕적 의무를 강조했다.

전쟁을 반대하는 사람들은 민주주의란 전쟁으로 이룰 수 있는 것이 아니며, 이 지역에서의 새로운 충돌은 테러를 자극하고 이미 전략적으로 위험한 지역을 더욱 불안정하게 만들 것이라고 생각했다. 또한 전쟁을 하면 서구 국가들에 적대적인 아랍인들에게 논쟁거리를 제공하여 '문명의 충돌'을 도래하는 데 기여할 것이라고 믿었다. 프랑스는 전쟁을 반대하는 국제적 캠페인을 주도했고, 유럽은 전쟁을 찬성하는 진영(영국, 스페인, 이탈리아, 동유럽의 우파 정부들)과 반대하는 진영(프랑스와 독일 주위의 다른 국가들)으로 나뉘었다.

유엔안전보장이사회에서 미국의 무력 사용을 허용하는 결의안이 반대표 다수로 거부됐다. 그럼에도 미국은 2003년 3월 23일 전쟁을 시작하여 4월 9일 바그다드에 도착했다. 하지만 문제가 생기기 시작했다. 처음에는 사담 후세인을 없앤다는 생각에 환호했던 이라크 국민들이 순식간에 미군을 점령군으로 인식하게 된 것이다. 게다가 미군뿐만 아니라 민간인을 공격하는 테러가 급증했다.

지금은 미국이 대량살상무기의 존재에 대해 거짓말한 것으로 밝혀졌으며, 이 일로 미국의 이미지가 크게 실추됐다.

이라크, 분할된 국가

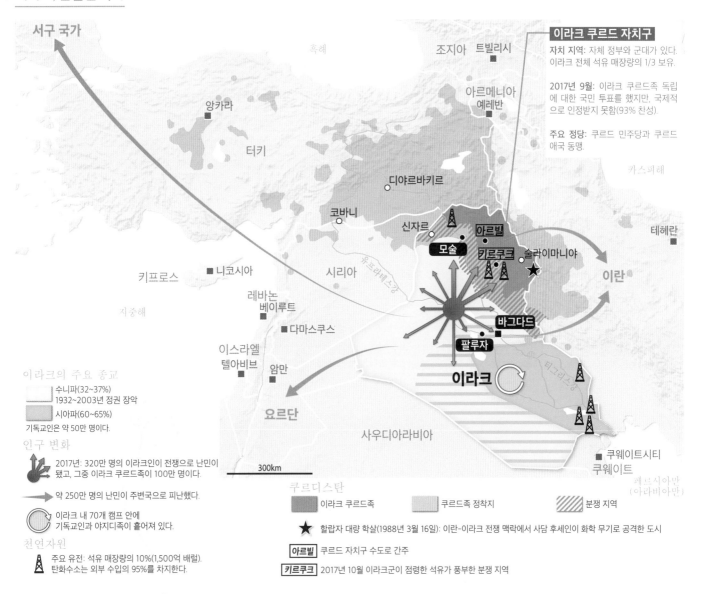

서구 국가

이라크 쿠르드 자치구

자치 지역: 자체 정부와 군대가 있다. 이라크 전체 석유 매장량의 1/3 보유.

2017년 9월: 이라크 쿠르드족 독립에 대한 국민 투표를 했지만, 국제적으로 인정받지 못함(93% 찬성).

주요 정당: 쿠르드 민주당과 쿠르드 애국 동맹.

흑해
조지아 트빌리시
아르메니아 예레반
카스피해
앙카라
터키
디야르바키르
코바니
신자르
아르빌
모술
키르쿠크 술라이마니야
테헤란
니코시아
키프로스
시리아
유프라테스강
이란
지중해
레바논 베이루트
다마스쿠스
바그다드
이스라엘 텔아비브
암만
팔루자
이라크
티그리스강

요르단
사우디아라비아
쿠웨이트시티
쿠웨이트
페르시아만 (아라비아만)

이라크의 주요 종교

수니파(32~37%)
1932~2003년 정권 장악
시아파(60~65%)
기독교인은 약 50만 명이다.

인구 변화

2017년: 320만 명의 이라크인이 전쟁으로 난민이 됐고, 그중 이라크 쿠르드족이 100만 명이다.

약 250만 명의 난민이 주변국으로 피난했다.

이라크 내 70개 캠프 안에 기독교인과 야지디족이 흩어져 있다.

천연자원

주요 유전: 석유 매장량의 10%(1,500억 배럴). 탄화수소는 외부 수입의 95%를 차지한다.

300km

쿠르디스탄

이라크 쿠르드족   쿠르드족 정착지   분쟁 지역

★ 할랍자 대량 학살(1988년 3월 16일): 이란-이라크 전쟁 맥락에서 사담 후세인이 화학 무기로 공격한 도시

아르빌 쿠르드 자치구 수도로 간주

키르쿠크 2017년 10월 이라크군이 점령한 석유가 풍부한 분쟁 지역

중국해의 긴장

중국은 태평양에서 지배력을 강화하고 있다. 중국이 영유권 주장을 하지 않았다면, 주변 국가들을 위협하지 않았을 것이다. 중국은 자국의 체제를 강요할 의도가 없었으며, 제국주의 정책이나 식민 정책을 펼치지 않았다고 기억한다.

중국의 주장

육상 국경에 대해 진실인 것이 해상 국경에 대해서도 늘 진실인 것은 아니다. 중국과 그 주변 국가 간의 인구 통계학적, 전략적, 경제적 측면의 불균형은 불안을 야기하는 요소다.

중국이 주장하는 일부 해상 영유권에 대해서 이 지역 주변국들은 반론을 제기하고 있다. 이로 인해 기존의 경쟁 관계(일본, 베트남과의 경쟁 관계)가 악화됐고, 중국과 우호 관계를 유지하던 이웃 국가들과 새로운 경쟁 관계를 만들기도 했다. 중국은 주변 국가들이 중국에 대항해 연합을 결성하거나 미국에 보호를 요청할 빌미를 줄 위험이 있는 딜레마 앞에서도 중국해에 대한 영유권 주장을 포기하지 않는다. 하지만 중국해에 미해군 병력 배치가 강화되는 것은 피하고 싶어 한다. 그렇다면 중국은 중국해에 대한 통제권 상실을 각오하고 중국해에 대한 영유권 주장을 포기할 수 있을까?

남중국해는 중국 수입 물량의 80%가 지나다니는 곳으로, 중국이 대단히 중요하다고 생각하는 전략적 지점이다. 또한 남중국해에는 지금 당장 필요할 뿐만 아니라, 앞으로 점점 더 많이 필요해질 수산 자원이나 에너지 원재료가 풍부하다. 그리고 중국 핵 잠수함이 지나다니는 통로이며 핵 억제력을 보장해 주는 곳이기도 하다.

아시아의 불안

상설중재재판소는 필리핀의 요청으로 2016년 7월 중국의 남중국해 영유권 청구를 무효화했다. 중국 당국이 이 결정을 거부하여 아세안(ASEAN, 동남아시아국가연합) 국가들의 우려가 증폭됐다. 아세안 국가들은 이 지역에서 가장 강력한 법칙을 세우려는 중국을 위협으로 보고 있다.

중국은 말레이시아, 필리핀, 베트남, 대만, 브루나이 또한 영유권을 주장했던 스프래틀리 군도(Spratly Islands, 난사 군도) 근처에 인공 섬을 만들었다. 중국은 또한 베트남과는 파라셀 제도(Paracel Islands, 시사 군도)를, 필리핀과는 스카버러 암초Scarborough Shoal를 두고 영유권 분쟁으로 대립하고 있다. 가장 민감한 사안은 중국과 일본이 대립하고 있는 센카쿠 열도(일본명) 또는 댜오위다오(중국명)로, 이곳은 무인도지만 대규모 배타적 경제 수역을 통제할 수 있기에 양국이 서로 영유권을 주장하고 있다.

이 섬들은 1971년 미국이 일본에 양도한 것이다. 2012년 도쿄시는 일본의 극단적 민족주의자들이 이 섬들을 차지하여 상황이 악화되는 것을 피하고자 매입하여 국유화했다. 하지만 베이징은 이를 중국에 대한 도전이며, 일본이 이 섬들을 매입하여 영공을 확장하려 한다고 판단했다. 일본(미국의 동맹국)과 중국의 오래된 경쟁 관계에 영유권 분쟁이 더해졌다. 이는 두 나라 사이의 군비 경쟁뿐만 아니라 민족주의 여론까지 강화했다.

중국: 태평양에 등장?

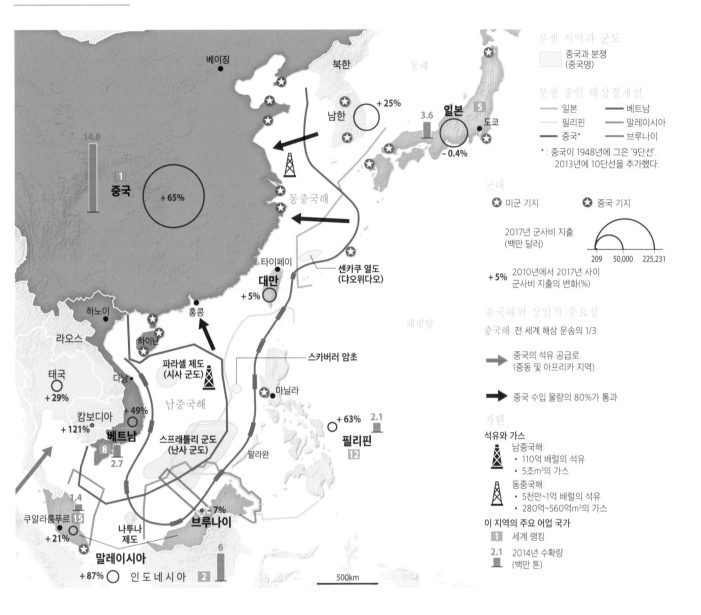

분쟁 지역과 군도
중국과 분쟁
(중국명)

분쟁 중인 해상경계선
일본   베트남
필리핀   말레이시아
중국*   브루나이

* : 중국이 1948년에 그은 '9단선'.
2013년에 10단선을 추가했다.

군대
미군 기지   중국 기지

2017년 군사비 지출
(백만 달러)
209   50,000   225,231

+5%   2010년에서 2017년 사이
군사비 지출의 변화(%)

중국해의 상업적 중요성
중국해 전 세계 해상 운송의 1/3

중국의 석유 공급로
(중동 및 아프리카 지역)

중국 수입 물량의 80%가 통과

자원
석유와 가스
남중국해:
• 110억 배럴의 석유
• 5조m³의 가스

동중국해:
• 5천만~1억 배럴의 석유
• 280억~560억m³의 가스

이 지역의 주요 어업 국가
1   세계 랭킹
2.1   2014년 수확량
(백만 톤)

베이징
북한
동해
남한   +25%
일본   5
도쿄
3.6   -0.4%
14.8
중국   1
+65%
동중국해
센카쿠 열도
(댜오위다오)
타이페이
대만   +5%
태평양
하노이
홍콩
라오스
하이난
스카버러 암초
파라셀 제도
(시사 군도)
마닐라
+63%   2.1
필리핀   12
태국   +29%
남중국해
다낭
캄보디아   +121%
베트남   +49%
스프래틀리 군도
(난사 군도)
팔라완
8
2.7
1.4
쿠알라룸푸르   15
나투나   -7%
제도   브루나이
말레이시아   6
+87%   인도네시아   2
+21%
500km

한반도, 얼어붙은 충돌?

1953년 판문점에서 진정한 평화가 아닌 휴전 협정이 체결됐다. 남한과 북한은 한쪽은 미국의 지원과 보호를, 다른 한쪽은 소련 및 중국의 지원과 보호를 받으며 계속해서 전쟁 중인 상태로 지내게 됐다.

남한의 경제 성장, 북한의 경제 침체

남한이 인구의 유동성, 교육 강화, 미국 시장의 개방 덕분에 1950년에서 2000년 사이에 1인당 GDP가 100배 늘어나는 놀라운 경제 발전을 경험하는 동안, 북한은 빈약한 자원을 군대와 안보에 예비하느라 1996년에 심각한 기아를 경험할 정도로 경제가 정체됐다. 남한은 1980년대에 시민 사회의 발전으로 진정한 민주화를 이루었지만, 북한은 여전히 전체주의 국가로 남아 있다. 1988년 성공적으로 올림픽을 개최한 서울은 국제적으로 인정받게 됐다. 북한은 중국이 취한 경제 개방의 길을 선택하지 않고 핵탄두 능력을 개발했으며, 결국 핵확산금지조약NPT을 탈퇴하기에 이르렀다. 1998년 과거 반체제 인사였던 김대중이 남한 대통령으로 당선됐고, 김대중 대통령은 평양과의 긴장을 완화하기 위해 '햇볕 정책'을 시작했다. 2000년 매들린 올브라이트Madeleine Albright 미 국무 장관의 방한을 계기로 비핵화 합의가 마무리될 것처럼 보였다. 하지만 2002년 1월 조지 부시 대통령이 북한을 (이라크, 이란과 더불어) '악의 축'이라고 규정한 연설은 이러한 희망을 깨뜨렸다.

통일을 향하여?

2003년 이라크 전쟁은 체제를 유지하려면 핵무기가 필수적이라는 북한의 생각을 더욱 확고해지게 했다. 북한은 공산주의 세습 정권을 수립했다. 1994년 김일성의 아들 김정일이 체제를 계승했고, 2011년에는 김정일의 아들 김정은이 권력을 승계했다. 북한은 남한을 되찾기엔 무능하다는 사실을 잘 알고 있다. 남한은 북한을 감당할 만한 경제적 수단이 없는 상태에서 통일을 원하지는 않는다. 독일 통일 당시 서독 인구는 동독보다 4배나 더 많았다. 북한보다 상대적으로 훨씬 더 발전한 남한의 인구는 북한의 2배에 불과하다. 다른 이해관계자들 역시 통일을 원하지 않는다. 일본은 제2차 세계 대전의 고통스러운 기억에 대해서 일본의 진정한 사과가 없었다고 생각하는 한국인들의 통일이 반일 감정에 기반을 두게 될까 두려워한다. 미국은 남북한이 통일되면 미국의 전략적인 아시아 지역 주둔에 대한 합법적인 명분이 없어질 것이라고 생각한다. 중국은 그와 반대로 미국이 그들과의 국경에 군대를 주둔하게 될까 봐 우려하고 있다.

북한은 질 것이 뻔한 전쟁을 시도할 수 없을 것이다. 그렇게 한다면 미국의 공격은 서울과 도쿄 두 대도시를 파괴할 정도의 막대한 피해를 일으킬 것이다.

2017년 후반에 도널드 트럼프와 김정은은 핵 공격으로 서로를 협박했다. 남한 대통령은 회유를 촉구했다. 남한은 동계 올림픽을 개최하여 남북한이 서로 접촉할 기회를 마련했고, 그 결과 2018년 6월 싱가포르에서 미국과 북한 간의 정상 회담이 이루어졌다. 하지만 북한의 비핵화 가능성은 희박하다.

과도한 군국주의에서 긴장 완화까지

풍계리

핵 실험 동안 지진동(리히터 척도)
- **6.3** 2017년 9월 3일
- **5.3** 2016년 9월 9일
- **5.1** 2016년 1월 6일
- **5.1** 2013년 2월 12일
- **4.7** 2009년 5월 25일
- **4.3** 2006년 10월 9일

**2018년 5월 24일
풍계리 핵 실험 기지 해체**

영변

중국

러시아

무수단리

동창리

평양

북한

평창

판문점 서울

오산

남한

군산

진해

38° N

동해

군인
23,500명

일본

미사와

요코다
도쿄

요코스카

아츠기

군인
39,000명

태평양

황해

사세보

동중국해

오키나와

★ 싱가포르

300km

북한 핵
- ☢ 지하 핵 실험
- ☢ 주요 핵 시설
- ☢ 기타 핵 시설
- 🚀 미사일 및 로켓 발사 기지

미군 주둔
- ★ 공군 기지
- ⚓ 해군 기지
- ◯ 주둔
  군사

화해와 협상 희망
- ◇ 2018년 평창 동계 올림픽
- ☆ 2018년 4월 판문점에서 개최된
  문재인과 김정은의 남북 정상 회담
- ★ 2018년 6월 12일 싱가포르에서 개최된
  도널드 트럼프와 김정은의 북미 정상 회담

중국과 미국, 파트너일까 적일까?

중국 내전 동안 미국은 일본과의 전쟁 때 도움을 주었던 마오쩌둥毛澤東을 방해하고 싶지 않았다. 1949년 중국 지도자들이 최종 승리하고 소련과 전략적 동맹을 맺자, 미국은 대만으로 도망친 장제스蔣介石와 민족주의자들을 보호하기로 결정했다. 미국은 특히 대만의 유엔안전보장이사회 상임 이사국 진출을 허용하고 중국 대륙의 위협으로부터 고립된 작은 섬을 보호했다.

괄목할 만한 화해

1961년 중국은 소련과의 국교 단절을 정당화하고자 소련의 미국에 대한 긴장 완화 정책을 과격한 어조로 비난했고, 심지어 아무런 대책도 없이 미국에 대해 '핵전쟁'이라는 표현까지 써 가며 극단적이고 위협적인 분위기를 조성했다.

1969년 1월 미국 대통령에 취임한 닉슨과 국가 안보 담당 보좌관 키신저는 특히 베트남 전쟁으로 궁지에 몰려 있던 상황에서 소련의 도전에 다르게 대응하고자 했다. 소련에 대한 긴장 완화 정책을 가속화하면서 소련을 포용하기 위해 미국은 중국에 의지하기로 했다. 미국은 대만과 군사 동맹을 유지하는 동시에, 중국이 1971년 유엔안전보장이사회 상임 이사국 자리를 확보하는 것에 동의했다. 1972년 닉슨 대통령의 중국 방문은 두 거대국의 관계를 훈훈하게 만들었고, 이를 통해 미국은 소련과 배후의 동맹 관계를 맺을 수 있었다. 마오쩌둥이 전체주의 체제를 이끌고 있었지만, 닉슨과 키신저에게는 소련의 위협이 더 컸다.

1970년대 말에 권력을 잡은 덩샤오핑鄧小平은 미국과의 관계를 더욱 강화했다. 그는 미국 공식 방문 중에 목격한 미국 경제의 역동성에 감명을 받아 중국 공산당 체제를 유지하면서 그 비결을 받아들이고자 했다.

라이벌인가, 파트너인가?

중국은 미국의 주요 경제 파트너가 됐다. 하지만 2000년대에 들어서 중국의 성장은 미국을 우려하게 만들 정도였고, 미국의 아시아-태평양 지역 통제권을 위태롭게 했다.

중국은 정치적 안정을 보장하는 경제 발전을 위해 미국 시장이 절대적으로 필요했다. 미국은 소비재 및 저가 제품을 중국 수출에 의존하고 있다. 중국에 대한 미국의 적자는 연간 3천억 달러로 추산된다. 중국은 대부분을 미국 재무부 채권으로 전환했다. 미국은 정기적으로 중국의 비열한 경제 경쟁을 비난하면서 통화 가치를 올리라고 요구한다. 중국은 국제 통화로서 달러의 역할과 그들이 불공평하다고 여기는 미국의 이익에 대해 비판하고 있다.

중국과 미국의 관계는 중국이 미국 체제를 무너뜨리기를 원하지 않으면서 단순히 세계 최강국이 되고 싶어 한다는 점에서 소련과 미국의 냉전 관계와 유사하지는 않다. 미국과 중국의 관계는 대립하는 두 이데올로기 간의 경쟁 관계는 아니다.

두 강대국 사이에는 협력만큼이나 경쟁이 중요하다. 트럼프는 경제적, 전략적으로 베이징에 대해 공격적인 분위기를 조성했다.

양국 관계에 대해서는 '투키디데스의 함정(Thucydides's Trap, 신흥 강국이 세력 균형을 뒤흔들면서 결국 기존의 패권 국가와 무력 충돌하는 것-옮긴이)' 이론이 종종 언급된다. 이 역사가는 패권 국가지만 쇠퇴하고 있는 스파르타와 부상하고 있는 아테네 사이의 충돌은 불가피하다고 지적했다. 19세기 말 영국과 독일의 관계에 대해서도 똑같은 진단을 내릴 수 있었다.

따라서 부상하고 있는 중국과 상대적으로 쇠퇴하고 있는 미국 사이의 충돌은 불가피한 것일까?

상호 의존과 경쟁

2개의 경제 대국

17,947 GDP(십억 달러)

통화 및 금융 문제

★ 미국 연방준비은행(FRB):
전 세계 지불 및 거래의 38%가 달러

1,120 2017년에 중국이 소유한
십억 달러 단위의 미국 채무 증권

상호 의존성과 무역 경쟁

⇨ 워싱턴에 따르면 무역 수지는 3,752억 달러
(베이징에 따르면 2,758억 달러)

▨ 아시아인프라투자은행(AIIB) 회원국:
2015년 12월에 창설된 세계은행의 대안으로, 베이징에 본사를 두고 있다.

2016년 국방비 지출

604 지출(십억 달러)
미국 : 2008년 대비 0.49% 감소
중국 : 2008년 대비 178.85% 증가

2016년 지역별 외국인 직접 투자
(십억 달러)

미국
중국

두 해상 강대국

✪ 중국(진주 목걸이 전략)을 보호하기 위한
중국의 항구 기지

✪ 미국-영국의 군사 기지 및 시설

⛴ 미국 함대의 위치

전략적 동맹국

■ 상하이협력기구(SCO) 회원국

▨ 상하이협력기구(SCO) 참관국

소프트 파워

⌂ 공자 학원(학원 수)

🎓 2017년 미국 유학생
108만 명 중 35만 755명의 중국인
(첫 번째 국적)

세계 각 지역

- 유럽

- 아메리카 대륙

- 아랍 세계

- 아프리카

- 아시아

프랑스, 주요 강대국

프랑스는 종종 단지 중간국middle power이면서 위대했던 과거에 대한 추억에 젖어 있는 나라로 묘사되곤 한다.

중간국일까?

프랑스의 쇠퇴라는 주제는 사실 백년전쟁 때 처음으로 그 징후가 나타나기 시작한 오래된 이야기다. 1871년 처음으로 여러 나라의 연합군이 아닌 단일 국가에 패배하고 나서(프랑스-프로이센 전쟁), 이 일은 프랑스에서 단골 토론 주제로 등장했다. 그후 1940년 6월에 세계 최고의 군대는 3주 만에 무너졌으며(나치의 프랑스 점령), 거기에 제5공화국의 식민지 전쟁은 이러한 상처들만 들쑤신 채 끝이 났다.

드골 장군은 대서양 연맹의 틀 안에 있는 동안에도 미국에 대해 독창적이고 독립적인 정책을 진행하여 프랑스 외교 정책의 광채를 되찾았다. 핵 억제력으로 보장받은 자율성을 기반으로 소련을 두려워하지 않았으며 다른 유럽 국가들보다 미국의 보호가 덜 필요했다. 프랑스는 유연한 정책 덕분에 수많은 국가와 독자적인 관계를 맺을 수 있었다. 프랑수아 미테랑François Mitterrand 대통령은 이러한 정책을 계속 추진하며 발전시켰다.

1991년 소련의 붕괴로 양극 시대가 끝나면서 프랑스는 이런 상황에서 얻을 수 있었던 이점을 잃었지만, 2003년 이라크 전쟁을 반대할 때처럼 여전히 프랑스만의 특별함을 돋보이게 하고 있다. 새로운 국제 질서 내에서 프랑스는 유엔 안보리 상임 이사국 지위를 유지하면서 여전히 거부권을 행사하고 있다. 세계에는 특별한 권력을 가진 미국을 제외하고 세계 주요 이슈에 대한 묵직한 견해를 제시할 수 있는 10여 개 강대국과 20여 개 지역 강국이 있다. 프랑스는 지구 온난화, 전염병, 테러, 집단 안보, 세계 경제 거버넌스 등의 문제에 대해 합법적이고 인정할 만한 견해를 제안하고 있다.

단순히 이미지 외에 객관적 요소를 통해서도 실제 능력을 측정할 수 있다. 프랑스는 투자를 가장 많이 받는 나라 중 하나로, 세계 4위의 수출 대국이며 세계 5위의 국내총생산을 기록하고 있다. 소련의 위협은 끝났지만, 프랑스의 핵 능력은 여전히 으뜸 패로 작용한다. 또한 모든 국제기구에서 적극적으로 활동하고 있다. 프랑스는 역사적으로 그리고 국제 사회에서의 다양한 참여를 통해서 세계 강대국으로 간주되며 세계 각지의 정치적 상황에 관심을 표하고 있다.

뛰어난 지리적 조건

프랑스는 뛰어난 지리적 이점이 있다. 대서양과 지중해로 나갈 수 있는 해안(총 3,500km)을 모두 가진 나라는 유럽에서 스페인과 프랑스 두 나라밖에 없다. 프랑스는 서유럽에서 가장 깊이 있는 전략을 보유하고 있으며, 북유럽과 남유럽의 연결을 상징하기도 한다. 새로운 해양법 발효 이래, 프랑스는 세계에서 세 번째로 넓은 해양 영토를 보유하고 있다. 프랑스 본토 외에 5개의 해외 데파르트망(과들루프, 마르티니크, 프랑스령 기아나, 레위니옹, 마요트)과 5개의 해외 집합체(프랑스령 폴리네시아, 윌리스푸투나 제도, 생피에르미클롱, 생바르텔레미, 생마르탱) 그리고 특별공동체인 누벨칼레도니섬이 있다. 여기에 프랑스령 남방 및 남극 지방TAAF을 추가해야 한다. 프랑스는 4대양(인도양, 대서양, 태평양, 남극해)과 2대륙(아메리카와 아프리카) 인근에서 주권을 행사하고 있다.

프랑스의 두 번째 세력권은 탈식민지화로 독립한 아프리카 국가들로 구성된다. 프랑스는 일련의 기술, 경제, 문화 협력 협정 및 군사 협약으로 수많은 아프리카 국가들과 연결되어 있다. 하지만 중국을 비롯한 다른 강대국들의 아프리카 대륙에 대한 관심이 점차 높아지면서 정치적으로나 경제적으로 시장 점유율을 잃고 있다.

클리퍼턴섬

포르5

생마르탱
생바르텔레미
과들루프
도미니카
마르티니크
세인트루시아

프랑스령 기아나

프랑스의 외교력

프랑스는 외교 무대에서 특수한 견해를 표현하는 몇 안 되는 국가들 중 하나다. 유럽 건설의 원동력이던 프랑스는 대부분의 진보적 정책을 주도했다. 유럽석탄철강공동체(ECSC, 1951), 유럽경제공동체(EEC, 1957), 단일 유럽법(SEA, 1986) 및 마스트리히트 조약(1992)과 리스본 조약(2008)을 이끌었다.

프랑스는 유럽연합의 중심 국가 중 하나로, 이 사실은 비회원 국가들을 상대로 프랑스의 위상을 높여 주고 있다. 브렉시트Brexit 이후 프랑스는 진정한 군사력을 갖추고 있으며 유엔 안보리 상임 이사국인 유일한 유럽연합 국가가 됐다.

프랑스는 오만해 보인다는 비난을 받곤 하는데, 이러한 약점을 극복하고 국가와 유럽에 이익이 되는 보편적인 메시지를 전달할 수 있어야 한다.

프랑스는 다자주의 개념을 옹호한다. 유럽 프로젝트를 통해 다자주의 세계 건설에 기여하는 것이 프랑스와 세계 전체의 이익에 모두 부합할 것이다. 이를 통해 프랑스는 대다수 국가로부터 인정받고 있다. 오래된 역사(계몽사상, 프랑스 혁명)와 비교적 최근의 역사(드골과 미테랑의 외교 정책)를 통해 프랑스는 많은 외국인에게 특별한 나라가 됐다.

다른 서방 국가들과 마찬가지로 프랑스 역시 서구의 권력 독점 종식에 영향을 받고 있다. 하지만 여전히 많은 자산을 보유하고 있으며, 모든 전략적 주제에 대해 보편적 방식으로 사고하고 합법적으로 의견을 표현한다고 인정받는 소수의 국가 중 하나다. 실업과 막대한 재정 및 무역 적자의 영향을 받고 있는 프랑스는 전략적 일관성을 유지하려면 반드시 경제를 회복해야만 한다.

프랑스어권

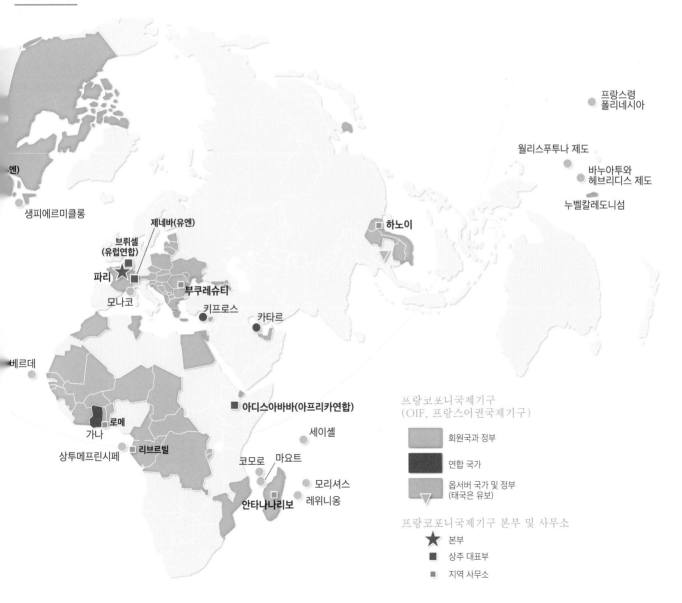

프랑스령 폴리네시아

월리스푸투나 제도

바누아투와 헤브리디스 제도

누벨칼레도니섬

(엔)

생피에르미클롱

제네바(유엔)

브뤼셀 (유럽연합)

파리

모나코

부쿠레슈티

키프로스

카타르

하노이

베르데

아디스아바바(아프리카연합)

세이셸

가나   로메

상투메프린시페   리브르빌

코모로   마요트

모리셔스

안타나나리보   레위니옹

프랑코포니국제기구
(OIF, 프랑스어권국제기구)

■ 회원국과 정부

■ 연합 국가

■ 옵서버 국가 및 정부
▽ (태국은 유보)

프랑코포니국제기구 본부 및 사무소
★ 본부
■ 상주 대표부
■ 지역 사무소

독일, 되찾은 권력

냉전이 종식되고 독일이 통일될 것이라는 전망 속에서 헬무트 콜Helmut Kohl 독일 총리와 프랑수아 미테랑 프랑스 대통령은 유럽 통합에 박차를 가하기로 했다. 목표는 강력해진 새로운 독일을 이끌고, 독일의 유럽이 아니라 유럽의 독일을 만드는 것이었다. 영국의 마거릿 대처Margaret Thatcher 총리를 비롯한 일부 국가는 과거의 역사적 사실 때문에 독일이 다시 강해지는 것에 두려움을 느끼고 독일 통일을 꺼렸다.

강해진 독일

1992년 마스트리흐트 조약은 유럽경제공동체를 유럽연합으로 전환하고 공동 통화를 사용하기로 했다. 독일은 통화 및 경제 안정과 번영의 상징이던 독일 마르크를 포기하고 유로화를 도입했다.

1937년부터 1949년까지 독일의 경계

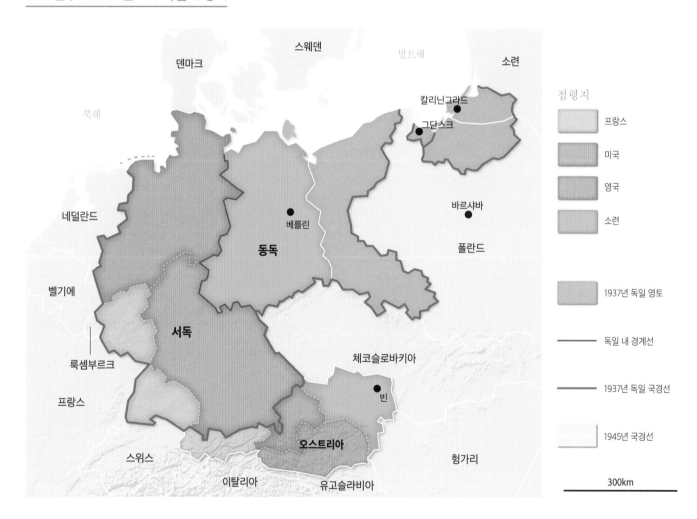

독일은 통일로 인해 동독 지역이 여전히 덜 발달한 상태임에도 확실히 선두로 나서게 됐다. 특히 21세기 이후로 프랑스 등은 높은 실업률, 낮은 경제 성장, 무역 적자 등에 시달렸지만, 독일은 완전한 고용, 기록적인 수익, 높은 경제 성장을 보여 주었다.

전략적 보류의 종식

냉전 종식으로 독일은 미국과 약간 거리를 둘 수 있었고, 2017년 도널드 트럼프가 미국 대통령이 되면서 거리는 더 벌어졌다.

게르하르트 슈뢰더Gerhard Schröder 총리는 2003년 이라크 전쟁을 비난했다. 독일은 코소보 전쟁에 참전했다. 통일 이후 수도인 베를린은 전략적 유동성의 이점이 있는 도시는 아니지만, 그렇다고 완전히 마비된 도시도 아니었다. 독일은 유엔안전보장이사회 상임 이사국 후보국이기도 하다.

독일은 중국과 긴밀한 경제 관계를 맺고 있다. 독일은 폴란드나 발트해 국가들이 러시아에 대해 느끼는 두려움을 공유하지는 않지만, 앙겔라 메르켈Angela Merkel 총리는 2014년 크림반도 합병 이후로 러시아에 대해 상대적으로 거친 노선을 택했다.

유럽의 어려움

앙겔라 메르켈 총리는 2017년 선거에서 불완전한 승리를 거두기 전까지 단지 유럽연합뿐만 아니라 서구 세계에서 가장 강력한 여성 지도자로 여겨졌다.

독일은 슈뢰더 총리가 채택하고 메르켈 총리가 혜택을 본 구조 개혁 덕분에 경제 역동성이 강화됐다. 하지만 동시에 불평등이 증가하기도 했다. 낮은 출생률과 완전 고용 문제에 직면한 메르켈 총리는 2016년 정치적 노련함(노동력 환영)과 관대함을 혼합한 정책으로 1백만 명의 난민을 수용했다. 하지만 비슷한 상황이 아니었던 다른 유럽 국가들과의 협의가 부족했던 탓에 독일 내에 극우 세력이 급속히 증가했다.

독일은 2008~2009년의 경제 위기 이후로 유럽 파트너 국가들과의 소통 부족이나 남반구 국가들에 대한 가혹한 정책으로 비판받았다. 유럽은 난민 문제로 혼란 상태에 있다.

유럽 내 독일 영토의 변화

1648 신성 로마 제국

1815 독일 연방

1871 독일 제국

1937 양 대전 사이 기간

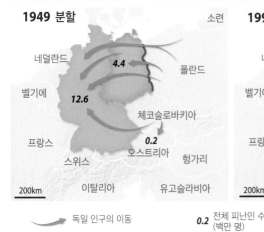

1949 분할

1990 통일

독일 인구의 이동

0.2 전체 피난민 수 (백만 명)

오데르-나이세 라인 (제2차 세계 대전 후 독일과 폴란드 사이에 새로 그어진 국경선)

영국, 유럽의 강대국?

잉글랜드 왕국(웨일스는 이미 합병된)은 1707년에 스코틀랜드를, 1801년에는 아일랜드를 차지하면서 그레이트브리튼 북아일랜드 연합 왕국United Kingdom of Great Britain and Northern Ireland이 됐다. 영국은 해상 지배력 덕분에 나폴레옹에 저항할 수 있었고 광대한 식민 제국을 건설하고 실질적인 무역 강국이 될 수 있었다. 19세기의 3분의 2에 해당하는 기간 동안 인류의 4분의 1이 빅토리아 여왕의 지배를 받았다. 1922년에 아일랜드는 독립했고, 북아일랜드는 영국에 남아 있다.

2018년 영국 연방(코먼웰스)

캐나다

태평양

벨리즈
케이맨 제도
자메이카

버뮤다
바하마
터크스케이커스 제도
버진아일랜드
앵귈라
세인트키츠네비스
몬트세랫
앤티가바부다
도미니카연방
세인트루시아
바베이도스
세인트빈센트그레나딘
그레나다
트리니다드토바고

영국
아일랜드

지브롤터
몰타
키프로스

방글라데시
파키스탄
인도
스리랑카

가이아나

감비아
시에라리온
가나
나이지리아
카메룬
우간다
르완다
케냐
세이셸
탄자니아
모리셔스
말라위
잠비아
짐바브웨
스와질란드
보츠와나
레소토
남아프리카공화국
모잠비크
나미비아

포클랜드 제도

세인트헬레나

대서양

제국의 종식

독일이 19세기 말부터 영국의 패권에 도전해 왔다면, 20세기에 영국의 자리를 빼앗은 것은 미국이었다. 영국은 과거 그들의 식민지와 맺은 특별한 관계와 대서양 저편에 있는 지도자와 엘리트 후손들에게 의존하여 세계적인 영향력을 유지하고 있었다. 특히 처칠과 루스벨트 또는 대처와 레이건이 각각 영국과 미국에서 권력을 잡았을 때는 이것이 가능했다.

영국은 제2차 세계 대전 내내 히틀러와 맞서 전쟁을 치른 유일한 국가라는 명성을 얻었다. 하지만 그로 인해 국력이 심각하게 약해졌고 식민지 제국을 잃었다. 영국은 처음에는 유럽 건설에 동참하지 않다가, 영국의 유럽연합 가입에 거부권을 행사했던 드골 장군(그는 영국을 미국의 트로이 목마로 간주했다)이 프랑스에서 권력을 놓은 후인 1973년 유럽연합에 가입했다.

영국은 제2차 세계 대전 이후 경제적, 전략적으로 쇠퇴했다. 마거릿 대처는 그 당시 사회적 비용이 많이 드는 극단적 자유주의 정책을 수립했다. 1982년 포클랜드 전쟁(아르헨티나가 영국령 포클랜드 제도의 영유권을 주장하며 일으킨 전쟁)으로 영국은 국내외에 강한 이미지를 보여 줄 수 있었다.

유럽에 대한 망설임

영국은 특히 유로화 도입을 거부하면서 늘 유럽 건설에 마지못해 동참해 왔다. 유럽의 영국이라는 개념은 유럽의 공통된 정체성보다는 상업적 공간에 따른 개념이다. 오랜 세월 동안 영국이 섬이라는 특징은 항상 유럽 대륙과 일정한 거리를 유지하게 만들었다. 전략적인 문제에서도 영국은 프랑스의 '강한 유럽 프로젝트'를 미국의 지도력이나 대서양 연대에 반하는 것으로 간주하고 반대한다.

2003년 토니 블레어Tony Blair 영국 총리는 이라크 전쟁의 타당성에 의문을 품긴 했지만 미국과 함께 참전했다. 미국과의 절대적 결속 관계가 더 중요했던 것이다. 하지만 영국 총리가 더 이상 미국 대통령에게 영향력을 행사하지 못하는 상태에서, 이 특별한 관계는 과거에 비해 수익성이 떨어졌다.

2016년에 국민 투표 결과로 유럽연합 탈퇴(브렉시트)가 법적으로 인정받았다. 당시 영국 총리 데이비드 캐머런David Cameron의 내부 정책에 대한 계산 착오로 시행된 브렉시트는 영국에 문제를 가져올 위험성이 있다. 실제로 세계 제일의 금융 중심지라는 런던의 위상이 흔들리고 있다. 게다가 영국은 과거 유럽연합의 후원으로 체결했던 모든 무역 협정을 약자 입장에서 재협상해야 한다. 더 이상 유럽연합 회원국이 아닌 영국은 미국과의 전략적 연관성이 사라졌으며, 특히 중국을 포함한 다른 국가에 대한 정치적, 상업적 혜택도 상실했다.

태평양

파푸아뉴기니

피지

통가

● 나우루
● 투발루
● 키리바시
● 사모아
● 솔로몬
● 쿡 제도
● 핏케언섬

뉴질랜드

오스트레일리아

싱가포르

인도양

■ 회원국
■ 연합국 및 식민지
■ 과거 회원국

이탈리아, 역할 재정비

19세기에 통일한 이탈리아는 제3차 산업의 중심지로 발달하고 산업화를 이룬 북부와 여전히 농업 중심의 더 가난하고 덜 개발됐으며 마피아가 활개 치는 남부 사이에 지역 간 대조가 심하다.

유럽의 대서양 연안 국가?

이탈리아는 제2차 세계 대전의 승전국 중 하나로 간주된다. 1943년 미군이 시칠리아에 상륙한 후에 저항군은 내전을 시작했고, 결국 1945년 베니토 무솔리니Benito Mussolini를 처형했다. 미국은 냉전 분위기 속에서 강력해진 공산당에 맞서고자 이탈리아 중도파 보수 정당인 기독교민주당을 아낌없이 지원했다. 이탈리아는 NATO와 EU(1952년 ECSC, 1957년 EEC)의 창립 회원국이다. 이처럼 서구 세계의 버팀목 역할을 하면서 국가 위상을 회복하여 국제 사회에 통합될 수 있었다.

　이탈리아 내각은 극도로 불안정했지만 공동 시장과 중소 규모 가족 기업의 역동성 덕분에 발전할 수 있었다. 하지만

이탈리아의 통일

사부아
스위스
론바르디아 1859
마젠타 1859
베네치아 1866
오스트리아-헝가리 제국
토리노
밀라노
쿠스토차 1866
트리에스테
피에몬테
제노바
솔페리노 1859
베니스
텐드
니스 백작령
페라라
피렌체
오스만 제국
토스카나
안코나
로마냐
리사 1866
코르시카섬
몬테로톤도
멘타나 1867
아드리아해
로마
교황령
양시칠리아 왕국
사르데냐섬
가에타
나폴리
티레니아해
칼라타피미 1860
아스프로몬테 1862
팔레르모
시칠리아
200km

■ 1859년 피에몬테 사르데냐 왕국
★ 전투(시기)
■ 1859년에 획득한 영토
▨ 1860년 프랑스에 합병된 영토
➡ 1859년 프랑스군 개입
□ 1861년 이탈리아 왕국
➡ 천 명의 원정대 (가리발디, 1860년)
■ 1866년에 획득한 영토
■ 1870년에 획득한 영토

경제 발전이 남북 간 격차를 줄이지는 못했다. 이탈리아는 NATO의 원칙에 따른 외교 정책을 택하면서 환경적인 특수성을 보존하고 그 안에서 적극적인 역할을 하고자 한다. 이탈리아는 스스로 중간국이라고 생각하며, EU 내에서 프랑스와 독일로부터 충분히 인정받지 못하는 것을 아쉬워하고 있다.

역할 재정비

1980년대에 테러리스트 파동(극우파와 극좌파)으로 흔들리던 이탈리아는 1990년대에 새로운 위기를 겪었다. 마피아 척결 과정에서 마피아와 관계를 맺고 있던 일부 정치권이 밝혀지면서 부동의 집권 세력이던 기독교민주당이 무너진 것이다.

　이탈리아 정치는 미디어 거물인 실비오 베를루스코니Silvio Berlusconi가 주축이 된 '포르차 이탈리아Forza Italia, 전진 이탈리아'당의 등장으로 재구성됐다. 총리가 된 실비오 베를루스코니는 국민의 반대에도 불구하고 2003년 이라크 전쟁을 지원했다. 이탈리아가 유럽 건설의 기둥 역할을 하는 동안, 유럽회의주의 운동이 퍼져 나갔다. 2018년 반체제 정당인 오성운동Movimento 5 Stelle이 극우당인 북부동맹Lega Nord과 연맹하여 정권을 잡았다.

　2008년 금융 위기로 심각한 타격을 입은 이탈리아는 특히 낮은 출산율(1.35)로 인한 경쟁력 상실과 인구 고령화 문제를 겪고 있다. 현재 가장 심각한 문제는 지리적 조건 때문에 2014년 이후 점점 늘고 있는 난민 문제다. 이탈리아는 유럽 파트너 국가들로부터 충분한 지원을 받고 있지 않다고 생각한다. 정치적으로는 여전히 분열돼 있어서 국제 무대에 진출할 수 있는 안정적인 정부의 출현을 어렵게 만들고 있다.

　이탈리아는 강한 유럽 건설에 중요한 역할을 하고자 하는 의지와 포기할지도 모른다는 두려움, 어느 정도 후퇴해야 한다고 주장하는 유럽회의주의 운동 그리고 트럼프 대통령에 의해 훼손된 NATO에 대한 소속감 사이에서 흔들리고 있다.

　세계 8위의 GDP, 세계 13위의 방위비 지출국, 문화나 관광면에서 매력적인 국가, 신식민주의 의혹에서 벗어난 이탈리아는 강력한 잠재력을 지니고 있다. 이탈리아는 안정된 정부가 있고 유럽 회복이라는 목표 안에서 프랑스, 독일과 파트너십을 만든다면 그 잠재력을 충분히 발휘할 수 있을 것이다.

이탈리아 경제의 격차

오스트리아

헝가리

스위스

발레다오스타주

트렌티노
알토아디제주

아오스타

트렌토

롬바르디아주

프리울리
베네치아
줄리아주

슬로베니아

트리에스테

크로아티아

밀라노
11.7

토리노
4.2 **③**

피에몬테주

베네토주

⑤
베네치아
3.3

베네치아만

보스니아헤르체고비나

제노바

에밀리아
로마냐주

⑥
볼로냐
2.3

프랑스

리구리아주

제노바만

피렌체
⑦
2.2

산마리노

안코나

아드리아해

모나코

리구리아해

토스카나주

마르케주

페루자

움브리아주

라퀼라

아브루초주

코르시카섬

로마
9.1 **②**

라치오주

몰리세주

풀리아주

바리

가에타만

나폴리
3.4

④

캄파니아주

포텐차

바실리카타주 타란토

사르데냐섬

티레니아해

타란토만

칼리아리

칼라브리아주

카탄차로

지중해

팔레르모

시칠리아주

카타니아

이오니아해

2017년 지역별 실업률
(%)

3.9   5.8   9.6   15.1

200km

이탈리아 7개 주요 도시의 GDP

① 도시 순위

9.1 이탈리아 경제 내에서 차지하는 비중
(국가 GDP 대비 %)

경제 중심지

주요 삼각 지대

관광

알프스산맥 ─── 해변

이탈리아
남부 방향으로
개발

이베리아반도

단지 스페인을 경계국으로 하는 협소한 영토의 포르투갈은 해안으로 둘러싸여 있어서 전략적, 상업적으로 바다를 통해 뻗어나갈 수 있었다. 포르투갈은 스페인이 15세기 말에 이베리아반도에 활기를 불어넣기 전까지 세계 제일의 강대국이었다. 라틴아메리카를 서로 나누어 가지려고 교황의 중재로 맺은 토르데시야스 조약(1494) 덕분에 두 제국은 세계 패권이 하나의 강대국에서 다른 강대국으로 넘어가는 동안 또 다른 충돌을 일으키지 않았다.

스페인(1865~1975년), 포르투갈(1954~1975년): 제국의 종식

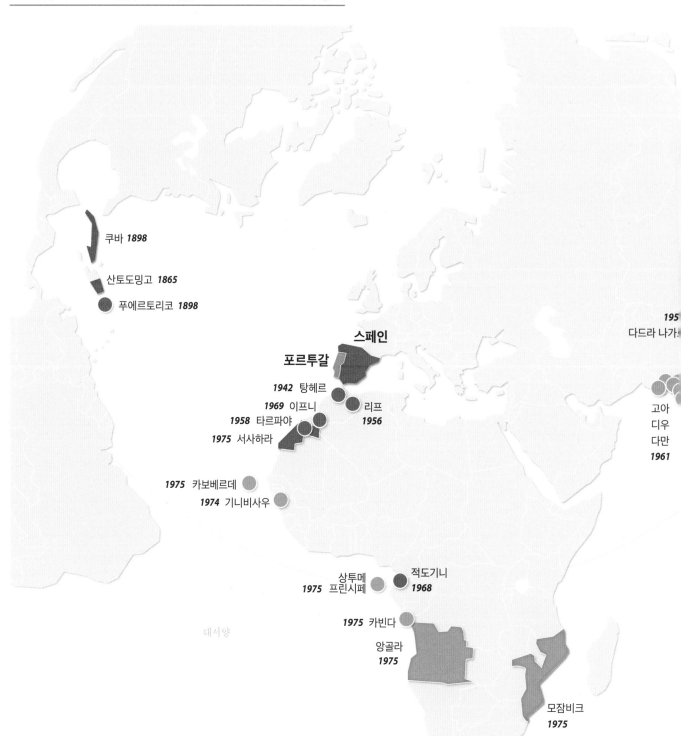

쿠바 *1898*

산토도밍고 *1865*

푸에르토리코 *1898*

스페인

포르투갈

195
다드라 나가

1942 탕헤르

1969 이프니   리프

1958 타르파야   *1956*

1975 서사하라

고아
디우
다만
1961

1975 카보베르데

1974 기니비사우

상투메   적도기니
1975 프린시페   *1968*

1975 카빈다

앙골라
1975

대서양

모잠비크
1975

공통된 과거

포르투갈과 스페인은 나폴레옹의 정복 전쟁, 극우 군사 독재 정권 수립(포르투갈의 살라자르Salazar와 스페인의 프랑코Franco), 군사 정권 붕괴(각각 1974년과 1975년), 유럽 통합 등 비슷한 변화 과정을 겪었다. 제2차 세계 대전

태평양

마리아나
팔라우 *1899*
캐롤라인
괌
|핀|

동티모르
1975

도양

의 탈식민지화
스페인
포르투갈

에서 비켜나 있었기에 양국의 파시스트 정권은 1945년에도 흔들리지 않았다.

유럽과 미국 간 관계에서 중요한 역할을 한 아소르스Açores 제도를 소유한 포르투갈은 NATO 창립 때부터 함께했다. 스페인은 대서양 동맹에 즉시 가입하지는 않고 미국과 파트너십을 맺었다. 1986년 유럽경제공동체에 가입하면서 두 나라의 경제 발전과 근대화는 놀랄 만큼 빨라졌다.

수많은 기업이 정치적 안정성과 숙련되고 저렴한 노동력에 매료돼 이 두 나라에 주재했다. 이 시기는 민주주의 정착과 경제적 번영의 시기였다.

위기 탈출구를 향해?

그러나 2008년 경제 위기로 두 나라는 크게 후퇴했고, 대량 실업으로 전망이 없다고 판단한 젊은이들은 해외로 이주했다. 스페인 정부는 네 정당으로 분열돼 취약한 상태였지만, 포르투갈은 정치적으로 훨씬 더 명확해졌다.

두 나라 모두 과거에 포르투갈어를 사용하는 식민지(브라질, 앙골라, 모잠비크)와 스페인어를 사용하는 식민지(라틴아메리카)로 구성된 정치적, 문화적, 언어적 공간을 이용할 수 있었다. 하지만 이 국가들이 발전하면서 힘의 관계가 변했고, 더 이상 이들을 마음대로 이용할 수 없게 됐다.

총리 펠리페 곤살레스(Felipe González, 재임 1982~1996년)와 호세 루이스 사파테로(José Luis Zapatero, 재임 2004~2011년)가 주도한 사회주의 정부가 스페인을 이끄는 동안에는 아랍 세계에 적극적인 모습을 보였고 지중해와 라틴아메리카에 대해 개방적인 정책을 펼쳤다. 프랑코에 대한 미국의 간접적 지원을 기억하는 여론은 거부

감을 보이기도 했으나 스페인은 1982년 NATO에 가입했다.

보수파였던 호세 마리아 아스나르(José María Aznar, 재임 1996~2004년) 총리는 대다수 시민이 반대했음에도 이라크 전쟁 참전을 결정했다. 결국 알 카에다의 소행으로 드러나기는 했지만, 바스크 분리주의 무장단체인 자유조국바스크Euskadi Ta Askatasuna, ETA의 마드리드 테러 사건은 여론을 분노케 했고, 이는 선거에서 아스나르의 패배로 이어졌다.

2011년부터 2018년까지 권력을 잡은 마리아노 라호이Mariano Rajoy 정권은 내부적으로 약하고 국제적으로 소극적이어서 세계 13위, 유럽 5위인 경제 대국의 역할조차 수행할 수 없었다. 스페인은 바스크 지역에 광범위한 자치권을 부여하여 바스크 문제를 해결했다. 그러나 일부 카탈루냐 사람들은 여전히 독립을 주장하며 스페인의 미래를 불안정하게 만들고 있다.

라호이 총리는 다수의 부정부패 사건으로 2018년 6월 퇴진했고, 사회당의 페드로 산체스Pedro Sánchez가 총리에 당선되어 소수 정부를 구성하게 됐다.

중앙 유럽과 동유럽 국가들, 다민족 지역

전쟁이 끝난 뒤 스탈린은 붉은 군대에 의해 해방된 모든 국가 내에 '인민 민주주의'라는 공산 정권을 세웠다. 철의 장막은 유럽을 동서로 나누었다. 동유럽은 소련의 지배를 받았고, 서유럽은 미국의 보호와 마셜 플랜 및 공동 시장의 혜택을 누리며 경제 발전을 경험했다. 미국이 실시한 봉쇄 정책은 소련의 발전을 막았으나 철의 장막 동쪽 국가들에 대한 소련의 지배력을 유지하게 했다.

대서양 국가들의 선택

동구권 국가의 정부들은 정당성을 확보하지 못하고, 단지 소련의 강압적인 군사력에 의해 유지될 뿐이었다. 고르바초프가 공산 체제를 해체하기로 결심하면서 동구권 국가들 역시 1989년 7월부터 12월 사이에 차례로 무너졌다. 중앙 및 동유럽 국가들CEECs은 자유와 주권을 동시에 획득했다.

이 국가들은 여전히 위협적인 러시아에 대항하여 미국의 보호를 받고자 NATO에 가입하려 했고, 경제의 역동성과 정치의 안정성을 확보하고자 EU에 가입하려 했다. EU 가입을 통해 민주적이고 안정적인 체제로 전환할 수 있었으며, EU의 막대한 투자 덕분에 경제 성장과 근대화를 이룰 수 있었다.

다민족으로 이루어진 하나의 공동체

중앙 및 동유럽 국가들은 러시아의 위협이 부활할지도 모른다는 두려움에 사로잡혀 미국이라는 보호자와 연대하여 2003년 이라크 전쟁을 지지했다. 일반적으로 이 국가들은 유럽보다 대서양에 더 친화적이었다.

게다가 이 국가들의 EU 가입은 '강한 유럽' 건설을 방해했다. 경제 침체와 난

EU 및 NATO 가입

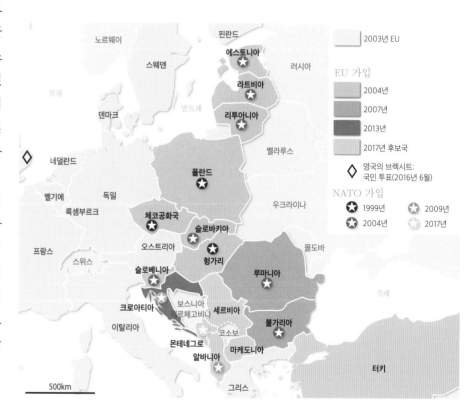

민 위기로 이러한 차이가 두드러졌다. 폴란드와 헝가리는 극우파 정권이 집권하고 있었는데, 그들은 EU가 주장하는 가치관과 자유를 충분히 존중하지 않았다. 온건하게 경고를 보내는 EU가 국가 통치권에 대한 장애물로 여겨지자 EU 체제를 비난하기도 했다. 하지만 어찌 됐건 간에 이 국가들이 경제적 성공을

거둔 것은 EU 가입 덕분이었다.

폴란드와 발트해 연안국(러시아 영토 확장의 역사적 희생자)이 러시아를 향해 비판적 태도를 보이자, 헝가리와 체코는 그루지야 전쟁(2008)과 크림반도 합병(2014)으로 되살아난 두려움에 극단적 민족주의를 바탕으로 친러시아 노선으로 전환했다. 친미 성향의 루마니아는 러시아를 상대로

1914년부터 2018년까지 중앙 유럽 내의 국경선 변화

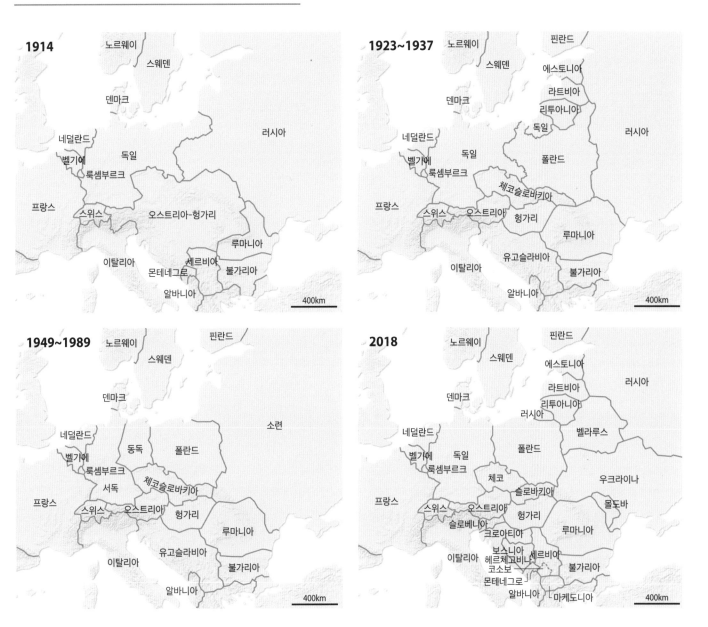

강경한 노선을 펴고 있다. 슬로베니아, 슬로바키아, 불가리아 및 크로아티아는 중도적인 입장이다.

2011년에는 중앙 및 동유럽 국가들과 중국 간에 정기 협의체가 만들어졌다. 11개의 EU 회원국(불가리아, 크로아티아, 에스토니아, 헝가리, 리투아니아, 라트비아, 폴란드, 체코공화국, 루마니아, 슬로바키아, 슬로베니아)과 5개의 EU 가입 후보국(알바니아, 보스니아헤르체고비나, 마케도니아, 몬테네그로, 세르비아)으로 구성된 무역 및 경제 포럼인 '16+1'이다. 이 협력 기구는 EU 국가들이 중국에 전면적으로 접근하

는 것을 막고 있다.

중앙 및 동유럽 국가들은 NATO나 EU 회원국이기는 하지만, 더 이상 동질의 공동체를 형성하지는 않는다. 1991년에 창설되어 EU 공동 가입을 위해 단단하게 결속된 비셰그라드 그룹(Visegrad Group, 헝가리, 폴란드, 체코공화국, 슬로바키아)은 이러한 분산의 좋은 예다. 각국은 국내외에서 자국의 이익에 따라 움직이고 있다. 하지만 고립주의, 불신, 중동 출신 난민에 대한 적대감이라는 전반적인 흐름은 있다.

북유럽, 차별화된 지역

중세 시대에 북해와 발트해 인근의 200여 개가 넘는 무역 도시들이 결성한 한자 동맹Hanseatic League은 15세기 이후 경쟁 절벽으로 인해 다른 협동조합들이 무너지면서 더욱 번성하고 강력해졌다.

지역 재구성

냉전 동안 북유럽은 NATO 회원국인 덴마크와 노르웨이, 바르샤바 협약국인 폴란드와 소련에 속해 있던 발트해 연안 국가들로, 세계의 분단을 상징했다. 스웨덴과 핀란드는 중립국이었지만, 스웨덴은 서구에 가까웠고 핀란드는 소련에 가까웠다.

동서 분열 종식으로 이러한 구분이 사라졌다. 1992년 발트해연안국협의회가 설립돼 독일, 덴마크, 에스토니아, 핀란드, 라트비아, 리투아니아, 폴란드, 러시아, 스웨덴, 아이슬란드(1995년 이후), 노르웨이, 유럽연합이 회원으로 가입했다.

그러나 이 지역은 러시아와 NATO 회원국 간의 긴장감이 감도는 지역 중 하나다. 대서양 연맹은 러시아로부터 동유럽 국가들을 보호하고자 이 지역에 육해공군의 병력을 보강했다. 러시아 역시 이런 봉쇄 정책에 대응하여 군사 배치를 강화했다. 상호 간 긴장은 어쩔 수 없이 지배력 강화로 이어졌다.

상트페테르부르크와 더불어 러시아에서 발트해로 나갈 수 있는 길목인 칼리닌그라드 지역은 전략적으로 매우 중요한 곳이다. 한편 러시아를 제외한 모든 발트해 연안국은 유럽연합과 셍겐 협정Schengen Agreement에 가입해 있다.

러시아적 요인

북유럽 국가들(덴마크, 노르웨이, 스웨덴, 핀란드)은 사회 민주주의 전통의 강한 복지 국가다. 서구 세계에서 가장 번영한 북유럽 국가들은 다른 대부분의 국가보다 GDP가 높으며 제3세계 국가들을 돕는 데 앞장섰다. 또한 인권 향상과 환경 보호, 부패 척결을 위하여 효율적으로 싸워 왔다. 하지만 관대하게 받아들인 난민(구 유고슬라비아 전쟁, 이라크 전쟁, 독재 정권을 피해 탈출한 난민)과 2008년의 경제 위기로 북유럽에서는 반이민 포퓰리즘 정당이 득세하게 됐다.

우크라이나 위기 이후 두려움이 커진 스웨덴과 핀란드는 NATO에 더욱 가까워졌다. 발트해 연안 국가들(1940년 모스크바에 의해 합병된 폴란드 같은 국가)은 여전히 러시아의 역습을 염려하고 있다. 이들은 러시아가 또다시 합병을 시도하여, 미국의 보호에 의지하게 되는 상황을 두려워한다. 그리하여 이들은 미국의 외교 지침을 따를 수밖에 없다. 좁은 국토나 적은 인구수로 상대적으로 약하다고 느끼는 발트해 연안 국가들은 러시아와 건설적인 대화를 시작한 개방적인 분위기의 스웨덴이나 핀란드와 더욱 거리가 생길 수밖에 없었다.

특히 노르웨이는 원유 덕분에 이 지역에서 가장 부유한 나라이며, 유럽연합과 거리를 두고 싶어 한다. 노르웨이는 윤리적 기준에 따라 투자하는 정부 연기금을 적극적으로 운영하고 있다.

	GDP/1인당 (달러)	인간개발지수	건강 지출 (GDP 대비 %)	공적개발원조 (GNP 대비 %)
스웨덴	50,273	0.913	10.02	1.09
노르웨이	74,735	0.949	8.31	1
덴마크	52,002	0.925	9.16	0.86
핀란드	41,921	0.895	7.29	0.59

냉전 시대 북유럽 국가들의 전략적 환경

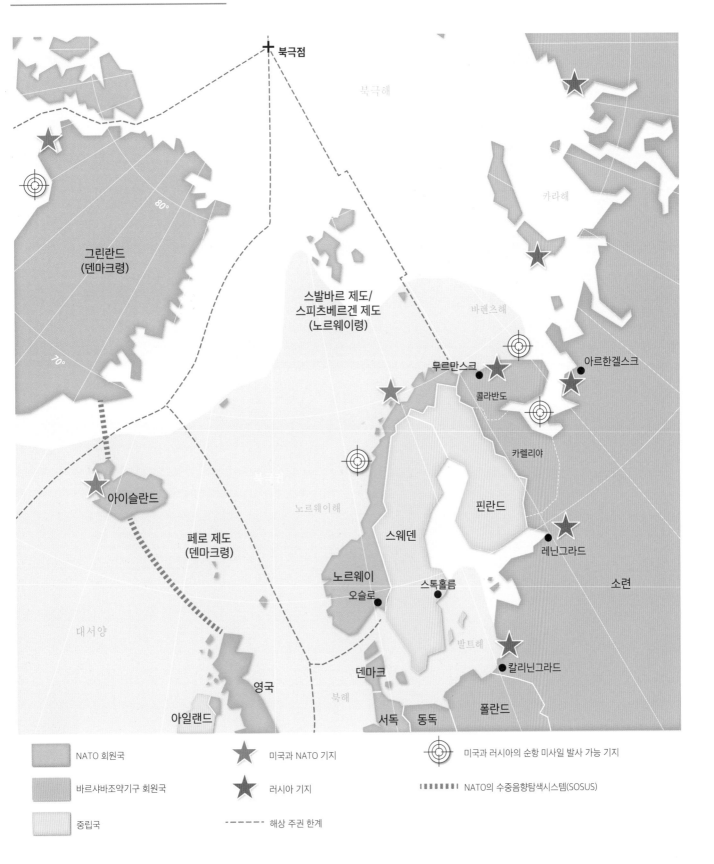

북극점

북극해

카라해

그린란드
(덴마크령)

80°

70°

스발바르 제도/
스피츠베르겐 제도
(노르웨이령)

바렌츠해

무르만스크

아르한겔스크

콜라반도

카렐리야

아이슬란드

북극권

핀란드

노르웨이해

레닌그라드

스웨덴

페로 제도
(덴마크령)

소련

노르웨이

스톡홀름

오슬로

대서양

발트해

칼리닌그라드

덴마크

영국

북해

아일랜드

서독 동독

폴란드

	NATO 회원국		★ 미국과 NATO 기지		미국과 러시아의 순항 미사일 발사 가능 기지
	바르샤바조약기구 회원국		★ 러시아 기지		▪▪▪▪▪▪ NATO의 수중음향탐색시스템(SOSUS)
	중립국		- - - - 해상 주권 한계		

재건 중인 유럽

유럽 대륙을 조직화하려는 프로젝트는 오래전부터 진행돼 왔다. 생피에르Saint-Pierre 신부의 항구적 평화를 위한 계획(1715년), 빅토르 위고Victor Hugo의 '유럽 합중국' 창설 제안(1849년 파리평화회의), 리하르트 쿠덴호프 칼레르기Richard Coudenhove-Kalergi의 유럽연합 프로젝트(1923년)를 비롯하여 제국 건설(나폴레옹)이나 침략(히틀러)을 통한 통일 시도 등이 있었다.

역사로부터 교훈을 얻다

제2차 세계 대전 이후 서유럽 국가들은 15세기 말부터 누려 왔던 '세계 지도자'의 지위를 잃었고, 만약 침략을 받는다면(특히 소련의 침략) 혼자서는 방어할 수 없다는 사실을 깨달았다. 서유럽 국가들은 그들 사이의 적대적 행위가 정치적, 전략적 자살 행위임을 알고 있었다.

제1차 세계 대전 이후 범한 실수는 제2차 세계 대전을 초래했고, 그로부터 몇 가지 중요한 교훈을 얻었다. 독일을 재통합하고 독일의 재건을 막지 말아야 했으며, 미국은 진주만이 방어물이 되지 못한다는 것을 보여 준 고립주의 정책을 포기했어야 했다는 것이다.

해리 트루먼은 미국이 '자유세계의 우두머리'가 될 것이라고 선언했다. 그러려면 소련에 대한 정치적 도전(독재 체제에 대항하는 민주주의)뿐만 아니라 지정학적인 도전(미국은 소련이 유라시아를 통제하는 것을 받아들일 수 없었다)에 직면해야 했다. 소련이 붉은 군대를 통해 나치당으로부터 해방된 국가들에 공산 체제를 강요하고 있었기에, 이것이 서방 국가로 확장될까 우려했다. 서유럽에서는 기반 시설 파괴와 경제 붕괴로 승자와 패자 모두 하나가 됐다.

1949년 4월 NATO가 창설됐다. 미국은 처음으로 평화 시에 군사 동맹의 일원이 됐다. 독일은 유럽방위공동체EDC의 실패 이후 1955년 NATO에 가입했다. 그로 인해 독일은 완전히 자율적인 군사력 없이 소련에 대한 공동 방위 노력에 참여할 수 있었다.

프랑스와 독일의 화해

프랑스와 독일의 화해가 가장 눈길을 끌고 효과적이었던 분야는 정치와 경제였다. 1950년 5월 9일 프랑스 외무 장관 로베르 쉬망Robert Schuman은 "실질적인 연대를 만들 수 있는 일시적이지 않은 구체적 실현 또는 공동의 건설을 통해 유럽을 만들 것"을 제안했다. 석탄과 철강(당시의 원자재)을 공동 생산한다면 전쟁은 "서로 불가능하며 생각조차 할 수 없는" 것으로 만들 수 있었다.

1952년 프랑스, 독일, 이탈리아, 벨기에, 네덜란드, 룩셈부르크가 모여 유럽석탄철강공동체ECSC를 탄생시켰다. 1957년에는 로마 조약을 통해 유럽경제공동체EEC가 창설됐다. 이러한 공동 시장을 통해 회원국의 경제를 촉진하고 과거의 적을 필수 불가결한 파트너로 전환했다. 유럽 건설은 충돌결정론에 대한 정치적 자발성의 승리를 상징한다.

미국의 영향

유럽은 1960년대에 번영기에 접어들면서 미국에 대해 더욱 독립적일 수 있었다.

유럽평의회

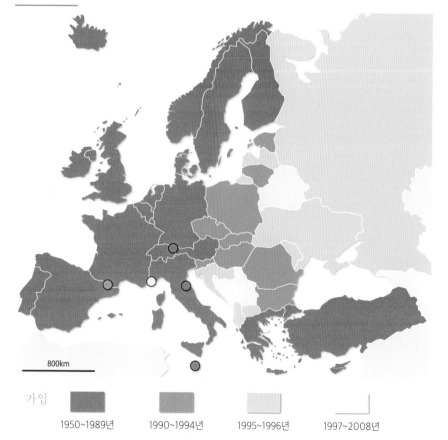

800km

가입
1950~1989년 1990~1994년 1995~1996년 1997~2008년

EEC/EU의 확장

가입 연도

1957년	1973년	1981년	1986년	1990년 (구 동독)	1995년	2004년	2007년	2013년

/////// 2016년 : 영국 국민 투표(브렉시트)   후보국

이렇게 비교적 빠르고 연이은 가입은 유럽의 정체성을 흐려지게 했다. 신입 회원국들은 러시아의 위협에 대처하기 위해 미국에 더욱 의지했다. 2016년 영국의 EU 탈퇴 결정(브렉시트)은 EU의 수적인 발전을 멈추게 하는 듯했다.

냉전이 종식되자, NATO는 창립 이유였던 위협과 함께 사라지기는커녕 과거 바르샤바조약기구 회원국들과 소련에 속해 있던 발트 3국이 가입하며 새롭게 진보했다. 그리고 프랑스를 군사 기구에 복귀시켰다. NATO의 확장으로 긴장한 러시아는 동맹국의 군사 훈련을 강화했다. NATO는 유럽 대륙의 안보를 주도한 동시에 각 전략 기구의 자율성을 방해하기도 했다. 미국은 종종 부담 분담에 대해서는 언급하지만, 권력 분담에 대해서는 언급하지 않는다. 미국은 NATO 내에서 대부분의 결정권을 쥐고 있기 때문이다.

유럽회의주의?

유럽에 번영을 가져다준 유럽 건설에 대해 의문이 제기되고 있다. EU가 회원국 주권을 침해하거나 경제 위기나 난민 문제에 적극 대처하지 않는다고 비난하는 유럽회의주의가 세력을 확장하고 있다.

오래전부터 평화와 화해가 도달해야 할 목표였던 유럽 시민들에게 새로운 전망이 필요하다. 유럽은 다국적 기업의 탈세에 효과적으로 대처하고, 연구 개발 등의 분야에서 중국이나 미국과 경쟁해야 한다. EU는 대륙 내 비회원국들이나 때로 EU에 가입하려고 기꺼이 희생하고자 하는 개인들에게는 여전히 매력적이다. 세계 인구의 6%를 보유한 EU는 전 세계 GDP의 21%와 전 세계 사회적 비용의 50%를 차지하고 있다.

하지만 프랑스를 제외한 유럽 국가들은 핵무기가 허용하는 전략적 자율을 누리지 못했으며, 정치적으로 의존하게 되더라도 미국의 보호를 유지하고 싶어 했다.

드골 장군은 영국을 미국의 트로이 목마로 간주하고 영국이 EEC에 가입하는 것에 적대적이었다. 하지만 드골이 권력에서 물러난 1973년에 영국은 아일랜드, 덴마크와 더불어 EEC에 가입했지만, 노르웨이는 가입하지 않았다.

포르투갈 독재 정권이나 그리스와 터키 같은 군사 정권을 수락한 NATO와는 달리, EEC는 정권의 정체성(민주주의)을 가입 조건으로 요구했다. 따라서 그리스는 1981년, 스페인과 포르투갈은 1986년에 독재 정권이 붕괴한 후에야 EEC에 가입할 수 있었다. 1992년 마스트리흐트 조약은 EEC를 유럽연합EU, 즉 정치 연합으로 바꾸고 유로라는 공동 화폐를 만들었다. 이는 더 폭넓은 유럽 프로젝트 내에서 독일 통합의 틀을 잡기 위한 것이었다.

냉전 종식으로 과거에 중립국 혹은 비동맹국이던 나라의 가입이 가능해졌다. 1995년에는 핀란드, 스웨덴, 오스트리아가 가입했고, 2004년에는 10개국이 가입했는데, 그중 대부분이 바르샤바조약기구 회원국이었다. 2007년에는 불가리아와 루마니아, 2013년에는 크로아티아가 가입하여 범위가 확대됐다.

전쟁 후 발칸반도

발칸반도의 이미지는 제1차 세계 대전의 도화선이 된 발칸 전쟁 그리고 냉전 후에 유럽 여론을 격분하게 한 유고슬라비아 내전과 연결되어 있다. 오늘날 발칸 국가들은 모두 유럽연합에 가입하기를 열망한다. 이 지역이 분쟁이라는 어두웠던 시기로 다시 돌아가지 않게 해 주리라는 전망에서다.

발칸반도와 유럽 통합

유럽연합 28개국
후보국
잠재적 후보국
안정화 및 제휴 협정(SAA)
셍겐 국가
€ 유로존 회원국
€ 유로존에 속해 있지 않은 유로 사용 국가

300km

되찾은 평화

2003년 6월 EU 정상 회의는 서부 발칸의 모든 국가(보스니아헤르체고비나, 크로아티아, 세르비아, 몬테네그로, 코소보, 마케도니아, 알바니아)에 대해 유럽 국가로서의 자격을 인정하지만 각국의 능력에 따라 판단하기로 했다. 이 중 1990년대 초 특히 독일과 긴밀했던 크로아티아는 몇몇 지도자가 1990년대 분쟁 중에 자행한 범죄에 대한 막중한 책임이 있음에도 2013년 EU에 가입된 최초의 국가였다.

코소보는 NATO가 전쟁에 개입한 지 9년 후인 2008년에 대다수의 EU 국가들(스페인과 마찬가지로 자치권을 요구받고 있는 국가들 제외)로부터 독립을 인정받았다. 하지만 중국과 러시아가 코소보의 독립을 인정하지 않았기에 국제연합에 가입하지는 못했다. 게다가 코소보는 마피아의 네트워크가 강하게 자리 잡고 있는 등 파산 국가의 모든 특징을 보이고 있으며, 인구의 절반은 실직 상태이고 2014년 인구의 5%가 망명길에 올랐다.

유럽연합의 매력

분리 독립한 보스니아헤르체고비나는 보스니아인(51%), 세르비아인(31%), 크로아티아인(15%)으로 각각 별도의 자치 정부에 의해 운영되고 있어서 국가 통합이 어려운 상태다. 이 나라의 실업률은 20%이며, 독립 이후 인구의 5분의 1이 줄어들었다.

세르비아는 크로아티아와 동등한 위치에 서고자 EU 가입을 희망하고 있다. 몬테네그로는 1991년 이래 동일한 정당이 집권하고 있다. 2006년에 독립한 뒤 (러시아의 적극적인 개입에도 불구하고) 2017년 NATO에 가입했으며, EU에 가입하기를 원하고 있다. 마케도니아는 2018년에 그리스와 국가명에 관해 합의했다. 알바니아는 실업률이 33%이고, 지난 25년간 인구의 3분의 1이 나라를 떠났다.

유럽 통합의 가능성이 국가 안정의 한 요인이지만, 이 국가들의 경제적 상황이 중기적으로 EU 가입을 불가능하게 만들고 있다.

러시아의 권력 재확인

세계에서 표면적이 가장 넓은 나라인 러시아는 그럼에도 봉쇄에 대한 콤플렉스로 고통받고 있다. 모스크바는 더 이상 군사력과 경제력으로 자신을 증명하지 못하지만, 서구 세계에서 여전히 위협적인 존재로 여겨진다.

초강대국 소련에서 쇠퇴하는 러시아로

소련이 냉전 동안 서구 세계를 뒤흔들었다면, 소련의 해체로 생긴 러시아는 미국에 패배한 국가이자 국제 무대에서 오프사이드를 범한 국가로 간주된다. 오늘날 푸틴 대통령은 과거 소련이 누렸던 위상으로부터 아무 혜택도 받을 수 없다는 사실을 잘 의식하고 있다. 그러나 자국의 입장을 표명하고자 하며, 특히 미국의 지시대로 행동하고 싶어 하지 않는다. 러시아는 다극 세계에서 강력한 하나의 극이 되길 원한다.

1990년대에 러시아는 10년간 쇠퇴의 길을 걸었다. 개인의 자율성을 억제하고 엄격하게 중앙 집권화한 소련의 계획 경제에서 벗어난 러시아는 풍부한 원자재와 수준 높은 인적 자원을 바탕으로 경제적 성과를 달성하려 했다. 하지만 보리스 옐친의 정치가 재앙으로 드러나면서 사실상 힘들어졌다.

무엇보다 소련의 해체는 그로부터 독립한 나라들에 이롭게 작용한 것이 아니라, 오히려 기존의 경제 흐름이 흔들리면서 힘든 상황이 됐다. 그중 일부 국가에서는 민영화가 국가 권력자와 친분 있는 러시아인들이 막대한 부를 강탈할 수 있는 기회가 됐다.

1993년 공산당이 의회에서 다수를 차지하자 공격적인 독재 정치를 했음에도 권위를 내세울 수 없었던 옐친은 진정한 정부가 없는 나라라는 느낌을 남겼다. 1991년부터 2000년까지 GDP는 반으로 줄었고 농업 생산량은 40% 감소했으며 마피아가 세력을 확장했다. 불안감이 확산되고, 지방 권력은 중앙의 관리에서 벗어났다. 옐친 대통령은 체첸이 분리 독립을 요구하자 전쟁을 시작했다. 이 전쟁으로 러시아 군대의 무능력과 잔혹성이 입증됐으며, 아프가니스탄 전쟁의 패배와 최악의 상황에서 이루어진 동구권 국가에서의 군대 철수로 씁쓸함을 더했다. 핵 잠수함 쿠르스크Kursk의 침몰은 박탈감과 굴욕감을 안겨주었다.

소련에는 평범한 시민들과 특권 계급인 노멘클라투라 nomenklatura 사이에 물자 보급과 불평등 문제가 존재했었다. 러시아에서는 불법으로 엄청난 부를 축적한 재력가와 비참하게 살아가는 대부분의 주민 사이에 불평등이 급증했다.

국제적으로도 이 10년은 전략적 후퇴와 좌절의 시기였다. 러시아는 라틴아메리카, 아프리카, 중동 지역에 더 이상 관여하지 않게 되면서 국제 무대에서 존재감을 잃었다. NATO는 독일 통일 당시 고르바초프에게 했던 약속에도 불구하고 러시아 국경까지 세력권을 넓혀 갔다. 러시아는 강력히 반대했으나, 유고 연방에 대한 코소보 내전이 일어났다. 결국 미국은 미사일 방어 시스템을 배치하기 시작했고, 러시아는 핵 평등에 의문을 품게 됐다.

러시아의 권력 회복

1999년 대통령에 당선된 푸틴은 러시아의 권력을 회복하고 싶다는 열망에 사로잡혔다. 그는 "20세기의 가장 큰 전략적 재앙"인 소련의 해체를 힘의 균형 상실이자 단극 세계에 대한 미국의 비전으로 보았다. 하지면 현실적인 관점에서 "소련 붕괴를 아쉬워하지 않는 사람은 심장이 없고, 소련을 그대로 되살리고 싶어 하는 사람은 머리가 없다."라고 선언하면서, 소련의 재건을 원하지 않는다고 밝혔다. 푸틴은 올리가르히(Oligarch, 러시아 신흥 재벌)에게 러시아 경제에 투자하고 정치적으로 도전하지 않는다면 재산 보존을 보장해 주겠다는 협약을 맺었다. 이를 통해 중앙 기관의 권력을 회복하여 지역 사무소를 통제하고자 했다.

2001년 9월 11일 이후 푸틴은 미국에 협조를 제안했고, 결국 2002년에 NATO와 협정을 맺기까지 했다. 힘의 관계가 자신에게 유리하게 작용하지 않으리라 판단한 푸틴은 세계적인 테러와의 전쟁을 이용하여 러시아 군대가 체첸에서 저지른 행동에 대한 비난을 막으려 했다. 푸틴은 2003년 이라크 전쟁을 반대함으로써 내정 간섭이나 체제 변화에 대한 러시아의 적개심을 표현했다. 그리고 이는 어쨌거나 미국의 침체와 에너지 원재료 가격 상승으로 인해 전략적 이익을 가져다주었다. 푸틴은 브릭스 창설을 통해 비서방 국가들과 유대를 강화했다.

119

구소련 내의 지역 재구성

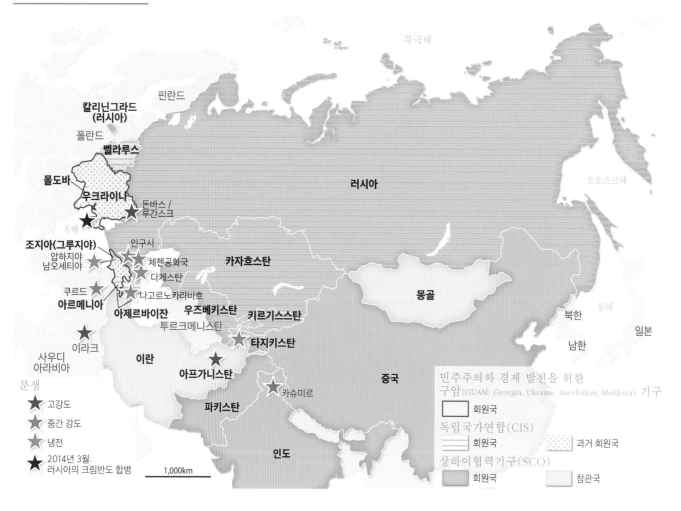

러시아 권력의 한계

그루지야(조지아)와 우크라이나의 색깔 혁명Colour Revolution은 러시아로부터 자유로워지기를 원하는 정부에 권한을 부여했고, 푸틴이 서구 사회의 새로운 진보를 두려워하게 만들었다. 푸틴은 그루지야의 분리주의 운동을 자극하고 우크라이나에 대해서는 천연가스의 가격 혜택을 중단하는 것으로 대응했다. 2008년 그루지야는 분리주의 지역을 되찾고자 했지만 러시아 군대에 끔찍하게 패했다.

푸틴은 서방 세계가 자신에게 적대적이라고 결론을 내렸다. 그래서 더욱 공격적인 노선을 택했고, 서방 세계로부터 인기를 얻진 못했지만 러시아 내에서는 인기가 높아졌다(생활 수준 개선에 애국심을 투영한 것이 유리하게 작용했다).

유럽연합이 우크라이나에 협정 체결을 제안한 일로, 러시아는 서구 사회를 더욱 불신하게 됐다. 크림반도를 합병한 러시아는 G8(G7과 러시아)에서 추방됐으며, 서방 세계로부터 제재를 받았다. 이런 다양한 이유로 러시아는 중국과 가까워졌지만, 불리한 힘의 관계로 인한 이 동맹의 한계를 잘 알고 있었다.

바샤르 알 아사드 정권을 유지시키는 일에 비용이 많이 들긴 했지만, 푸틴은 시리아 내전을 통해 대규모 병력과 함께 중동 지역에 재등장할 수 있었다. 러시아는 팔레스타인, 이스라엘, 사우디아라비아, 이란 등 중동 지역 각국과 다시 관계를 맺었다.

하지만 러시아 경제는 수익의 75%를 에너지 원재료 수출에 지나치게 의존하고 있다. 서방 국가들의 제재가 클수록, 즉 원자재 가격이 하락할수록 러시아 경제는 큰 타격을 입게 된다. 게다가 러시아는 크림반도를 얻으면서 우크라이나를 완전히 잃어버렸다. 우크라이나 국민 정서가 러시아에 등을 돌린 것이다.

푸틴은 2018년 3월 75%의 지지율로 재선됐다. 푸틴 대통령은 서방 국가에서 인기가 떨어질수록 국내에서의 인기가 올라가고 있다.

러시아, 가스 강대국

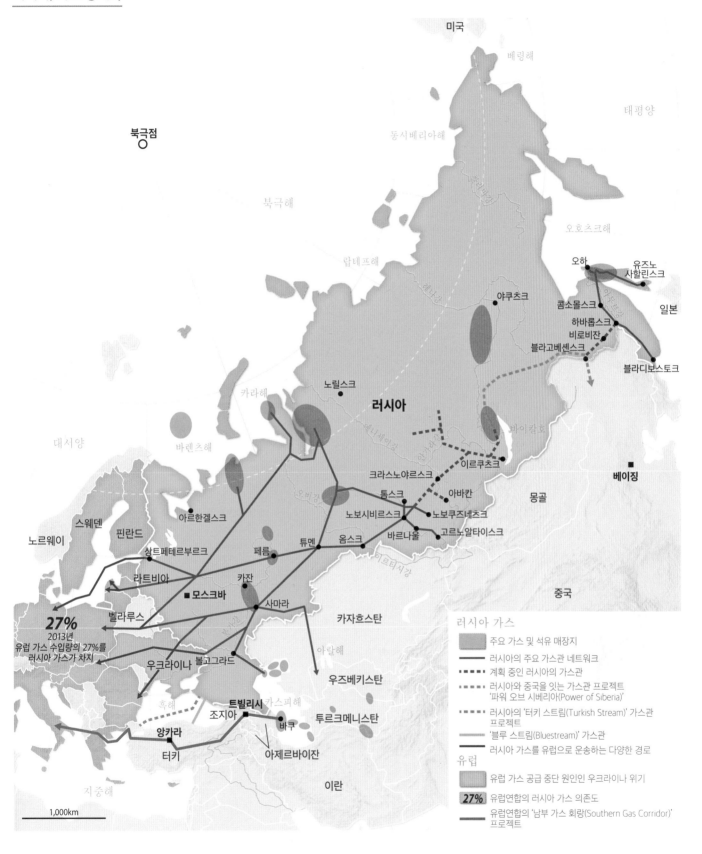

러시아 가스

- 주요 가스 및 석유 매장지
- 러시아의 주요 가스관 네트워크
- 계획 중인 러시아의 가스관
- 러시아와 중국을 잇는 가스관 프로젝트 '파워 오브 시베리아(Power of Siberia)'
- 러시아의 '터키 스트림(Turkish Stream)' 가스관 프로젝트
- '블루 스트림(Bluestream)' 가스관
- 러시아 가스를 유럽으로 운송하는 다양한 경로

유럽

- 유럽 가스 공급 중단 원인인 우크라이나 위기
- **27%** 유럽연합의 러시아 가스 의존도
- 유럽연합의 '남부 가스 회랑(Southern Gas Corridor)' 프로젝트

27%
2013년
유럽 가스 수입량의 27%를
러시아 가스가 차지

1,000km

터키, 쿠오바디스 QUO VADIS?

제1차 세계 대전으로 오스만 제국은 종말을 고했다. 하지만 무스타파 케말 아타튀르크 Mustafa Kemal Atatürk 는 1923년에 터키공화국을 선포하며, 민족적이고 세속적이며 권위 있는 현대화 프로젝트를 구상했다.

분쟁 중인 주변 지역

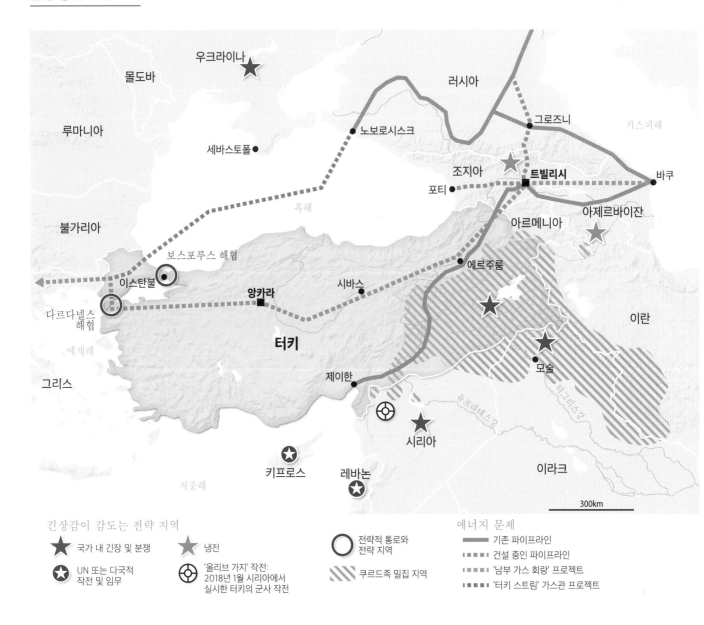

긴장감이 감도는 전략 지역

★ 국가 내 긴장 및 분쟁

★ 냉전

✪ UN 또는 다국적 작전 및 임무

⊕ '올리브 가지' 작전: 2018년 1월 시리아에서 실시한 터키의 군사 작전

◯ 전략적 통로와 전략 지역

▨ 쿠르드족 밀집 지역

에너지 문제

━━ 기존 파이프라인

▪▪▪ 건설 중인 파이프라인

▪▪▪ '남부 가스 회랑' 프로젝트

▪▪▪ '터키 스트림' 가스관 프로젝트

유럽의 자격

터키는 냉전 기간에 전략상 중요한 위치에 있었다. 소련과 가장 긴 국경을 접하고 있는 나라였기에 1952년 북대서양조약기구에 가입하는 등 전략적으로 서방 세계에 통합됐다. 1950년에는 한국 전쟁에 참전하여 상호 연대의 효과를 보여 주었다.

터키는 1949년 유럽의회 회원국이 됐다. 1963년부터 유럽 국가로서의 자격을 확인하고 1987년 유럽연합(당시는 유럽공동체)의 공식적인 후보국이 됐다.

1999년까지 후보국 자격이 유지되다가 2005년에 협상이 시작됐다. 하지만 국가 경제의 낙후성, 체제의 불안정성, 인구 규모, 인권에 대한 정치적 문제, 아르메니아인 대량 학살 부인 등 다양한 이유로 유럽 국가들이 강한 거부감을 드러냈다. 그리고 몇몇 국가는 터키가 이슬람 국가의 성격을 띤다는 이유로 거부했다. 그럼에도 유럽연합은 터키의 최대 교역 상대이며 터키 무역량의 45%를 차지한다.

터키는 시민 정권과 군사 정권이 번갈아 가며 집권했다. 2002년에는 이슬람교를 표방하는 정의개발당Adalet ve Kalkınma Partisi, AKP이 권력을 잡으면서 경제를 자유화하고 군대의 영향력을 제한했다.

그 당시 쿠르드 문제에 관해 몇 가지 진전이 있었다. 특히 쿠르드노동자당Partiya Karkerên Kurdistan, PKK의 수감된 지도자인 압둘라 오잘란Abdullah Öcalan과 합의하여 국가의 영토 보전에 의문을 제기하지 않으면서 휴전과 쿠르드족의 문화적 권리를 인정하는 협약을 체결했다. 이 주제는 1,500만 명의 터키인이 원래 쿠르드족 출신이었기에 절대적으로 중요했다.

1974년 이래 터키는 키프로스섬 일부를 점령하여 북키프로스 터키공화국을 만들었는데, 오직 터키만이 이 국가를 승인하고 있다. 반면에 키프로스공화국(그리스계 관할 남부 키프로스)은 유럽연합에 가입했는데, 터키의 비타협적인 태도가 상황을 힘들게 만들고 있다.

난처한 상황

유럽연합 가입 요청에 대한 유럽의 망설임, 시리아 내전으로 인한 분열, 그 지역의 분리 독립 움직임은 쿠르디스탄의 독립 시도를 강화했다. 그러나 2016년 7월에 실패로 끝난 쿠데타는 레제프 타이이프 에르도안Recep Tayyip Erdoğan 정부가 독재 권력을 행사하도록 이끌었다. 대중의 자유는 도전받고 있으며, 쿠르드인과의 타협 의지는 줄어들었다.

NATO 회원국임에도 러시아와 더 가까이 지냈던 터키는 시리아 내전에 대해서는 입장 차이가 분명했다. 터키는 모스크바의 동맹인 알 아사드 정권의 전복을 원했다. NATO 회원국으로는 드물게 러시아로부터 무기를 구입하기까지 했다. 2013년 오바마 대통령의 시리아 내전 개입 거부, IS를 격퇴한다는 명목으로 이루어진 시리아 쿠르드족에 대한 미국의 지원, 2016년 쿠데타를 비난하는 데 있어서 미국이 보인 미지근한 반응은 터키와 미국의 관계를 차갑게 만들었다.

유럽 국가들은 터키 대통령의 독재 노선으로의 변화(에르도안 대통령은 2018년 6월 선거 1차 투표에서 재선됐다)를 비난했지만, '난민 위기' 때문에 터키를 무시할 수만은 없다. 터키는 시리아 내전을 피해서 탈출한 300만 명의 난민을 수용하여 그들이 유럽으로 향하는 것을 막는 대가로 유럽의 경제 원조를 받고 있다.

아시아 국가이기도 하고 유럽 국가이기도 한 터키는 유럽을 선택했다가 좌절한 경험이 있다. 2013년 이래 정부는 나라 자체를 후퇴시키고 있다. 이 세기 초반부터 GDP가 4배로 늘어나고 세계 25위에서 17위로 상승하며 진정한 발전을 경험했던 터키는 현재 미래를 어둡게 전망하고 있다.

미국을 다시 위대하게?

미국이 대부분을 차지하고 있는 북아메리카에는 미국의 필연적 파트너인 멕시코와 캐나다도 있다.

고립주의에서 자유세계의 선두에 서기까지

1783년 13개의 영국 식민지가 독립한 후 영토를 서서히 확장하여 서쪽으로는 태평양에 도달하고 남쪽으로는 멕시코를 침범하기 시작했다.

미국은 국가 건설 때부터 "자유의 제국"(토머스 제퍼슨Thomas Jefferson)임을 자처했다. 새로운 영토 정복은 자유와 국가의 위대함을 드높인다는 명목으로 이루어졌다. 1845년 미국 언론인 존 오설리번John Louis O'Sullivan은 텍사스 합병을 촉진하기 위해 "대륙으로 뻗어 나가면서 수백만의 사람들에게 자유를 전파하는 것"은 미국의 "명백한 운명Manifest Destiny"이라는 개념을 개발했다. 이런 사실에 비추어 볼 때 미국은 미국적인 가치를 보편적인 가치와 혼동하고 있으며, 따라서 그에 대한 모든 저항을 모욕으로 간주하는 경향이 있다.

미국은 제1차 세계 대전 후에 고립주의에 따른 퇴각을 선택했지만, 1941년 12월 일본의 진주만 공격은 이것이 잘못된 판단임을 보여 주었다. 1945년 이후 소련의 정치적(민주주의에 대한 위협), 지정학적(유럽, 아시아 대륙 지배) 도전은 고립주의를 포기하게 만들었다.

해리 트루먼은 미국이 자유세계를 이끌어야 한다고 선언했다. 미국은 NATO와 더불어 1949년에 처음으로 평화 시기에 군사 동맹을 맺었다. 그러는 동안 미국은 자연스럽게 리더로 인식됐다.

군사 초강대국 미국

러시아

우즈베키스탄

키르기스스탄

타지키스탄

아프가니스탄

대한민국　일본

파키스탄

오키나와　제7함대 서태평양

미드웨이

태국　필리핀

하와이

괌

싱가포르

제5함대 인도양 걸프 국가 홍해

디에고가르시아

오스트레일리아

인도양

제3함대 태평양

태평

2018년 NATO 회원국　　　평화를 위한 동반자 관계(PfP) 회원국

★ 분쟁 지역에 군사 개입

툴레

아이슬란드

노르웨이

영국

벨기에
독일
이탈리아
스페인

조지아

시리아
이라크

제2함대
대서양

제6함대
지중해

터키
키프로스
이스라엘
요르단

이집트

버뮤다

관타나모
온두라스

푸에르토리코

아루바와 퀴라소

콜롬비아

에콰도르

지부티

사우디아라비아
바레인
아랍에미리트
쿠웨이트
오만
카타르
예멘

미국

대서양

■ 미군 기지 또는 시설

⛴ 미국 함대의 위치

● 이라크 전쟁 중 미국을 지지한 국가

3,000km

20세기 미국

20세기 후반은 분명 미국의 시대였다. 역동적인 경제, 사회를 특징짓는 기회의 평등 그리고 그로부터 비롯된 자유는 미국적인 삶의 방식이 세계적으로 인기를 끌게 만들었다. 하지만 베트남 전쟁, 인종 차별, 반공 전쟁을 위한 독재 정권 지원, 군사 팽창주의는 미국의 이미지를 훼손했다.

미국의 시장 경제 모델은 널리 퍼져 나갔다. 양극 세계가 끝나고 소련이 붕괴하면서, 단지 짧은 기간이었지만 미국의 유일했던 라이벌이 사라졌다(소련은 1960년대 후반이 되어서야 미국과 전략적으로 동등한 수준에 도달했고, 1980년대 초반부터 다시 멀어졌다). 따라서 고립주의에서 지배주의로 태도를 바꾼 미국으로서는 동등한 세력에 직면하는 데 익숙하지가 않다.

세계화는 종종 세계의 미국화와 혼동된다. 미국은 경제뿐만 아니라 문화도 수출했다. 할리우드, 대학, 싱크 탱크Think Tank, 공공 외교, 미디어 및 문화 산업의 매력은 세계적 규모로 영향력을 행사하고 있다. 미국은 소련에 대해 '승리'하면서 그들의 모델을 수출했고, 그로 인해 더 이상 지배되고 싶지 않은 수많은 세력의 출현을 촉발했다는 사실을 깨닫지 못했다. 양극 세계의 종말은 한편으로 서구 강대국 그리고 의문의 여지가 없는 초강대국인 미국의 독점 종말을 뜻하기도 했다.

2001년 9월 11일 미국은 심각한 충격

을 받았다. 1814년 이후 처음으로 자국 영토의 심장부를 공격당한 것이다(진주만 공격은 대륙 밖에서 이루어졌다). 미국의 힘을 그 누구와도 비교할 수 없던 시대에 미국은 부당하게 공격당했다고 판단했다.

상대적인 쇠퇴

1993년 대통령에 당선된 빌 클린턴은 과거의 봉쇄 정책과 반대로 국제 사회에서 적극적인 역할을 하고자 했다. 그는 민주적 가치 확산을 목표로 확장 정책을 시행하려 했다. 하지만 의회의 반대로 다자간 협약(기후변화협약에 대한 교토의정서, 국제형사재판소, 포괄적핵실험금지조약CTBT, 대인지뢰금지협약)에 거리를 둘 수밖에 없었다. 빌 클린턴은 이스라엘과 팔레스타인 간의 평화를 수립하려는 필사적이고 헛된 노력을 하던 중에 임기를 마쳤다.

조지 W. 부시는 국제 무대에서 보다 중립적인 미국을 원했다. 하지만 2001년 9·11 테러 사건은 민주주의 확산을 원했던 신보수주의자들(네오콘)에게 뜻밖의 기회로 다가왔고, 그들은 그것을 전쟁을 통해서 이루고자 했다. 부시 대통령은 2002년 1월에 '악의 축'을 이루는 목록(이라크, 이란, 북한)을 만들고 알 카에다가 주둔하고 있던 아프가니스탄(2001년 10월) 그리고 이라크(2003년)와의 전쟁을 시작했다. 이 전쟁에서의 승리는 사실상 전략적 재앙으로 드러났고, 미국은 국제적으로 엄청난 비난을 받았다.

버락 오바마는 전략적, 도덕적 위기에 경제적 위기가 합쳐진 상황에서 부시의 뒤를 이어 대통령이 됐다. 혼혈인이 백악관에 입성했다는 사실만으로도 특별하게 여겨졌다. 오바마는 자신만의 카리스마로 더욱 호감 가는 이미지를 보여

주면서 새로운 군사 모험에 뛰어드는 것을 피하고 미국의 권위를 회복했다. 오바마는 바라던 대로 러시아와의 관계를 재설정하지도, 이스라엘과 팔레스타인 간의 평화를 구축하지도 못했다.

도널드 트럼프는 2016년 엘리트와 세계화를 거부하는 분위기 속에서 대통령에 선출됐다. 그가 내건 '미국을 다시 위대하게Make America Great Again'라는 슬로건은 미국이 더 이상 과거의 힘을 가지고 있지 않다는 것을 의미하기도 했다. 트럼프는 지나치게 일방적인 정책(유네스코 탈퇴, 파리기후협정 탈퇴)과 격리 정책(멕시코 국경 장벽, 이슬람교도 입국 금지법(반이민 정책), 보호주의 정책)을 이끌면서 미국의 군수 복합 산업단지를 육성하여 긴장을 조성하는 전략을 사용하고 있다. 그는 바라던 대로 러시아와의 관계를 갱신하지 못했다.

미국의 정책은 온건한 일방주의(클린턴, 오바마) 혹은 지나친 일방주의(부시, 트럼프)로 특징지어진다.

캐나다

표면적이 1천만km²인 캐나다는 세계에서 두번째로 큰 나라지만, 인구는 3천6백만 명으로 상대적으로 적은 편이며 인구 대부분이 미국과의 국경 근처에 거주하고 있다. 캐나다는 G7 국가 중 가장 부유하고 가장 산업화된 국가 중 하나다. 전략적, 경제적으로 미국과 매우 긴밀하게 연결된 캐나다는 문화적으로 차별화하려고 노력한다. 다자주의와 국제기구의 선두주자이기도 한 캐나다는 무엇보다 유엔평화유지군 창설을 주도했다. 2000년대에 신보수주의 분위기가 지나간 후, 새로운 총리로 뽑힌 쥐스탱 트뤼도Justin Trudeau는 국내적, 국제적 차원에서 다문

히스패닉계 미국인

■ 40% 이상

■ 30~40%

□ 25~30%

화주의의 챔피언이다. 하지만 캐나다 수출의 75%가 미국을 대상으로 하고 있는 만큼, 남쪽 국경을 접하고 있는 이웃 국가에 정면으로 맞설 수가 없다.

멕시코

천국과는 너무 멀고 미국과는 너무 가

미국의 소수 민족

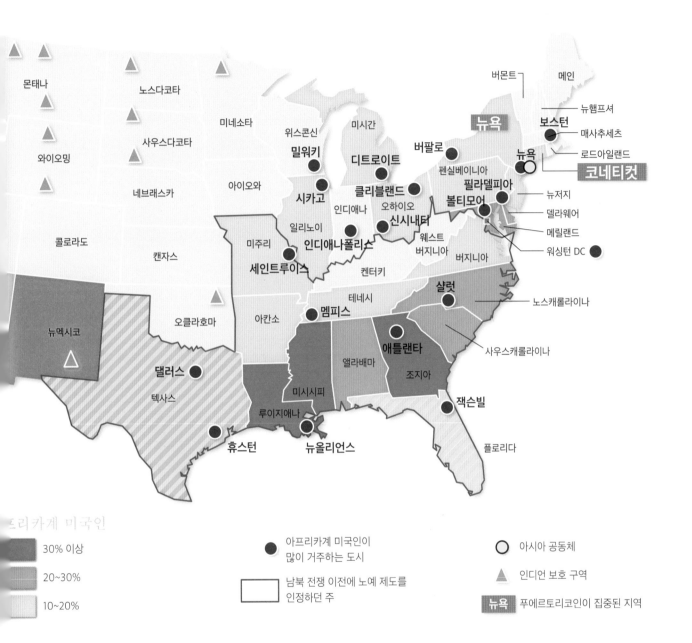

토리카계 미국인

- 30% 이상
- 20~30%
- 10~20%

⬤ 아프리카계 미국인이 많이 거주하는 도시

◻ 남북 전쟁 이전에 노예 제도를 인정하던 주

◯ 아시아 공동체

▲ 인디언 보호 구역

뉴욕 푸에르토리코인이 집중된 지역

까운 가련한 멕시코! 멕시코는 북쪽 국경을 접하고 있는 지나치게 강한 이웃의 욕망 때문에 19세기에는 영토 대부분을 무단으로 빼앗길 정도로 고통받고 있다. 멕시코는 미국과 체결한 자유무역협정을 통하여 수출의 80%를 미국이 감당하고 있을 정도로 경제적으로 미국에 의존하고 있다. 멕시코는 워싱턴과는 다른 외교적 입장을 유지하면서 제3세계 국가들 내에서 핵심 국가가 되기를 원한다. 미국의 영향을 받으며 북아메리카에 대한 소속감을 가진 동시에 다른 한편으로는 라틴아메리카적인 특징을 지닌 멕시코는 라틴아메리카의 주도권을 놓고 브라질과 경쟁하고 있다.

2018년 7월 불평등, 폭력, 부패와의 전쟁에 초점을 맞추고 선거 운동을 한 안드레스 마누엘 로페스 오브라도르Andrés Manuel López Obrador가 대통령에 당선됐다. 멕시코 역사상 처음으로 좌파 세력이 권력을 잡은 것이다.

카리브 제도, 미국의 뒷마당?

독립국과 유럽 영유지가 뒤섞여 있는 카리브 제도는 미국의 전략적인 뒷마당이다.

다양하게 뒤섞인 하나의 집단

카리브 제도는 카리브해에 접해 있는 섬들(앵귈라, 아루바, 바하마, 바베이도스, 버뮤다, 보네르섬, 퀴라소, 쿠바, 도미니카, 그레나다, 과들루프, 아이티, 케이맨 제도, 미국령 버진아일랜드, 영국령 버진아일랜드, 자메이카, 마르티니크, 몬트세랫, 푸에르토리코, 도미니카공화국, 사바, 생바르텔미, 세인트키츠네비스, 신트외스타티위스, 세인트빈센트그레나딘, 세인트루시아, 생마르탱, 신트마르턴, 트리니다드토바고, 터크스케이커스 제도)로 이루어진 영토를 말한다. 그중 17개는 영유지이며, 14개만이 주권 국가다.

스페인, 네덜란드, 영국, 프랑스, 심지어 덴마크까지도 역사의 한 순간에 이 제도에 정착한 적이 있다. 하지만 여전히 영국이 다섯 개, 네덜란드가 여섯 개, 프랑스가 네 개의 영유지를 보유하고 있는 이 바다는 미국의 전략적 뒷마당이라고 할 수 있다. 영토는 모두 작고 인구 밀도가 낮다. 이 지역은 영어권, 스페인어권, 프랑스어권 등 언어에 따라 구분되거나, 가장 어둡고 비참한 지역과 지나치게 사치스러운 지역으로 구분되거나, 인종이 뒤섞인 지역과 인종이 분리된 지역으로 구분된다. 노예와 크리올(Creole, 본래 유럽인의 혈통으로 식민지 지역에서 태어난 사람을 일컫는 말이었으나, 오늘날에는 대개 유럽계와 원주민의 혼혈을 뜻하는 말로 쓰인다-옮긴이)을 포함하여 전체 인구는 4천2백만 명이다.

소앤틸리스 제도

200km

그레나다 국가
산후안 주도
카리브공동체
영국령
미국령
프랑스령
베네수엘라령
네덜란드령

대서양

미국

멕시코만

바하마

멕시코

쿠바

케이맨 제도

벨리즈

도미니카공화국

버진아일랜드

자메이카

아이티

소앤틸리스 제도

과테말라

온두라스

카리브해

엘살바도르

니카라과

파나마

코스타리카

베네수엘라

태평양

콜롬비아

500km

● 조세 피난처   카리브공동체

미국의 뒷마당

미국은 카리브해를 내해로 간주하고 국익을 위해서는 개입을 주저하지 않았다. 20세기 초 시어도어 루스벨트 대통령은 먼로주의에 확장론적 해석을 더한 '루스벨트 계론Roosevelt Corollary'을 제시했다. 유럽이 이 지역에 간섭하지 못하게 군사적으로 적극 개입하겠다는 것이다. 이른바 '큰 몽둥이 정책(루스벨트가 즐겨 사용한 "멀리 가려면 말은 부드럽게 하되 큰 몽둥이를 지니고 있으라Speak softly and carry a big stick, and you will go far."라는 속담에서 나온 강경 외교 정책 - 옮긴이)'이다.

민족주의 혁명으로 시작됐으나 나중에는 공산주의 혁명이 된 쿠바 혁명은 정치적 압력을 동반한 경제적 원조를 통해 이 지역 내에서 이익을 강화해 가던 미국에 대한 거대한 도전이었다. 미국은 쿠바에 대해 금수 조치를 취했지만, 이것이 '반미주의의 챔피언'임을 자처하는 체제에 큰 영향을 주지는 않았다. 소련의 붕괴로 쿠바는 보호자, 무엇보다 경제적 원조를 잃었다. 피델 카스트로가 정권에서 물러난 후 오바마 대통령은 2016년에 섬을 방문하여 쿠바에 대한 화해 정책을 시작

했고, 결국 냉전의 마지막 잔재 중 하나를 청산할 수 있었다.

미국은 1965년 산토도밍고, 1983년 그레나다에 군사적으로 개입했다. 전자는 극좌파 정권 수립을 막고, 후자는 공산 정권을 전복하기 위해서였다. 오바마는 새로운 국제 현실을 고려하여 이 장을 마감하고자 했다.

유럽연합과 카리브해 연안국은 2000년에 '아프리카 카리브해 태평양 지역 국가군ACP'과 체결한 코토누 협정The Cotonou Agreement으로 연결됐다. 하지만 유럽연합은 2017년 12월에 카리브공동체CARICOM의 네 개 회원국인 바베이도스, 그레나다, 세인트루시아, 트리니다드토바고가 포함된 조세 피난처 블랙리스트를 만들었다.

중국은 원자재에 대한 갈증으로 이 지역 국가들의 무역 파트너가 되고 있다.

이 지역의 수입은 관광 수입이 상당 부분을 차지하지만, 정기적으로 이상 기후(지진, 허리케인)에 노출되고 있다. 따라서 기후 교란에 특히 관심이 많다.

안정을 추구하는 중앙아메리카

중앙아메리카 연방은 1821년에 독립했다. 하지만 이 연합은 몇 년 후 해체됐다. 두 아메리카 대륙 사이에서 가교 역할을 하는 이 지역에는 7개의 국가, 즉 벨리즈(유일한 비스페인어권 국가), 코스타리카, 과테말라, 온두라스, 니카라과, 파나마, 엘살바도르가 있다.

바나나 공화국

20세기는 군사 정권, 정치적 폭력, 사회적 부조리, 인디언에 대한 차별, 미국의 지배 등으로 특징지어진다. 지역적인 통합 노력은 꾸준히 실패했다. 1991년에 중미통합체제Sistema de la Integración Centroamericana, SICA를 수립하는 조약을 체결했지만, 그 성과는 현재 구체적이라기보다는 선언적으로 남아 있다.

20세기 초, 미국은 자국의 이익을 위해 이 작은 국가들의 주권을 침해했다. 특히 주요 농산물 관련 대기업들이 경제적 이익을 유지하려고 정치적 영향력을 행사했다. 이때부터 법적으로는 독립 국가지만 바나나 등 1차 상품 수출에 의존하며 외국 자본에 예속된 국가를 '바나나 공화국Banana Republic'이라고 일컫게 됐다. 1899년 설립된 바나나를 주로 취급하는 회사인 '유나이티드 프루트 컴퍼니United Fruit Company'는 실제로 주권이 있는 국가들을 상대로 회사의 의지를 강요했다. 미국 대사는 이 지역 내에서 사실상 국가 권력을 가진 총독으로 여겨졌다.

1903년 미국은 콜롬비아에 불공정한 조약을 요구했다. 콜롬비아의 파나마에 건설될 파나마 운하 중 폭 6마일에 해당하는 지역의 사용권을 99년간 미국에 양도하라고 요구한 것이다. 콜롬비아가 이를 거절하자, 미국은 파나마가 콜롬비아로부터 분리 독립할 수 있도록 도와주었고, 그 후 1999년까지 신생 독립국 파나마 정부를 사실상 통제했다. 1978년 보다 도덕적인 외교를 원한 지미 카터Jimmy Carter 대통령은 파나마의 지도자 오마르 토리호스Omar Torrijos와 1999년에 파나마 운하 통제권을 파나마 정부에 넘겨주겠다는 조약을 체결했다. 미국은 파나마 운하 임대를 위해 지불한 비용으로 같은 기간 대비 이 국가의 GDP보다 훨씬 높은(1.2~3.7배) 운영 수익을 거두어 갔다.

1904년 시어도어 루스벨트는 먼로주의에 미국이 카리브 제도와 중미 국가에 개입할 수 있는 권한을 부여하는 것으로 해석할 수 있는 단서를 추가했다. 힘이 완전히 불균형했기에 이 국가들은 거부할 수 없었다. 이렇게 해서 미국은 니카라과에 무력 개입(1902년과 1934년)했다.

냉전의 중요성

냉전 및 소련과의 경쟁으로 인해 미국은 소련의 잠재적 동맹국으로 의심되는 극좌파 정권이나 운동에 대한 통제와 투쟁을 강화했다. 그에 따라 과테말라의 하코보 아르벤스구스만Jacobo Arbenz-Guzmán이 이끈 민족주의 성향의 극좌파 정권이 1954년 무력으로 전복됐다. 쿠바 혁명, 소련과 쿠바의 동맹, 게릴라의 세력 확장으로 인해 미국은 사회적 요구보다 정치적 요구에 따라 억압적인 군사 정권을 수립하거나 지지하게 됐다. 게릴라들은 더 나은 토지 분배나 인디언의 권리 인정 등 사회적 요구를 주장한다. '중앙아메리카의 스위스'라 불리며 군대가 없는 국가인 코스타리카만이 이러한 폭력의 순환에서 벗어나 상대적인 번영과 진정한 안정을 누리고 있다.

새로운 시대?

1979년 지미 카터는 니카라과의 소모사Somoza 독재 정권에 대한 지원을 거부하고, 마르크스주의의 산디니스트 게릴라(쿠바와 연결되어 있다)가 니카라과 정권을 장악하게 내버려 두었다. 그의 뒤를 이은 로널드 레이건은 반혁명 게릴라 세력인 콘트라Contra를 지원하고 간접적으로 개입하여(니카라과 항구에 지뢰를 설치했는데, 국제사법재판소는 이를 불법으로 간주했다) 산디니스트 정권을 전복하려 했다. 특히 1960년대에는 니카라과, 엘살바도르, 과테말라에서 동서 충돌을 바탕으로 폭력 사태가 난무했다(20만 명 사망). 군대와 준군사 조직이 맹목적이고 불분명한 방식으로 폭력 사태를 진압했다.

1989년 12월, 미국은 한때는 충실하게 지원했던 파나마를 공습하여 마약 밀매 연루 혐의를 받은 마누엘 노리에가Manuel Noriega 정권을 전복하려 했다. 냉전 기간에 미국은 라틴아메리카 군대의 반게릴라 작전 훈련을 위해 파나마에 군사 학교 SOAschool Of Americas를 설립했다. 반공 이데올로기를 퍼뜨리고 수많은 미래의 독재자를 양산한 이 학교는 1984년 미국으로 철수됐다.

국제 관계가 전반적으로 진전하여 간섭이 덜 받아들여지고 냉전 종식에 대한 필요성이 줄어들자, 미국은 군부 독재에 대한 지원이나 통제를 줄였다. 니카라과 산디니스트는 1990년 선거 원칙을 받아들였고, 정권과 게릴라 간에 평화 협정을 체결했다(엘살바도르 1992년, 과테말라 1996년).

미국의 질서에 대한 반발(1959~1992년)

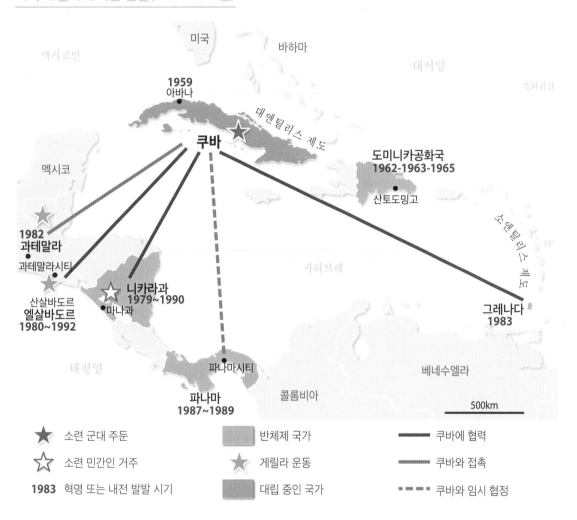

★	소련 군대 주둔		반체제 국가		──	쿠바에 협력
☆	소련 민간인 거주	★	게릴라 운동		▬▬▬	쿠바와 접촉
1983	혁명 또는 내전 발발 시기		대립 중인 국가		▪▪▪▪	쿠바와 임시 협정

과테말라는 1992년 벨리즈를 인정했다. 1969년에 짧은 전쟁으로 대립했던 온두라스와 엘살바도르는 영토 분쟁을 해결했다. 그러나 코스타리카를 제외하고, 이 지역은 여전히 저개발, 세계 최고의 우범 지역 중 하나일 만큼 높은 살인율(온두라스는 인구 10만 명당 94명이 살인범이라는 기록을 가지고 있다), 마약 밀매, 미국이라는 엘도라도로 향하는 대량 (불법) 이주민 행렬(엘살바도르인의 3분의 1이 미국에 거주)로 특징지어진다. 세계평화지수GPI에 따르면 사람과 재산에 대한 폭력의 예방과 복구에 사용되는 지출은 온두라스의 경우 GDP의 20%, 엘살바도르는 15%, 과테말라는 9%, 파나마는 7%를 차지한다.

베네수엘라의 우고 차베스Hugo Chávez 대통령은 2013년 사망하기 전까지 광범위한 기반 시설 확충 프로젝트를 제안하고 석유를 싼 가격에 제공하여 이 지역에서의 영향력을 확대하려 했지만, 베네수엘라 위기는 이러한 시도를 끝내 버렸다.

중국은 냉전 동안 반공산주의로 중앙아메리카와 가까워진 대만에 맞서 이 지역 내에서 존재감을 드러내고 싶어 했다. 20세기가 끝날 때까지 대만의 자산은 중앙아메리카의 작은 나라들에게 매력적이었지만, 결국 인민 중국의 발전은 힘의 균형을 바꾸어 놓았다. 코스타리카와 파나마 그리고 니카라과는 베이징과 관계를 맺으려고 대만과의 관계를 끊었다.

성공적인 통합 모델이며 미국보다 덜 억압적인 협력과 지원을 제안하는 유럽 역시 이 지역 내에서 존재감을 드러내려 노력하고 있다.

과테말라, 온두라스(2009년에 군사 쿠데타로 좌파 정권이 무너졌고, 부정 선거 의혹이 있다), 파나마는 정치적으로 우파로 향하고 있다. 코스타리카, 니카라과, 엘살바도르는 정치적으로 좌파 또는 중도 좌파로 향하고 있다. 온두라스와 니카라과는 모두 독재 정권을 경험한 바 있다.

안데스 아메리카, 새로운 출발

그란콜롬비아(Gran Colombia, 또는 대(大)콜롬비아)는 1819년에 남아메리카 연방 공화국을 꿈꾸었던 이 지역 수호자인 시몬 볼리바르(Simón Bolívar)의 지휘 아래 스페인으로부터 독립했다. 그리고 1830년 베네수엘라와 에콰도르가 그란콜롬비아로부터 분리 독립했다.

미국과의 분열

콜롬비아, 에콰도르, 베네수엘라(2011년 4월까지), 페루, 볼리비아는 1997년에 창설된 안데스공동체(CAN)에 참가했다. 안데스공동체는 공동 시장 정책 수립을 목표로 한다. 하지만 국가 간 차이는 공통된 외교 정책을 정의하는 데 걸림돌이 됐다. 자유 무역 지역(1993년)과 관세 동맹(1995년)을 강화하여 2015년에는 이 지역 내 사람들의 자유로운 왕래가 확립됐다. 2008년 안데스공동체는 남미공동시장(메르코수르)과 협정을 체결했다.

페루와 콜롬비아는 미국과 화해 정책을 시도했지만, 볼리비아와 에콰도르는 이를 꺼렸다. 하지만 도널드 트럼프가 대통령이 되고 라틴아메리카 이민자에 대해 적대적인 연설을 하면서 이 국가들은 미국에 맞서기 위해 공동 전선을 펼치게 됐다. 따라서 미국과의 관계는 본질적으로 갈라진 상태다.

에콰도르와 볼리비아에서는 각각 라파엘 코레아(Rafael Correa)와 에보 모랄레스(Evo Morales)가 정권을 잡으면서 좌파 지향 정치를 시작했고, 원주민 권리, 빈곤 퇴치, 미국으로부터의 독립을 주장했다.

2009년 베네수엘라, 아르헨티나, 브라질, 볼리비아, 에콰도르, 파라과이, 우루과이가 함께 설립한 남미은행은 베네수엘라의 수도인 카라카스에 본부를 두고 있으며, 국제통화기금과 세계은행의 영향력에 대응하고자 설립됐다.

자유주의 정책으로 미국과 가장 가까

경제적으로 분열된 지역

운 페루와 콜롬비아는 도널드 트럼프보다 버락 오바마와 함께하는 것이 더 수월했다. 콜롬비아는 1950년대부터 억압적인 정치와 더불어 폭력 사태에 빠져 있었다. 하지만 이 국가의 진정한 약점은 마르크스주의 게릴라들(콜롬비아 무장혁명군FARC), 극우파 준군사 조직들, 21세기 초에 부패와 극단적인 폭력으로 인해 상당한 비중을 차지했던 마약 카르텔에 있다.

후안 마누엘 산토스(Juan Manuel Santos) 대통령은 2016년 9월 콜롬비아 무장혁명군과 평화 협정을 체결하여 같은 해에 노벨 평화상을 수상했고, 마약 카르텔과 준군사 조직은 영향력을 잃었다. 2018년

불의 고리

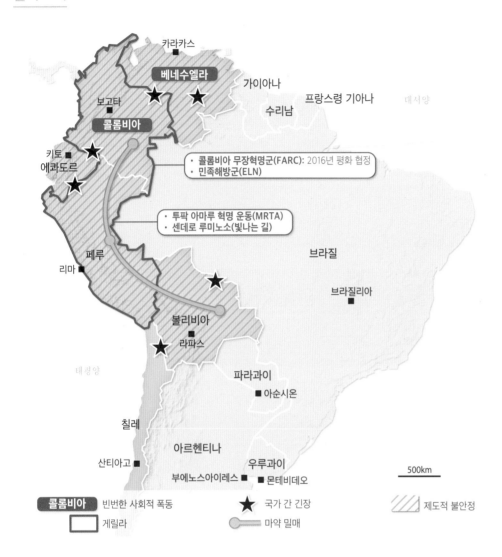

카라카스

베네수엘라

가이아나

프랑스령 기아나 　대서양

보고타 　수리남

콜롬비아

키토 ■

에콰도르

• 콜롬비아 무장혁명군(FARC): 2016년 평화 협정
• 민족해방군(ELN)

• 투팍 아마루 혁명 운동(MRTA)
• 센데로 루미노소(빛나는 길)

브라질

페루

리마 ■

브라질리아 ■

볼리비아

라파스

태평양

파라과이

아순시온 ■

칠레

아르헨티나

우루과이

500km

산티아고 ■

부에노스아이레스 ■ 　■ 몬테비데오

콜롬비아	빈번한 사회적 폭동	★ 국가 간 긴장	//// 제도적 불안정
☐	게릴라	⬤— 마약 밀매	

에는 이 협정에 대해 반대 입장을 취하는 이반 두케Iván Duque가 대통령으로 선출됐다.

차베스 시대

1999년 우고 차베스는 베네수엘라에서 민주적으로 권력을 잡았다. 볼리바르의 사회주의를 주장하는 차베스는 라틴아메리카 통합을 지지했고, 동시에 당시 미국 대통령이던 조지 W. 부시의 정치를 제국주의로 간주하면서 미국과 대립했다. 이라크 전쟁과 관타나모 포로수용소 개설은 그의 반미 성향을 더욱 강화했다.

워싱턴과 카라카스의 파란 많은 관계도 베네수엘라가 미국의 주요 석유 공급국 중 하나로 남게 되는 것을 막지는 못했다.

유가 상승(이라크 전쟁의 결과)과 국제적 수요 증가로 상당한 자원을 확보한 우고 차베스는 관대한 사회 정책을 펼치고 국제 무대에서 적극적으로 행동하고 영향력을 강화했다. 2013년 차베스가 사망한 후에 베네수엘라는 심각하게 분열됐다. 그의 뒤를 이은 니콜라스 마두로 Nicolás Maduro는 카리스마도, 정당성도 없었다. 유가는 폭락했지만, 나라의 석유 의존도를 줄이기 위한 대책은 아무것도 없었다. 베네수엘라의 위기는 폭력과 정치적 혼란 속에서 더욱 악화되고 있다.

코노 수르, 힘의 중심?

남아메리카 최남단 지역인 코노 수르Cono Sur는 아르헨티나, 브라질, 칠레(안데스산맥으로 이 지역에 연결되어 있다), 파라과이, 우루과이 등 다섯 나라로 이루어져 있다. 브라질은 현재의 어려움에도 불구하고 이 지역의 강국이다.

지역 리더십 전쟁

브라질과 아르헨티나는 오래전부터 지역 패권을 두고 다퉈 왔고, 우루과이와 파라과이는 이러한 강한 두 이웃 국가와 적절한 행동반경을 유지하려고 주의를 기울이고 있다.

1494년 교황은 이 지역에 대한 포르투갈과 스페인 간의 경계선을 설정했다. 스페인어를 사용한 지방들은 독립하면서 그들의 동질성을 유지하지 못했지만, 브라질은 연방제를 유지하며 남아메리카의 강대국이 됐다. 유럽적인 특징이 강하고 개발이 잘된 비혼혈 국가인 아르헨티나는 오랫동안 브라질을 얕잡아 보았지만, 세계화로 인해 이 지역에서 두각을 나타낸 후에도 힘의 관계를 바꾸지는 못했다. 우루과이는 독립하기 위해 두 거대국 간의 경쟁을 이용했다면, 파라과이는 삼국 동맹(브라질, 아르헨티나, 우루과이)과의 전쟁(1864~1870년)에서 패해 두 이웃 국가에 영토 일부를 빼앗겼고 이후 볼리비아와의 차코 전쟁(1932~1935년)으로 또다시 영토 일부를 빼앗겼다.

냉전 이후 민주주의 체제 수립

냉전과 쿠바 혁명의 확산을 우려한 미국은 공산주의와 싸운다는 명분으로 이 지역에 군사 독재를 수립(브라질 1964년, 파라과이 1954년, 우루과이 1973년, 아르헨티나 1976년)하고 지원했다. 1973년 미국 중앙정보국은 칠레의 살바도르 아옌데Salvador Allende 정권을 전복하려고 아우구스토 피노체트Augusto Pinochet 장군을 돕기도 했다. 살바도르 아옌데는 1970년 선거로 대통령이 됐으며, 게릴라가 아닌 합법적인 방법으로 사회주의로의 전환을 주장했다. 이러한 군부 체제들 사이에 안보와 억압에 대한 협력이 이루어지고 있었다. 지미 카터는 인권을 지킨다는 명분으로 이 체제들과 거리를 두었고, 냉전 종식은 정권 교체로 이어지면서 완전한 민주주의 체제 수립을 이끌었다.

아르헨티나 정치는 1946년에 사회 정의, 권위주의, 개인숭배에 기초한 대중 운동으로 대통령 선거에서 승리한 후안 페론Juan Perón이라는 인물로 특징지어진다. 민족주의, 반공산주의, 보호주의는 극우파와 극좌파를 한데 모아 전통적인 정치적 대립을 뒤섞어 놓았다. 후안 페론은 1955년 쿠데타로 해외로 추방됐다가, 1973년에 다시 권력을 잡았다.

아르헨티나는 1982년 호르헤 라파엘 비델라Jorge Rafael Videla의 군사 독재 아래서 영국령이던 포클랜드 제도의 정복 작전을 시작했다. 포클랜드 제도가 영국으로부터 멀리 떨어져 있는 데다 낮은 중요도(주민 1,800명) 때문에 성공할 수 있으리라 예상했던 것이다. 하지만 영국 총리 마거릿 대처는 이를 원칙의 문제라고 여겼다. 아르헨티나 군대는 굴욕적으로 패배했고, 이는 권력의 몰락으로 이어졌다. 미국은 아르헨티나와 상호 협조 조약을 체결한 상태였음에도 서구 국가와의 동맹을 더 우선시했고, 코노 수르 국가들 역시 아르헨티나를 배신했다.

1999년 이 지역은 심각한 경제 위기를 겪었고, 결국 군부 체제, 독재 체제는 붕괴했다. 정권 교체는 무력이 아닌 투표를 통해 이루어졌다. 이 지역 국가들의 주요 목적은 (칠레의 경우에는 최소한으로) 미국과 거리를 유지하는 것이었다. 그들은 1994년 1월 1일에 발효된 미국과 캐나다와 멕시코 사이에 자유 무역 지대를 만드는 조약인 북미자유무역협정에 가입하기를 거부했다. 아르헨티나와 브라질은 칠레가 참여하지 않은 메르코수르를 만들기 위해 그들의 경쟁국을 제쳐두는 데 동의했다.

이 지역 국가 간의 무역을 방해하던 보호무역주의의 종료에 따른 경제적 보상 외에도, 메르코수르는 민주주의 시스템을 바탕으로 정치적 영향력을 가졌다. 메르코수르는 1990년대 말 우루과이에서의 군사 쿠데타를 막을 수 있었으며, 부에노스아이레스와 브라질리아의 경쟁을 줄일 수 있었다(아르헨티나는 브라질과 직접 힘겨루기를 하지 않기로 했다). 베네수엘라 또한 이 흐름에 동참했는데, 현재의 지도자인 니콜라스 마두로의 독재 폭정 이후 빠지게 됐다.

21세기 초의 강력한 경제 성장

21세기 초, 이 지역은 세계화와 원자재 가격 상승 덕분에 경제적으로 크게 성장했다. 원자재 수요가 큰 중국은 이 지역에서 자국의 위상을 강화하고 협력 관계를 확대하고자 했다. 메르코수르는 유럽연합과 협약을 체결했다. 회원국들은 이 협약이 미국의 제약을 느슨하게 할 것이라고 생각했다.

코노 수르: 개발과 경제적 어려움 사이에서

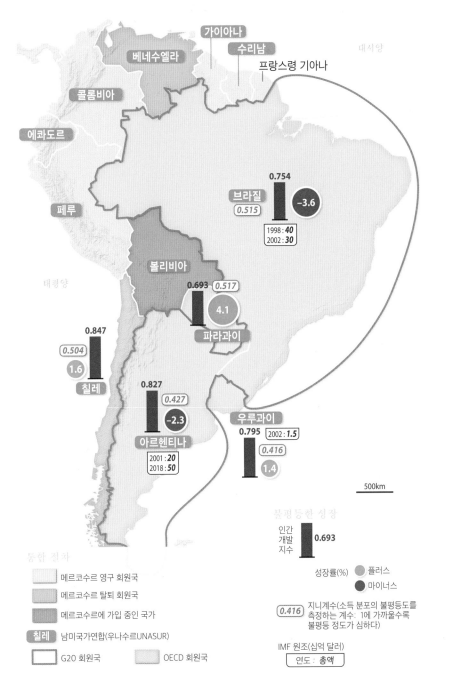

통합 절차
- 메르코수르 영구 회원국
- 메르코수르 탈퇴 회원국
- 메르코수르에 가입 중인 국가
- **칠레** 남미국가연합(우나수르UNASUR)
- G20 회원국
- OECD 회원국

불평등한 성장

인간개발지수 **0.693**

성장률(%) ● 플러스 ● 마이너스

0.416 지니계수(소득 분포의 불평등도를 측정하는 계수: 1에 가까울수록 불평등 정도가 심하다)

IMF 원조(십억 달러)
연도 : 총액

500km

	면적(km²)	인구	GDP(백만 달러)
브라질	8,514,877	207,847,528	1,774,725
아르헨티나	2,780,400	43,416,755	548,055
칠레	756,102	17,948,141	240,216
파라과이	406,752	6,639,123	27,623
우루과이	176,215	3,431,555	53,443

브라질은 루이스 이나시우 룰라 다 시우바Luiz Inácio Lula da Silva 대통령의 두 번의 임기 동안 빈곤 감소와 국제 영향력 확장을 바탕으로 번영을 경험했다. 이 덕분에 유엔 안보리 상임 이사국의 합법적인 후보가 될 수 있었다. 룰라 대통령은 브라질이 러시아, 인도, 중국, 남아프리카공화국과 더불어 브릭스 회원국이라는 새로운 지위를 갖길 원했다. 룰라 대통령은 50여 개국에 대사관을 열었고, 국가 번영의 상징이라 할 수 있는 월드컵(2014년)과 올림픽(2016년)을 개최했다. 브라질은 아르헨티나와 대조적으로 IMF에 국가 부채를 갚는 것을 받아들임으로써 서구 국가들과의 대치를 피했다.

2010년 그를 이어 대통령이 된 지우마 호세프Dilma Rousseff는 자신만의 정치 철학을 갖지 못했고 경제적, 사회적 위기에 직면해야 했으며, 이는 정치적 위기로 바뀌어 결국 대통령 탄핵으로 이어졌다. 브라질 정치 체제는 엘리트들이 룰라의 재분배 정책을 받아들이지 않았기에 실질적인 의제 없이 부정부패한 무수한 정당들로 분열되고 말았다. 룰라 전 대통령 역시 부패 혐의로 구속됐다. 그러나 국가 규모와 인구 통계는 농업 및 석유 자원과 결합되어 이 나라의 산업 기반으로서 앞으로 발전의 토대가 될 것이다.

우루과이는 2009년 호세 무히카José Mujica가 대통령에 당선된 이후 독창적인 정책을 개발하며 존재감을 확인하기 시작했다. 호세 무히카 대통령은 최저 임금을 250% 인상하고, 빈곤율을 40%에서 11%로, 실업률을 13%에서 7%로 낮추었으며, 보수적인 종교(가톨릭교와 복음주의)가 널리 퍼진 이 지역에서 동성 결혼, 대마초 소비 합법화 등 과감한 사회 정책을 추진했다.

마그레브,
통합이 불가능한 지역?

마그레브(Maghreb, 아랍어로 해가 지는 곳, 즉 서쪽을 의미)는 지리학자들이 이집트를 제외한 아프리카 서북부 지역을 가리키는 데 사용하는 용어이며, 프랑스인들은 그들이 지배했던 알제리, 모로코, 튀니지, 모리타니를 가리키는 데 사용했고, 이탈리아가 정복했던 리비아가 독립한 후 이 지역에 포함됐다.

저지된 통합

통합에 유리한 요소가 많지만, 민족이라는 결정적인 기준으로 서로를 구분 짓는 이 지역 국가들은 식민 지배가 끝나면서 정치적, 전략적으로 너무도 다른 여정을 거쳐 왔다.

아프리카 대륙과 아랍 세계에 동시에 속한 마그레브는 이두 집단의 정체성을 뚜렷이 유지하면서 유럽과 가깝다는 특징이 있다. 이 5개국은 아랍연맹과 아프리카연합AU 회원국이며, 모로코는 이들이 사하라아랍민주공화국(SADR, 모로코와 영토 분쟁 중인 미승인국)을 승인했다는 이유로 탈퇴했다가 재가입했다.

마그레브의 면적은 6백만km²에 이르며 인구는 9천만 명이다. 교육을 잘 받은 튀니지, 모로코, 알제리의 젊은이들은 사회 정의와 자유를 열망하여 유럽으로의 망명을 꿈꾼다.

마그레브는 고대 베르베르족Berber의 문화유산, 7세기 아랍이 이 지역을 정복한 이후의 아랍-이슬람 문화 그리고 식민 시대의 유산인 서구 문화의 영향력을 공유하고 있다.

1989년 이 5개국은 아랍마그레브연합AMU을 창설하는 조약에 서명했다. 이 기구의 목적은 지역 경제 통합에 기여하고, 특히 유럽을 비롯한 외부 행위자에 대한 가중치를 확대하고 정치적 협력을 강화하는 것이다. 특히 기반 시설과 관련된 여러 가지 대규모 프로젝트가 거론됐지만, 심각한 정치 분열로 실현되지 못했다. '5+5회담(이들 5개국과 유럽 5개국(프랑스, 이탈리아, 스페인, 포르투갈, 그리스)의 회담)'이 개최됐으나 마그레브 내부, 특히 모로코와 알제리 간의 분열과 무아마르 알 카다피Muammar al-Qaddafi가 집권한 리비아의 혼란스러운 행동 때문에 별다른 성과를 거두지 못했다.

식민 통치자에 대항하는 단결은 냉전으로 산산조각이 났다. 치열한 투쟁으로 독립을 획득했다는 명성을 얻은 알제리는 남부 국가의 챔피언이자 비동맹운동NAM과 제3세계의 주도국임을 자처하지만, 소련 및 혁명 정권들과 연결돼 있다.

모로코 역시 비동맹운동 회원국이지만 서구에 가까운 보수적인 군주국이다. 튀니지는 서구 세계에 대해 온건한 입장이고 더 신중하게 관계를 맺고 있지만, 그 정체성을 부인하지는 않는다.

알제리와 모로코 간 경쟁은 1975년에 스페인이 떠나면서 남긴 사하라 문제를 둘러싸고 구체화됐다. 사하라 지역에 대한 주권을 주장한 모로코 왕 하산 2세Hassan II는 민간인에 의한 평화로운 영토 정복을 목적으로 '녹색 행군Green March'을 시작했다. 서사하라 독립을 주장하는 폴리사리오전선Polisario Front은 알제리의 지원을 받았다. 1984년 사하라아랍민주공화국이 아프리카통일기구OAU에 입회하자 모로코가 탈퇴했으나 2017년에 재가입했다. 모로코는 사하라 영토의 80%를 관할하고 있으며, 개발을 가속화하고자 그 지역에 상대적 자치권을 부여했다. 독립을 요구하는 충돌이 계속되고 있는 알제리는 지역 통합을 가로막고 있다.

리비아 사태

리비아의 카다피 대령은 1969년 이드리스 왕을 몰아내고 혁명 정권인 '자마히리야Jamahiriya'를 설립하여 모든 권력을 집중시켰다. 아랍과 아프리카 세계의 지도자임을 자처한 이 나라는 서방 세계에 대해 민족주의적인 반대 입장을 취해 오다가, 전면적이고 폭력적이며 비합리적인 반대 입장으로 바뀌었다. 1970년대에 석유로 상당한 수입을 벌어들인 카다피는 혁명과 테러 활동을 바탕으로 국제적인 야망을 키워 갔다. 하지만 세계는 그의 리더십을 인정하지 않았다. 2011년 아랍 혁명의 물결 속에서 카다피는 군중의 반란을 피로 진압하려 했다. 중국과 러시아의 기권으로 채택될 수 있었던 유엔안전보장이사회 〈결의안 1973호〉는 민간인을 보호하기 위해 비행 금지 구역에 한하여 군사 개입을 허용했다. 프랑스와 영국은 리비아의 정권 교체를 결정했고, 이는 2011년 10월 카다피 사살로 이어졌다. 그 후로 민주주의의 꿈은 사라지고 리비아는 혼란에 빠졌다.

다양한 정치 발전

튀니지의 하비브 부르기바Habib Bourguiba 대통령은 강력한 지도력으로 경제 발전과 대다수 국민의 문맹 퇴치를 이루었다. 1987년 부르기바를 밀어내고 대통령이 된 제인 엘 아비디네 벤 알리Zine el-Abidine Ben Ali는 국가의 근대화를 추진했지만, 결국 독재와 부패 혐의로 2011년에 축출됐다.

마그레브 5개국은 뚜렷이 구분되는 정치적 발전을 겪었다. 알제리는 1990년대에 권력을 찬탈하려던 이슬람교도들을 군대가 무자비하게 진압했던 내전의 끔찍한 기억을 안고 변화를 갈망하고 있다. 무장이슬람그룹GIA과 군대 간의 치열했던 내전은 20만 명가량의 사망자를 냈다. 1999년에 권력을 잡은 압델라지즈 부테플리카Abdelaziz Bouteflika는 국가 화해 정책으로 대규모 폭력 사태를 종식했다. GIA는 알 카에다 이슬람 마그레브 지부AQIM로 바뀌었다. 정치 및 경제 개혁의 부재는 정치 폭력이 되살아날지도 모른다는 두려움과 불만을 부추기고 있다.

리비아는 혼돈에 빠져 있다. 모로코의 군주는 매우 통제된 개방 정책을 폈다. 비록 경제적, 지역적 불평등이 불만을 야기하기는 했지만, 군주제로 인해 공고해진 정치적 안정과 경제적 현대화의 혜택을 누리고 있다. 모로코는 유럽과 사하라 사막 이남의 아프리카 사이에서 가교 역할을 하고자 한다. 튀니지는 경제적 어려움에도 불구하고 민주주의를 향한 개혁을 계속하고 있다. 하지만 혁명으로 인한 외국인 투자 감소와 2013~2014년의 테러로 인한 관광객 감소, 리비아와의 경제 교류 중단으로 침체기에 빠져 있다.

마그레브 국가들의 자원

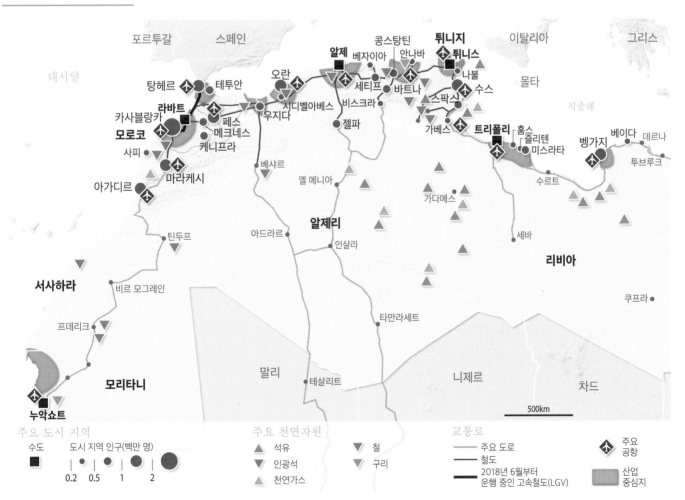

마쉬리크, 혼돈의 지역?

마쉬리크(Mashriq, 해가 뜨는 곳, 즉 동쪽을 의미)는 아랍 세계의 동쪽 관문이다. 마쉬리크는 이집트, 요르단, 이라크, 레바논, 시리아 및 팔레스타인으로 구성된다. 마그레브와 달리 이 지역에는 여러 종교가 있다. 이 지역의 역사는 제1차 세계 대전 이후 오스만 제국의 영토 분할에 참여한 영국과 프랑스 관리의 이름을 딴 사이크스피코 협정으로 특징지어진다. 국제연맹이 부여한 위임통치권으로 프랑스는 레바논과 시리아를, 영국은 이라크, 트란스요르단, 팔레스타인을 통치했다.

이집트, 극도로 불안정한 나라

이집트는 1922년 독립 국가로 인정받을 때까지 영국의 보호령이었다.

가말 압델 나세르Gamal Abdel Nasser 대령은 1954년 이집트의 실력자로 부상하여 제3세계 및 민족주의 정치 노선을 발전시켰다. 서구 이익에 반대하여 1956년 수에즈 운하를 국유화하면서 나세르의 인기는 이집트 국경 너머로 확장됐다. 이집트는 소련과 더 가까워졌으며, 비동맹운동에서 주도적 역할을 했다.

나세르의 뒤를 이은 안와르 사다트Anwar Sadat는 소련과의 동맹이 현 상태를 변화시켜서 1967년에 이스라엘이 차지한 시나이반도를 되찾는 데 도움이 되지 않을 것이라고 판단했다. 그리하여 소련과의 동맹을 깨고 미국과 가까워지려고 이스라엘과 평화 협약(1978년 캠프 데이비드 협정)을 체결했다. 이로 인해 이집트는 아랍연맹에서 제명됐다. 미국과의 동맹(이집트에 대한 경제적, 전략적 원조를 가능하게 했다)은 이집트 정치의 주요 사안이 됐고, 2012년과 2013년 사이에 무슬림형제단이 일시적으로 권

마쉬리크, 부유하지만 불안정한 지역

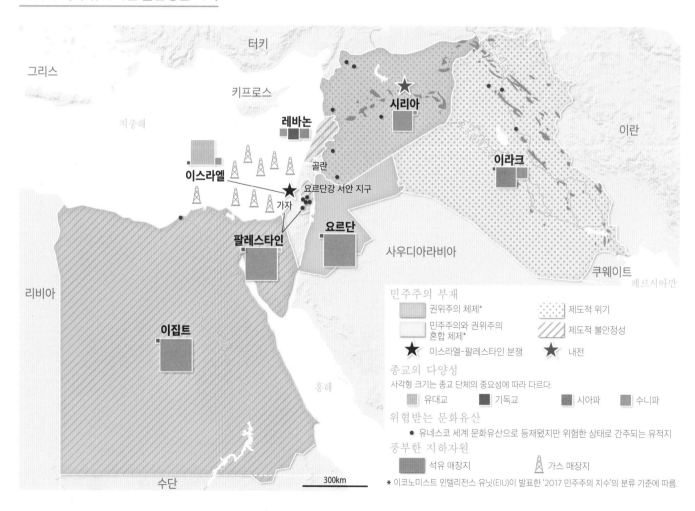

력을 잡았을 때조차 이에 대해서는 흔들림이 없었다.

2011년 2월의 민중 혁명은 1981년에 암살된 사다트의 뒤를 이은 호스니 무바라크Hosni Mubarak 정권을 무너뜨렸고, 2012년에 처음으로 대통령 자유선거가 치러졌다. 무슬림형제단 소속 후보인 무함마드 무르시Mohamed Morsy가 당선됐지만, 이 정권은 2014년 7월 압델 파타 엘시시Abdul Fatah al-Sisi 국방 장관이 주도한 쿠데타로 전복됐다. 엘시시는 독재 체제를 수립했다. 하지만 이집트가 전략적 중심지라고 믿는 서방 국가들은 그의 억압적인 정치를 못 본 척했다. 2018년 3월 엘시시 대통령은 경제적 어려움과 안보 문제가 점점 커져 가는 가운데 실질적인 경쟁자가 없는 선거에서 재선됐다.

시리아와 이라크의 혼란

각각 1932년과 1946년에 독립한 이라크와 시리아에서 권력을 장악한 것은 바트당Ba'ath Party이었다. 바트당은 세속주의, 민족주의, 범아랍주의를 내세웠다. 이러한 공통점과 모스크바와의 관계에도 불구하고 이라크와 시리아는 서로 적이었다. 이라크에서는 소수 수니파(인구의 17%로 쿠르드족과 거의 비슷한 비율) 출신 사담 후세인이 권력을 장악했다. 시리아에서는 알라위파(인구의 10%로 시아파와 가까운 소수 민족) 출신 하페즈 알 아사드가 국가 수장이 됐다. 그는 1980년부터 1988년까지 이어진 이라크 전쟁 동안 이란과 동맹을 맺었다. 시리아는 이스라엘과 전략적으로 동등한 위치에 있고 싶었지만, 불가능함을 깨달았다. 1973년 이스라엘이 골란고원을 점령한 이후로 시리아는 이스라엘에 대한 강한 적대감을 유지했지만,

여전히 말로만 적대감을 표현하고 있다.

이라크는 사담 후세인이 일으킨 전쟁(이란과 쿠웨이트를 상대로 일으킨 전쟁)과 1991년부터 2003년까지 서방 국가들이 취한 금수 조치 및 2003년 미국이 시작한 전쟁으로 완전히 폐허가 됐다. 현재 이란의 영향력 아래에서 이라크의 국가 구조는 매우 취약해졌다.

2000년 아버지의 뒤를 이어 시리아 대통령이 된 바샤르 알 아사드는 민주주의와 사회 정의를 요구하는 반정부 시위에 부딪혔다. 그는 벤 알리(튀니지), 무바라크(이집트)와 같은 운명에 처하는 것이 두려워 무자비한 억압 정책을 선택했다. 치열하고 잔혹한 내전으로 반대 세력은 더욱 과격해졌으며, 지하드는 더욱 쉽게 세력을 확장했다. 시리아 내 갈등은 점점 국제적으로 번지고 있다. 알 아사드에 반대하는 아랍 국가들과 터키는 급진적인 단체들을 지원한다. 서방 국가들은 군대와 저항 세력에 실질적인 도움을 주지 않고 정권 남용을 비난한다. 러시아와 이란은 알 아사드 정권을 지지하고 있다.

수니파 지하디즘은 이라크와 시리아 영토(약 20만km²) 일부에 이슬람국가ıs를 세웠다. 그들은 명목상 사이크스피코 협정 폐지를 주장하지만, 주로 이라크 권력에서 배제되거나 시리아 정권에 의해 탄압받는 수니파의 원한을 갚기 위해 움직인다. 이슬람 단체를 소탕하고자 시리아 정권의 지지자들과 반대자들이 한데 모여 국제적인 동맹을 만들고 있다. 하지만 바샤르 알 아사드는 자신의 국가를 파괴하고 40만 명의 사망자를 낸 전쟁을 대가로 여전히 정권을 유지하고 있으며, 인구의 절반을 난민으로 만들고 있다.

레바논, 요르단: 어려운 환경에서의 생존

시리아는 레바논의 독립을 결코 인정하지 않으며, 레바논을 단지 '더 큰 시리아'의 일부라고 생각한다. 18개의 공동체 사이에서 힘겹게 권력을 유지하고 있는 레바논은 몰려드는 팔레스타인 난민 때문에 더욱 불안정해졌다. 결국 1975년에 내전이 터졌고, 기독교인들의 요청에 따라 시리아가 개입했다. 1982년 이스라엘이 내전에 개입한 이후로 수적으로 가장 많지만 가장 가난한 공동체인 시아파는 이란이 후원하는 정치 운동이자 무장 민병대인 헤즈볼라를 중심으로 조직을 정비하기 시작했다. 시리아 정권의 소행으로 여겨지는 수니파 출신 레바논 총리 라피크 하리리Rafik Hariri 암살 사건 이후 프랑스와 미국의 지지로 통과된 유엔 결의안은 시리아에 대해 레바논에서 철수할 것을 강요했다. 현재 150만 명의 시리아 난민을 수용하고 있는 레바논은 기적적일 정도로 취약한 상태다.

인구 대다수가 팔레스타인 출신인 요르단은 이집트와 더불어 이스라엘과 평화 협정을 맺은 유일한 아랍 국가다. 요르단은 국가와 군주제의 안전을 미국과의 관계에 의존하고 있다.

마쉬리크의 이집트, 시리아, 이라크는 과거에는 튼튼한 국가 구조와 국제적 역량을 지닌 비교적 강한 국가였다. 이집트는 현재 상황이 좋지 않으며, 다른 두 국가는 재건해야 하는 상황이다. 그들의 국제적 지위는 과거 국력과는 아무런 관련이 없다. 요르단과 레바논은 각기 다른 이유로 허약한 상태지만, 지금으로서는 최악의 고통에서 간신히 빠져나왔다.

페르시아만의 위태로운 안정성

이슬람 신학자 무함마드 이븐 압둘 알 와하브Muhammad Ibn Abd al-Wahhab는 18세기에 엄격한 이슬람의 근원으로 돌아가야 한다고 주장하며 이븐 사우드Ibn Saud와 동맹을 맺었다. 왕족인 사우드 가문은 19세기 초에 이슬람 성지인 메디나와 메카를 정복하면서 아라비아반도에서 영향력을 확대해 갔다. 페르시아만의 다른 국가들이 영국의 통치를 받던 상태에서, 1932년 사우디아라비아 왕국이 세워졌다. 상대적으로 힘이 약해진 영국은 수에즈 동부에서 군대를 철수하기로 했다. 그로 인해 작은 토후국들의 독립이 가능했다. 이들 중 7개국이 아랍에미리트 연방을 결성했고, 바레인과 카타르는 가입을 거부했다. 오만과 쿠웨이트 역시 독립했다. 인구가 적은 이 국가들은 1970년대 초반의 석유 파동 덕분에 크게 번영할 수 있었다.

미국의 영향

사우디아라비아는 이슬람 국가 내에 와하비즘(Wahhabism, 엄격하고 청교도적인 수니파 이슬람 근본주의 운동-옮긴이)을 전파하기 위해 종교적으로 적극적인 외교 정책을 펼쳤다. 이슬람에 대한 와하비즘의 해석은 억압적인 요소가 많았지만, 미국은 사우디아라비아로부터의 석유 공급을 유지하려고 이에 반대하지 않았다. 더욱이 냉전 기간 중 미국은 사우디아라비아를 공산주의에 대항하는 동맹국으로 여겼다.

1945년 이래 이 지역에서 주요한 전략적 강대국이 된 미국은 사우디아라비아와 협약을 체결했다. 석유를 낮은 가격에 풍부하게 공급받는 대가로 사우디아라비아 정권의 안정성을 보장해 주기로 한 것이다. 베트남 전쟁이 끝난 후 리처드 닉슨은 미국의 영향력을 전파하기 위해 중계 지역으로 인구가 가장 많고 국가 원수인 샤Shah가 권위적인 방식으로 근대화를 이룬 이란을 선택했다. 하지만 샤 정권은 1979년 아야톨라 호메이니가 주도한 혁명으로 전복됐다. 이란은 미국, 이스라엘과의 관계를 단절하고 이란 혁명을 페르시아만의 다른 국가로 전파하겠다고 위협했다. 미국의 동맹국이던 이란은 이제 막대한 위협이 됐다.

지역 분열

1931년에 독립한 후 1958년까지 군주 국가였던 이라크는 1978년에 사담 후세인이 권력을 잡았다. 사담 후세인은 이라크에 독재 정권을 수립했고 세속주의 및 소련과의 관계로 인해 사우디아라비아와 대립했다. 석유와 물뿐만 아니라 산업과 농업으로 부유한 국가였던 이라크의 경제 수준은 스페인과 비슷했다. 1980년 사담 후세인은 이란이 샤의 몰락으로 약해져 있다고 판단하고 이란과의 전쟁을 시작했다.

1982년 사우디아라비아, 아랍에미리트, 카타르, 바레인, 쿠웨이트, 오만은 걸프협력회의GCC를 결성했다. 이들은 이란-이라크 전쟁에서 이라크를 지지했지만, 한편으로는 사담 후세인의 야욕을 경계했다. 부유했던 이 국가들은 외부 위협 앞에서는 전략적으로 취약했으며 외국의 노동력에 크게 의존하고 있었다.

1995년 카타르의 하마드 빈 할리파 알 사니Hamad bin Khalifa al-Thani는 자신의 아버지를 밀어내고 왕위를 찬탈했다. 그는 알자지라 TV 채널을 만드는 등 활발한 외교 정책을 펼쳤다. 그리고 '아랍의 봄'에 적극적으로 가담했던 무슬림형제단을 후원하면서 사우디아라비아와 아랍에미리트를 자극했다. 2017년 이 국가들은 바레인, 이집트와 더불어 카타르가 이란과 너무 가까이 지낸다고 비난하면서 카타르에 대한 봉쇄를 선언했다.

사우디 정권의 새로운 지도자인 무함마드 빈 살만은 이란을 위협 대상으로 간주하고 2015년에 체결한 이란 핵협정에 대해 매우 비판적인 입장을 취했다. 이란이 이 협정을 통해 핵무기를 개발하지 않는 대가로 각종 제재에서 벗어났기 때문이다. 이란과의 대립으로 인해 사우디아라비아는 이스라엘과 조심스럽게 가까워지고 있다.

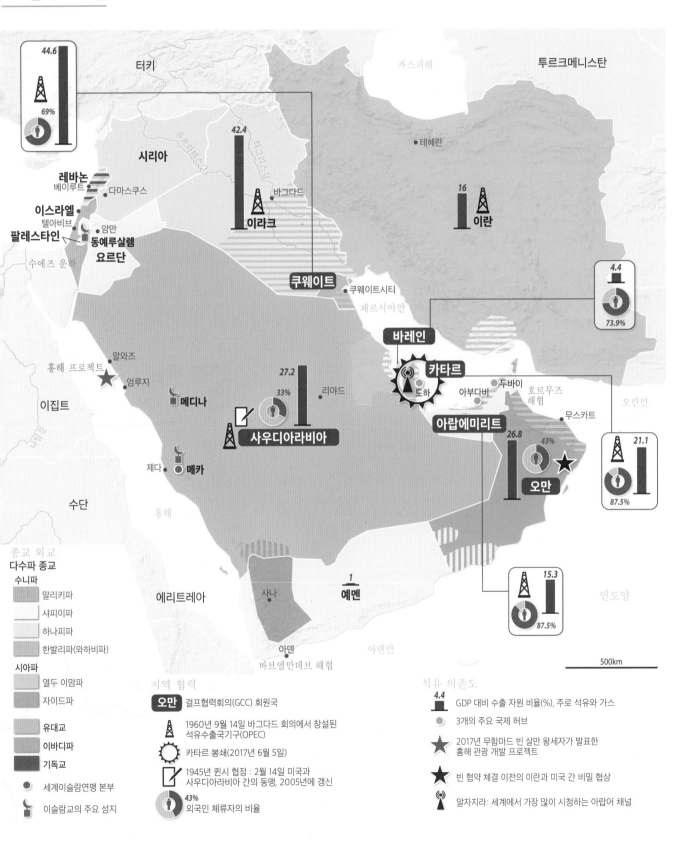

2018년 페르시아만

터키
투르크메니스탄

카스피해

44.6
69%

시리아

다마스쿠스

레바논
베이루트

42.4

테헤란

바그다드

이스라엘
텔아비브
암만
팔레스타인 동예루살렘
요르단

이라크

16
이란

수에즈 운하

쿠웨이트

4.4
73.9%

쿠웨이트시티
페르시아만

바레인

이집트

홍해 프로젝트

알와즈

엄루지

메디나

27.2
33%

리야드

카타르
도하

두바이
아부다비

호르무즈
해협

무스카트

오만만

사우디아라비아

21.1
87.5%

수단

제다

메카

26.8
43%

아랍에미리트

오만

에리트레아

사나

1
예멘

인도양

15.3
87.5%

아덴

아덴만

바브엘만데브 해협

500km

종교 외교
다수파 종교
수니파
- 말리키파
- 샤피이파
- 하나피파
- 한발리파(와하비파)

시아파
- 열두 이맘파
- 자이드파

- 유대교
- 이바디파
- 기독교

● 세계이슬람연맹 본부

🕌 이슬람교의 주요 성지

지역 협력

오만 걸프협력회의(GCC) 회원국

🗼 1960년 9월 14일 바그다드 회의에서 창설된
석유수출국기구(OPEC)

☼ 카타르 봉쇄(2017년 6월 5일)

1945년 퀸시 협정 : 2월 14일 미국과
사우디아라비아 간의 동맹, 2005년에 갱신

43% 외국인 체류자의 비율

석유 의존도

4.4 GDP 대비 수출 자원 비율(%), 주로 석유와 가스

● 3개의 주요 국제 허브

★ 2017년 무함마드 빈 살만 왕세자가 발표한
홍해 관광 개발 프로젝트

★ 빈 협약 체결 이전의 이란과 미국 간 비밀 협상

📡 알자지라: 세계에서 가장 많이 시청하는 아랍어 채널

서아프리카, 민주화와 인구 부족 문제 사이에서

서아프리카는 프랑스 식민지였던 말리, 니제르, 세네갈, 토고, 코트디부아르, 카메룬과 영국 식민지였던 감비아, 시에라리온, 가나, 나이지리아 그리고 포르투갈 식민지였던 카보베르데, 기니비사우로 이루어져 있다. 라이베리아는 미국에서 돌아온 해방 노예들이 건설한 독특한 국가다.

성공적인 지역 통합

1975년 서아프리카 지역의 15개 국가가 결성한 서아프리카경제공동체ECOWAS는 아프리카 대륙에서 가장 성공적인 지역 통합 모델이다. 순수하게 경제적 목표로 시작했지만, 점점 더 정치적 역할을 하고 있다. 특히 민주적 정권 교체를 거부하거나 쿠데타의 우려가 있는 체제에 대해 압력을 행사하거나 고립시킴으로써 민주화를 공고히 하고 있다. 또한 지역 내 평화 유지 및 회복에 중요한 역할을 한다. 이 가운데 8개국이 공통 통화를 CFA 프랑으로 하는 서아프리카경제통화연합UEMOA을 창설하기도 했다.

콰메 은크루마Kwame Nkrumah 가나 대통령부터 레오폴 세다르 상고르Léopold Sédar Senghor 세네갈 대통령까지 범아프리카 지도자들은 독립 이후 국가 개발을 공공 부문에 크게 의존했다.

서아프리카는 인구 통계학적 전환이 이루어지지 않아 고통받고 있으며, 연간 3% 이상의 인구 증가율은 경제 발전을 저해하고 있다.

거대한 나이지리아

약 1억 9천만 명의 인구가 거주하는 나이지리아는 아프리카 대륙의 지도자 자리를 놓고 남아공과 경쟁하고 있다. 석유가 풍부한 나이지리아는 오랫동안 부패하고 무능한 군사 정권으로 고통받았다. 최근에는 GDP가 거의 5천억 달러에 도달하며 남아공을 넘어섰으며, 세계 24위(남아공은 3,120억 달러로 34위)를 차지했다. 나이지리아는 종교적, 지역적, 역사적 분열을 겪고 있다. 크게 세 개의 주요 민족으로 구성되는데 북쪽은 이슬람교도인 하우사족과 풀라니족(33%), 남서쪽은 요루바족(31%), 동쪽은 기독교도인 이보족(12%)이 차지하고 있다. 군대는 권력을 장악하면서 중심 역할을 하고 있다. 막대한 석유 자원은 제대로 관리되거나 분배되지 않고 있다. 모하마두 부하리Muhammadu Buhari는 반부패 정책으로 2015년 대통령에 당선됐다.

그 외 영어권 국가

라이베리아와 시에라리온은 역사적으로 크리올 엘리트층과 토착민(원주민) 사이에 분열이 있었다. 시에라리온의 내전은 1989년부터 2001년까지 이어졌고, 결국 영국군이 개입하기에 이르렀다. 라이베리아의 내전은 1989년부터 2003년까지 이어졌다. 다이아몬드 광산으로 재정적인 뒷받침을 얻은 두 나라의 내전은 많은 인명을 희생시켰으며(15만 명 이상 사망) 나라의 기반 시설을 모두 무너뜨렸다. 게다가 내전은 공포감을 주기 위해 신체 절단, 소년병 징집 등으로 더욱 잔인해졌다. 이 나라들은 지금 재건 중이다. 라이베리아는 2006년부터 엘런 존슨설리프Ellen Johnson-Sirleaf 대통령이 집권하여 국가 재건과 국민 화해에 힘썼으며, 2017년에는 사회 정의와 권리 평등을 공약으로 내세운 조지 웨아George Weah가 대통령에 당선됐다.

가나는 과거에 가장 번영했던 영국 식민지인 골드코스트Gold Coast였다. 범아프리카의 강력한 지도자였던 콰메 은크루마는 1966년 군사 쿠데타로 정권에서 물러났다. 이후 21세기 초에 와서야 민주주의가 완전히 회복됐다. 정권 교체를 잘 이루어 낸 가나는 교육(인구의 90%가 글을 읽을 수 있다), 출산율(여성 1인당 4.2명의 출산율), 소득의 불평등 분야에서 엄청난 진전을 이루어 민주주의 모델로 인식된다. 좋은 표본 역할을 하고 있는 가나는 그 덕분에 국제 사회로부터 상당한 지원을 받고 있다.

프랑스어권 국가

세네갈은 진정한 정권 교체를 이루어 낸 아프리카의 성공적인 민주주의 모범 사례다. 상고르 대통령은 1980년에 자신의 후계자인 아브두 디우프Abdou Diouf를 위해 자발적으로 사임했고, 디우프 대통령은 2000년 선거에서 야당 후보였던 압둘라예 와데Abdoulaye Wade에게 패배를 인정했다. 와데 대통령은 3선 출마를 금지하는 헌법을 무시하고 선거에 출마하여 권력을 유지하려 했지만, 대중의 압력에 직면해 포기해야 했

서아프리카의 어려운 등장

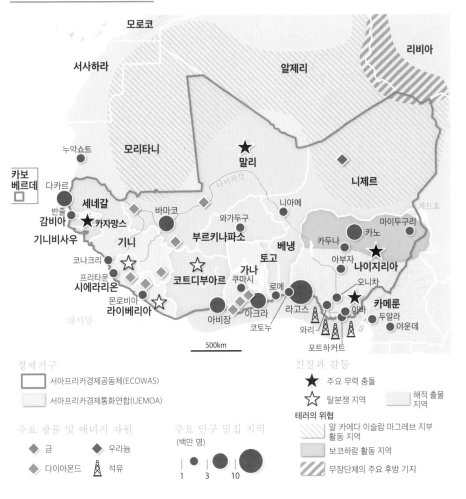

경제기구

□ 서아프리카경제공동체(ECOWAS)

▨ 서아프리카경제통화연합(UEMOA)

주요 광물 및 에너지 자원

◆ 금   ◆ 우라늄

◆ 다이아몬드   ⚒ 석유

주요 인구 밀집 지역
(백만 명)

● ● ●
1 3 10

긴장과 갈등

★ 주요 무력 충돌

☆ 탈분쟁 지역   ▨ 해적 출몰 지역

테러의 위협

▨ 알 카에다 이슬람 마그레브 지부 활동 지역

▨ 보코하람 활동 지역

▨ 무장단체의 주요 후방 기지

다. 2012년에 마키 살Macky Sall이 그의 뒤를 이었다.

코트디부아르는 초대 대통령 펠릭스 우푸에부아니Félix Houphouët-Boigny의 사망 후 심각한 위기에 처했다. 한때 서아프리카 경제 중심지였던 이 나라는 민족 분열로 인한 내전에 빠져들었다. 1인당 GDP는 절반으로 떨어졌다. 알라산 우아타라Alassane Ouattara가 2010년 대선에서 승리했지만, 당시 대통령이던 로랑 그바그보Laurent Gbagbo는 부정 선거를 주장하며 그 결과를 인정하지 않았다. 프랑스군과 유엔군은 우아타라가 대통령에 취임할 수 있도록 보호했으며, 국가적인 화해가 이루어지지 않은 채 우아타라는 2015년에 재선됐다.

부르키나파소의 블레즈 콩파오레Blaise Compaoré는 1987년에 암살된 토마스 상카라Thomas Sankara의 뒤를 이어 대통령직에 올랐는데, 불법적으로 대통령직을 유지하다가 2014년 반정부 시위대에 의해 쫓겨났다. 상카라 대통령은 국호를 오트볼타Haute-Volta에서 부르키나파소('정직한 사람들의 땅'이라는 뜻)로 바꾸고, 마르크스주의 정부 정책을 구현하면서 부의 재분배와 여성 인권 신장에 힘썼으며, 서구 국가에 대한 아프리카 국가들의 부채를 없앤 인물이다.

가봉과 토고는 단지 이름만 민주주의일 뿐 사실상 독재에 왕정 체제인 정권으로 인해 부정적 이미지가 강하다. 하지만 가봉은 석유 자원 덕분에 상대적으로 사회적인 평화를 얻었다.

감비아의 독재자였던 야히아 자메Yahya Jammeh는 자신이 패배할 리 없다고 생각하여 2016년에 선거를 치렀으나 패배했다. 그는 결과에 불복하고 재선을 치르려 했지만 ECOWAS의 압력으로 퇴진할 수밖에 없었다.

오랫동안 행복한 '예외적 민주주의'로 인식되어 온 말리는 2012년 쿠데타, 투아레그 분리주의자들의 압력, 지하드의 바마코 공격에 시달려야 했다. 2013년 1월에 프랑스군이 개입하여 간신히 이를 막아 낼 수 있었다. 사헬 전 지역은 리비아의 카다피 정권 붕괴로 불안정했다. 모든 불법 거래에 유리한 사막 지역은 통제하기가 극히 어려워졌다.

2014년 말에 프랑스군과 유엔군을 대체하기 위해 모리타니, 말리, 니제르, 부르키나파소, 차드로 구성된 '사헬 G5'가 결성됐다. 특히 보코하람(Boko Haram, 나이지리아의 이슬람 극단주의 테러 조직) 분파가 일으킨 테러가 나이지리아뿐만 아니라 카메룬, 코트디부아르, 말리, 부르키나파소 등에서도 발생했다.

광대한 면적 탓에 통제가 어렵고 국가 구조의 약점으로 어려움을 겪고 있는 서아프리카 지역은 라틴아메리카에서 출발하여 유럽으로 향하는 코카인의 경유지가 됐다. 나이지리아의 석유, 가나의 금, 말리의 담배, 세네갈의 불법 어업 등이 지역에서는 불법 거래가 성행했다.

143

진퇴양난에 빠진 중앙아프리카?

중앙아프리카는 부룬디, 중앙아프리카공화국, 카메룬, 가봉, 적도기니, 상투메프린시페, 콩고공화국, 르완다 및 콩고민주공화국(구 벨기에령 콩고 또는 자이르)으로 구성되어 있다. 부룬디, 르완다, 콩고민주공화국, 우간다 등 네 개 국가는 인구가 가장 밀집한 지역인 아프리카 대호수African Great Lakes 지역에 속한다.

가변적인 영토

나이지리아, 대서양, 사헬, 콩고민주공화국(남아프리카에 인접한 국가)과 접해 있으며, 종종 '있을 법하지 않은 지역'으로 여겨지는 중앙아프리카의 영토는 가변적이다. 인구 밀도가 낮고 숲이 우거진 중앙아프리카는 세계 제2위의 '탄소 흡수원carbon sinks'으로 지구 온난화에 맞서 싸우고 있다.

중앙아프리카는 아프리카 대륙에서 가장 낮은 성장률을 보이는데, 이는 콩고민주공화국을 뒤덮은 재앙의 영향을 받은 결과다. 1990년대 초 이래 이곳은 가장 잔혹한 충돌을 겪고 있는 가장 불안정한 지역 중 하나다. 냉전이 끝난 후에도 민주주의는 자리 잡지 못했다. 중앙아프리카 각국은 장기간 정권을 유지하고 있으며, 정권 교체의 여지가 거의 없다.

콩고민주공화국, 실패한 거대 국가

식민지 시대에 벨기에령 콩고는 벨기에 국왕의 사유지였다. 지하자원이 풍부한 이곳은 오히려 지하자원의 저주를 받은 땅이 되어 버렸다. 벨기에 식민지 개척자들에게 약탈당하던 벨기에령 콩고는 진보적 지도자 루뭄바Lumumba의 주도하에서도 서방 국가들의 반대로 독립을 이루지 못했다. 주민들은 비인간적이고 참혹하게 착취당했다. 1960년 독립 후 모부투Mobutu 대통령은 나라 이름을 자이르로 고치고 냉전을 전략적으로 이용하거나(이 나라가 소련의 손에 넘어간 적은 없다) 광산 임대료에 의존했다. 하지만 소련 체제가 붕괴된 후 자이르는 독립 당시보다 더 후퇴한 상태였다. 부정부패가 만연한 모부투 정권은 냉전 종식과 1994년의 르완다 대량 학살 이후로 서방 국가들에게 쓸모가 없어졌다. 난민 정착 문제와 이 나라의 부를 차지하려는 이웃 국가들의 의지로 1996년부터 2003년까지 전쟁이 발발하여 4백만 명에 달하는 사망자가 발생했다. 이것은 아프리카 대륙 역사상 가장 많은 사망자를 낸 전쟁이었다.

앙골라, 우간다, 르완다, 부룬디의 도움으로 1997년에 로랑 카빌라Laurent Kabila가 모부투 정부를 전복하는 데 성공하고 국명을 다시 콩고민주공화국으로 바꾸었다. 그러나 카빌라 정권 역시 무능력했다. 2001년 카빌라가 암살된 후 대통령직을 승계한 그의 아들 조제프 카빌라Joseph Kabila도 마찬가지였다. 조제프 카빌라는 가톨릭교회의 지원을 받은 대중의 반대에도 불구하고 헌법을 위반하며 권력을 유지했다. 유엔 역사상 가장 대규모 병력으로 이 나라에 배치된 평화유지군은 주로 르완다와 우간다 같은 외부 개입을 막고 국내 무장 세력을 진압하고자 했다. 2013년 국제 사회의 압력으로 아디스아바바(에티오피아의 수도)에서 콩고민주공화국에 대한 모든 개입을 중단하겠다는 내용의 기본 협약이 체결됐다. 그 후로도 이 나라는 불안정한 저개발국으로 남아 있다.

독재 체제

부룬디와 르완다는 독일령이었다가 나중에 벨기에령으로 바뀌었다. 르완다의 폴 카가메는 1994년부터 철권통치를 주도하면서 대량 학살에 대한 기억으로 모든 반대 세력을 침묵시켰다. 유능한 관리, 부패 척결, 국제 원조 덕택에 경제적 성공을 거둔 르완다는 몇몇 아프리카 국가의 발전 모델이 됐으며 국제적으로 인정받고 있다. 한때 민주주의 국가로 부상한 부룬디는 피에르 은쿠룬지자Pierre Nkurunziza 대통령의 야만적인 억압 정치에 시달리면서 경제 실패를 겪고 세계에서 가장 가난한 나라 중 하나가 됐다. 이에 더해 투치족(인구의 12%인 투치족이 군대를 지배하고 있다)과 후투족 간의 민족 분열로 고통받고 있다.

포르투갈의 지배를 받던 상투메프린시페 외에 다른 국가들은 프랑스령 적도아프리카AEF에 속해 있다. 독립 후에 적도라는 명칭은 중앙으로 바뀌었다.

콩고의 드니 사수 응게소(Denis Sassou Nguesso, 1979~1992년까지 그리고 1997년 이후로 대통령 재임)는 석유 수입 덕분에 개인의 무능력을 보완할 수 있었다.

세 나라(독일, 영국, 프랑스)로부터 식민 체제를 경험한 카메룬은 프랑스어와 영어를 사용하며, 나이지리아의 야욕에 저항해 왔다. 2천2백만 인구를 가진 카메룬은 거의 개발되지 않은 상태다. 1975년 총리에 취임한 폴 비야Paul Biya는 1982년 이후로 대통령이 되어 정치적, 경제적 어려움을 겪고 있는 나라를 개발하는 데 힘을 쏟고 있다.

1994년에 창설된 중앙아프리카경제통화공동체CEMAC는 프랑존(Zone Franc, 프랑화 지역)의 6개국(카메룬, 콩고, 가봉, 적도기니, 중앙아프리카공화국, 차드), 프랑스어권 국가(적도기니와 과거 스페인 식민지 제외), 산유국(중앙아프리카공화국 제외)을 포함하고 있다. 이 국가들은 관세 동맹을 통해 공동 관세를 적용하고 있다. 화폐 동맹을 맺은 프랑존 회원국임에도 불구하고 회원국 간의 무역 거래 비중은 약 2%에 불과하다. 나이지리아에 인접한 CEMAC 회원국들은 서아프리카경제공동체에도 가입돼 있다. 산유국들은 지역 통합에 대한 관심이 적은 편이다. 그 이유는 그 지역에서 인정할 만한 지도자가 아직 나타나지 않았기 때문이기도 하다.

차드의 이드리스 데비Idriss Deby는 1990년 이센 아브르Hissène Habré를 몰아내고 대통령에 취임했다. 이센 아브르는 아프리카연합AU에 의해 반인륜 전쟁 범죄 혐의로 기소됐다. 그의 정권에 희생당한 피해자들의 묘지를 곳곳에서 발견할 수 있을 정도다. 여전히 권력을 유지하고 있는 이드리스 데비는 반대파에 여지를 주지 않는 독재 정권을 세웠다. 그는 유가 폭등과 무엇보다 효율적인 차드 군대의 덕을 보았다. 이 지역에서 테러와의 전쟁은 불가피해 보였고, 이드리스 데비는 그것을 이용하여 정권의 정체성에 대한 의심을 피할 수 있었다. 차드는 지구 온난화로 가장 위협받는 국가 중 하나다. 지난 50년 동안 가뭄과 관개로 차드호의 약 90%가 사라졌다.

중앙아프리카, 위협받는 지역

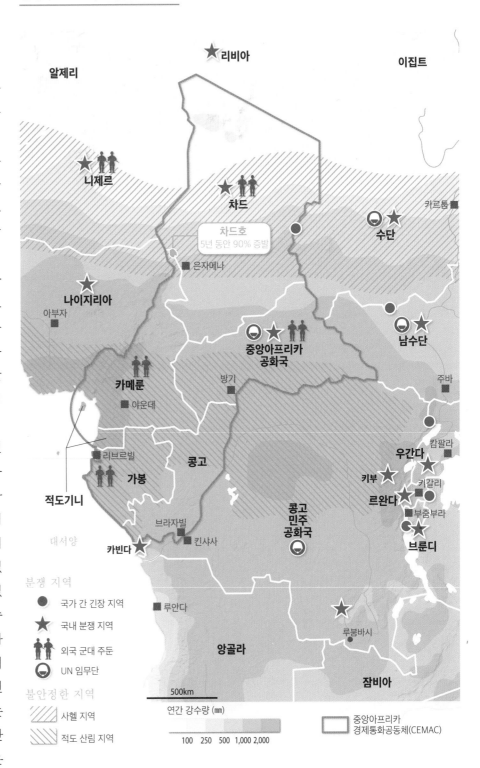

분쟁 지역
- 국가 간 긴장 지역
- 국내 분쟁 지역
- 외국 군대 주둔
- UN 임무단

불안정한 지역
- 사헬 지역
- 적도 산림 지역

500km

연간 강수량 (mm)

100 250 500 1,000 2,000

중앙아프리카
경제통화공동체(CEMAC)

동아프리카와 아프리카의 뿔, 개발과 독재 사이에서

동아프리카에는 케냐, 우간다, 탄자니아, 수단, 남수단공화국이 포함된다. 르완다와 부룬디가 종종 편입되기도 하지만, 이 나라들은 주로 중앙아프리카와 연결된다. 아프리카의 뿔은 에티오피아, 에리트레아, 지부티, 소말리아로 구성된다.

동아프리카, 위험 지역?

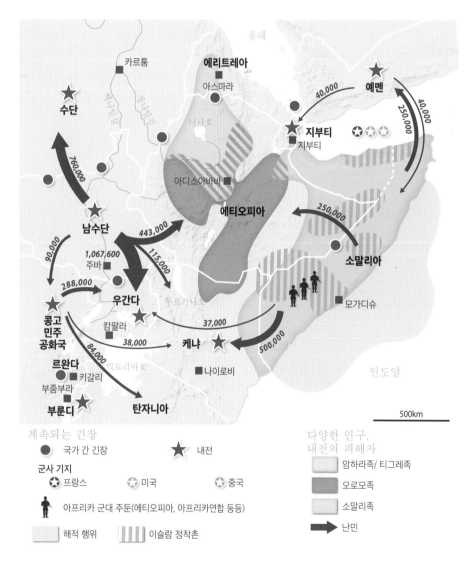

계속되는 긴장
- ● 국가 간 긴장
- ★ 내전

군사 기지
- 프랑스
- 미국
- 중국

아프리카 군대 주둔(에티오피아, 아프리카연합 등등)

해적 행위　　이슬람 정착촌

다양한 인구, 내전의 피해자
- 암하라족/ 티그레족
- 오로모족
- 소말리족
- ➡ 난민

불안정한 지역

21세기 초 동아프리카의 우간다, 탄자니아, 케냐, 남수단, 부룬디, 르완다는 관세 동맹과 공동 시장을 수립했다. 이 지역은 독재 체제라는 특징이 있지만 경제적으로 성공을 거두었고(실패한 국가의 전형적인 예인 남수단은 제외) 영어를 사용하며 미국과 전략적 관계를 맺고 있다.

인구가 1억 명인 에티오피아는 아프리카에서 나이지리아 다음으로 인구 밀도가 높은 국가다. 1974년에 무능하고 무자비한 공산 정권이 하일레 셀라시에 Haile Selassie 황제를 몰아내고 정권을 장악했다. 에티오피아는 독재에 더해 내전과 두 차례의 기근을 겪었고, 1991년 결국 독재 정권이 무너졌다.

에티오피아, 미래의 지도자?

에티오피아는 라이베리아와 더불어 20세기 초 아프리카에서 유일하게 독립한 국가였다(단지 1935년부터 1941년까지 이탈리아의 식민지배를 받았다). 인구 대다수가 콥트Copt파이고 이슬람교도는 40%이며, 전체 인구의 6%에 불과한 티그레족이 권력을 독점하고 있다. 역동적인 경제 덕분에 국제 무대에서 다시 중요한 역할을 맡고 있다. 중국은 수많은 기반 시설을 건설해주는 등 이 지역과 적극적으로 교류하고 있다. 에티오피아는 국제연합이나 아프리카연합이 주도하는 다국적군에 적극 참여하여 소말리아와 수단에 군대를 파견하고 있으며, 미국의 아주 유용한 동맹국이기도 하다.

에리트레아는 1993년에 독립하면서 에티오피아가 바다로 나갈 수 있는 길을 막아 버렸다. 이로 인해 에티오피아의 존립 자체가 의심스러워졌다. 두 나라 사이에 전쟁(1998~2000년)이 일어났고, 2년 만에 20만 명이 사망했다. 여전히 극도로 억압적인 에리트레아 정권은 21세기 초부터 매우 효율적인 경제 구조를 바탕으로 거의 10%에 달하는 평균 성장률을 기록하고 있다.

에리트레아는 최악의 독재 국가 중 하나다. 시민 사회는 존재하지 않으며 인종 박해가 빈번하게 일어난다. 에리트레아보다 자유를 더 억압하는 정권은 북한이 유일하다. 이 잔인한 정권하에서 아무런 가망이 없는 상황을 피하려는 난민의 망명 물결이 쇄도하고 있다.

2018년 3월 아비 아머드 알리Abiy Ahmed Ali가 에티오피아 총리가 되면서 티그레족의 권력 독점을 깨뜨렸다. 그는 에리트레아에 화해를 제안하면서 변화의 희망을 만들고 있다.

예외적인 민주주의

케냐는 1991년 복수정당제 도입과 동시에 강력한 경제 성장을 이루었고 이 지역에서 민주주의가 가장 발달한 국가지만, 이러한 발전은 심각한 사회적 불평등을 야기했다. 케냐 인구의 4분의 3이 기독교인이며, 나이로비에는 수많은 국제기구가 주재하고 있다. 중국은 케냐에 나이로비-몸바사 철도를 건설해 운영하고 있다.

1964년부터 1985년까지 탄자니아 대통령이던 줄리어스 니에레레Julius Nyerere는 '아프리카의 사회주의'를 시도했지만 결국 경제적으로 실패했다. 탄자니아는 1992년에 복수정당제를 도입했다. 21세기가 시작된 이후로 1인당 GDP는 두 배로 증가했다. 하지만 이 가난한 나라는 인구가 빠르게 증가하고 있으며, 인구의 90%가 여전히 농업에 종사하고 있다. 그리고 부룬디에서 온 많은 난민들을 수용하고 있다.

수단의 드라마

1956년에 독립한 수단은 석유 자원이 풍부하고 기독교인과 정령 숭배자가 많은 남부 지역을 무력으로 이슬람화하려고 했다. 그런 이유로 20년 동안 이어진 내전이 시작되어 150만 명이 사망했고, 21세기 초에는 20만 명이 목숨을 잃은 다르푸르 사태가 벌어졌다.

가장 신생 국가인 남수단은 독립을 선호하는 미국의 압력으로 2005년에 체결된 평화 협정에 따라 2011년에 독립했다. 남수단은 수단과의 석유 협상을 통해 송유관 이용 대금 문제를 타결했다. 그러나 경쟁 부족(누에르족과 딩카족) 간에 내전이 터지면서 기존 인프라가 파괴됐다. 남수단은 석유 덕분에 빠르게 발전할 수 있었지만, 여전히 세계에서 가장 가난한 나라 중 하나다. 이 나라의 인구 1천2백만 명 중 8백만 명이 원조를 필요로 하며, 이 나라에 포장도로는 80km밖에 되지 않는다.

혼란에 빠진 소말리아

소말리아는 1991년부터 1995년까지 폭력적인 내전에 휘말렸다. 미국의 개입은 내전을 끝내기는커녕 오히려 악화시켰다. 이슬람 단체들은 수도 모가디슈에 자리 잡고 영토 대부분을 통제했다. 아프리카 군대(부룬디, 우간다, 에티오피아, 지부티, 케냐)는 내전이 주변국으로 번지는 것을 우려하여 은밀히 미국을 도왔다. 소말리아 해안에는 해적이 출몰했다. 육지에서의 내전과 바다에서의 수산물 약탈로 생계가 어려워진 소말리아인에게 해적질은 점점 더 유일한 생계유지 수단이 됐다. 유럽연합 해군EU NAVFOR은 해적을 완전히 소탕하겠다는 목표를 세웠다. 1960년에 이탈리아령 소말릴란드와 합병한 소말릴란드(구 영국령 소말릴란드)는 1993년 독립을 선언했다. 국제 사회로부터 공식적으로 인정받지는 못했지만, 소말릴란드는 소말리아를 뒤덮은 고통에서 비켜나 있을 수 있었다. 이미 소말릴란드의 베르베라 심해 항만을 개발했던 아랍에미리트 연방은 2017년 베르베라에 군사 기지를 설치했다.

지부티는 홍해로 드나들 수 있는 거점으로, 인구 통계학적인 비중(인구수 1백만 명)에 비해서 전략적으로 중요하게 여겨진다. 석유 수송량의 4분의 1이 지부티 해안을 거쳐서 홍해와 오만 해협으로 향하고 있다. 프랑스는 오래전부터 이 나라에 군사 기지를 보유하고 있었고, 중국은 2017년 지부티에 최초의 해외 군사 기지를 설립하고 주요 투자처 중 하나로 삼고 있다. 미국은 테러와의 전쟁 또는 해적 소탕을 위한 근거지로 지부티에 군사 기지를 설치했다. 지부티는 에티오피아가 바다로 나갈 수 있는 출구 역할을 하고 있다.

우간다에서는 폴 카가메의 오랜 동맹인 요웨리 무세베니Yoweri Museveni가 1986년부터 권력을 장악했다. 무세베니 정권은 억압적이지만 효율적인 경제 정책을 채택했다. 그는 우간다 경제를 다각화했고(수출입 품목에서 커피의 비율을 90%에서 10%로 줄였다), 빈곤선 이하로 생활하는 인구를 절반으로 줄였다(56%에서 30%로). 하지만 우간다는 콩고민주공화국의 불안정에 크게 기여했다. 우간다는 미국과의 긴밀한 유대 관계를 통해서 독재 정치나 네포티즘에 대한 강한 비판을 피할 수 있었다.

거대한 남아프리카

남아프리카는 다양한 문화적 영향력을 지닌 10개 국가로 구성된다. 하지만 이러한 이질성에도 불구하고 남아프리카는 남아프리카공화국의 아파르트헤이트에 대한 투쟁에서 시작된 지역 통합을 비교적 성공적으로 이루어 냈다. 이 지역은 영국, 네덜란드, 포르투갈, 독일의 영향을 받았다.

지역 통합과 아파르트헤이트에 대한 투쟁

남아프리카는 보츠와나 혹은 잠비아 같은 중간 소득 국가, 레소토 및 스와질란드 같은 가난하고 인구가 많은 군주 국가, 모잠비크와 앙골라처럼 원자재 수익으로 경제적 성장을 이룬 국가 그리고 짐바브웨, 말라위, 나미비아처럼 실패한 국가로 구성돼 있다. 이 지역은 포르투갈의 카네이션 혁명(1974) 이후 1975년 앙골라와 모잠비크를 독립에 이르게 한 아프리카의 마지막 식민지 전쟁을 치렀으며, 로디지아(현 짐바브웨), 나미비아(1990년 남아프리카공화국에서 분리), 남아공에는 인종 차별 정권이 존재했다는 특징이 있다.

독립 후 앙골라와 모잠비크는 소련과 쿠바의 동맹국이 되어 미국 편에 서 있던 남아공과 대립하게 됐다. 남아공은 앙골라와 모잠비크 정권에 반대하는 무장 세력을 지지했다. 아파르트헤이트의 종식으로 앙골라와 모잠비크는 내전을 끝내고 지하자원을 개발할 수 있게 됐다. 다른 국경 국가들은 넬슨 만델라Nelson Mandela의 아프리카민족회의ANC와 연대하고 있었지만, 남아공과의 전쟁을 실제로 감당할 여력이 없었다. 그들은 남아프리카개발협력회의SADCC를 창설했는데, 이 기구는 1992년 남아공의 가입을 승인하여 남아프리카개발공동체SADC로 전환하고 2008년 자유 무역 지대를 출범시켰다.

남아프리카에는 금을 비롯한 광물 자

남아프리카와 인도양의 섬나라들

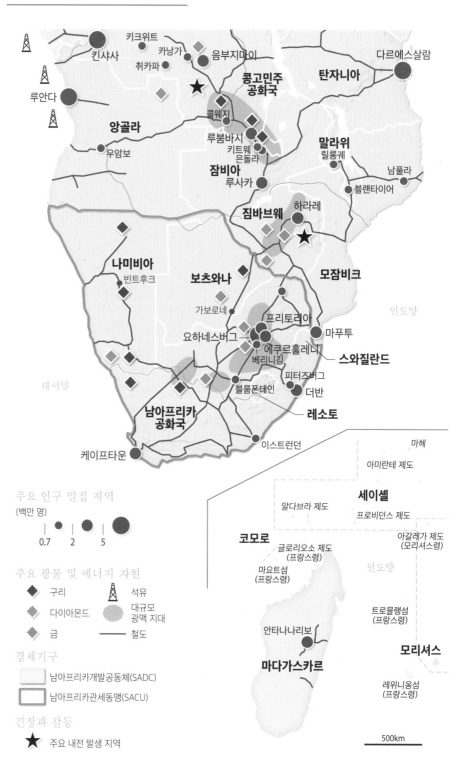

주요 인구 밀집 지역
(백만 명)
0.7 2 5

주요 광물 및 에너지 자원
◆ 구리
◆ 다이아몬드
◆ 금
⚒ 석유
⬭ 대규모 광맥 지대
— 철도

경제 기구
남아프리카개발공동체(SADC)
남아프리카관세동맹(SACU)

긴장과 갈등
★ 주요 내전 발생 지역

원이 풍부하며, 강력한 경제적 잠재력, 중산층의 성장, 젊은 인구 증가라는 특징이 있다.

남아프리카공화국, 모델이 되는 국가

5천5백만 명의 인구가 거주하는 남아프리카공화국은 이 지역에서 인구 통계학적으로나 경제적으로 거대국이다. 유엔 안보리의 아프리카 대표 후보국인 남아공은 1990년대 초 아파르트헤이트 제도를 평화적으로 철폐했으며, 이로 인한 혜택을 누렸다. 과거 이 흑백 분리 정책은 소수의 백인이 아무런 권리도 누리지 못하는 다수의 흑인을 지배할 수 있게 했다. 남아공이 수행하는 전략적 역할 덕분에 남아공은 서구 세계로부터 아무런 제재도 받지 않고 인종 차별 정책을 지속할 수 있었다. 하지만 냉전이 종식되며 아프리카 국가뿐만 아니라 세계 각국으로부터 비난이 빗발치자, 남아공의 소수 백인은 더 이상 이 정책을 지속할 수 없음을 깨달았다. 프레데리크 빌렘 데 클레르크Frederik Willem de Klerk 대통령은 아프리카민족회의의 지도자 넬슨 만델라를 석방했다. 1994년 대통령에 당선된 넬슨 만델라는 복수보다 화해를 중요시했다. 그 덕분에 소수의 백인이 남아공에 남을 수 있었고, 국가 파탄과 파멸을 피할 수 있었다. 그의 후임자들은 화해 모델에 의문을 제기하지 않았지만, 만델라가 누렸던 분위기를 누리지는 못했다. 특히 개혁 부재와 부패가 만연했던 제이컵 주마Jacob Zuma 대통령 시대에는 더욱 그러했다. 소수의 흑인은 변화에 따른 혜택을 입기도 했지만, 사회적 불평등은 여전히 크게 자리 잡고 있었다. 인구의 42%가 빈곤에 시달렸고 실업률은 25%에 달했다.

2008년의 위기와 원자재 가격 하락은 남아공 경제에 부정적 영향을 미쳤다. 특히 짐바브웨 출신을 비롯한 난민 유입에 대한 강한 거부 운동이 일어났다. 2017년 12월 과거 만델라의 동료였으며 빠르게 부를 축적한 시릴 라마포사Cyril Ramaphosa는 더 큰 사회 평등과 부패 방지를 약속하고 대통령에 당선됐다. 나이지리아는 현재 남아공보다 GDP가 더 높다.

짐바브웨의 로버트 무가베Robert Mugabe 대통령은 화해의 길을 택하지 않고 소수의 백인 대부분을 쫓아냈다. 그리고 네포티즘, 부정부패, 무능력은 잠재적으로 부유해질 가능성이 있는 국가를 파산 상태로 만들었다. 무가베 대통령은 결국 2017년 대통령직에서 쫓겨났다.

마침내 평화가 찾아온 앙골라와 모잠비크는 자원 덕분에 기하급수적으로 성장했다. 그러나 이것만으로는 충분하지 않았으며, 부의 격차는 여전히 크게 존재한다.

인도양, 전략적 지역

인도양은 표면적이 7,344만km²로 태평양과 대서양에 이어 세 번째로 넓은 대양이다. 이질적인 독립 국가들, 해외 강대국의 속령, 경제 수준이 다른 나라들이 산발적으로 모여서 하나의 집단을 이루고 있는 이 지역은 혼합과 공존이라는 특징을 지니고 있다.

마다가스카르는 가장 많은 인구(2천5백만 명)가 사는 섬으로, 여전히 저개발 상태에 있다. 인구가 140만 명인 모리셔스는 현대화와 민주화를 이룬 상대적으로 번영한 국가로, 인구 대부분의 교육 수준이 높으며 세계화의 전환점을 돌고 있다.

오직 섬나라들로만 구성된 아프리카의 유일한 지역 기구인 인도양위원회COI는 문화, 정치 및 경제 분야에서 지역 통합을 이루고자 1980년대에 창설됐다. 이 기구는 모리셔스, 마다가스카르, 세이셸, 코모로(1975년 프랑스에서 독립한 최빈개도국), 프랑스령 레위니옹을 회원국으로 보유하고 있다.

중대한 경제적, 전략적 이익이 없어 보인다는 이유로 오랫동안 강대국의 무시를 받아 온 인도양은 지금은 탐욕의 대상이 됐다. 이 지역은 아프리카와 아시아 간의 무역 항로로서 중요해졌다. 역사적 배경으로 혜택을 보고 있는 프랑스는 이 지역에 여전히 두 개의 해외 영토(레위니옹과 마요트)를 소유하고 있다. 대양에 이름을 빌려준 인도는 중국과 경쟁하고, 1975년 10억 달러에서 20년 뒤에 750억 달러 규모로 확대된 아프리카와의 무역 관계를 발전시키고자 이 지역에서 존재감을 키워 가고 있으며, 마다가스카르에 군사 기지를 건설했다.

아프리카로부터 주요 원자재를 공급받고 있는 중국은 '진주 목걸이 전략(중동과 인도양, 남중국해 해로를 따라 거점 항구들을 투자 개발하는 전략으로, 그 진출 거점을 연결하면 마치 진주 목걸이와 비슷하다는 의미에서 붙여진 이름-옮긴이)'을 통해 동남아시아뿐만 아니라 인도양 주변 국가에도 대규모 항만을 배치하고자 한다.

미국은 과거에는 소련, 오늘날에는 중국의 야심에 대처하기 위해 미 해군의 제5, 6, 7함대와 기지(디에고 가르시아)를 배치하고 있다.

남아프리카는 지구 온난화의 영향을 받아 점점 더 강해지고 빈도가 잦아지는 기후 재앙을 겪고 있다.

인도, 미래의 거대국?

북쪽으로는 히말라야산맥, 남쪽으로는 인도양과 접한 인도 아대륙은 인도, 파키스탄, 방글라데시, 네팔, 부탄, 스리랑카 및 몰디브로 구성되어 있다. 영국은 18세기 말에 인도 영토 전체를 장악하려고 각각 16세기와 17세기부터 주둔해 있던 포르투갈과 프랑스를 몰아냈다. 동인도회사는 향신료 및 직물 거래의 독점권을 가로챘다.

인도-파키스탄의 경쟁

영국이 통치했던 인도 제국은 1947년 8월에 독립했다. 하지만 전쟁은 인도 제국을 이슬람 국가이기를 원했던 파키스탄과 단지 소수의 이슬람교도(오늘날 1억 8천만 명)를 포함한 다종교 국가이기를 원했던 인도 연합으로 나누어 놓았다. 이후 두 나라는 두 차례의 전쟁(1965년과 1971년)으로 또다시 대립했고, 결국 파키스탄 동부 지역은 방글라데시로 독립했다. 카슈미르 지역은 인도와 파키스탄 간 긴장의 결정체다. 카슈미르 지역 대부분은 인도에 속해 있지만 인구 대부분이 이슬람교도다. 파키스탄은 인도가 다시 인도 제국을 건설하려는 욕망을 드러낼까 봐 중요한 정치적 역할을 하는 인도의 강력한 군사력과 안보 문제에 대해 반대 입장을 취했다. 인도는 파키스탄이 시시때때로 테러 공격을 시도할까 봐 걱정하고 있다. 따라서 화해 시도는 결코 진정한 평화로 이어지지 않았다.

두 나라의 핵무기 개발은 그들이 핵전쟁을 시작할지도 모른다는 두려움을 불러일으켰다. 하지만 1971년 이후 직접적인 무력 충돌이 없었던 두 나라 사이에 핵 억제력이 적절하게 작동하는 것으로 보인다. 핵은 군사적, 경제적으로 인도보다 약한 파키스탄에 힘의 불평등을 개선해 주는 역할을 하고 있다.

인도의 위력

29개 주(州)로 구성된 연방 국가인 인도는 인도 아대륙의 GDP 및 표면적의 80%를 차지하고 있다. 비동맹 국가들의 리더인 인도는 식민주의자들에 대한 간디의 평화적인 저항의 이미지로 명성을 얻었고, 그 이후로 남반구에서 주요 국가의 역할을 맡았다. 하지만 인도는 소련의 가까운 동맹국이었다. 소련은 인도에 군수 장비를 제공하고 중국으로부터 인도를 보호해 주었다. 1962년 인도는 중국과의 영토 분쟁 전쟁에서 패했다. 인도가 핵무기를 보유하게 된 것은 중국과 소련이 관계를 단절한 후에 파키스탄이 미국과 손잡았기 때문이다.

냉전 종식으로 인도는 경제를 자유화하고 편협한 보호주의 무역을 포기하기 시작했다. GDP 내에서 대외 무역 점유율은

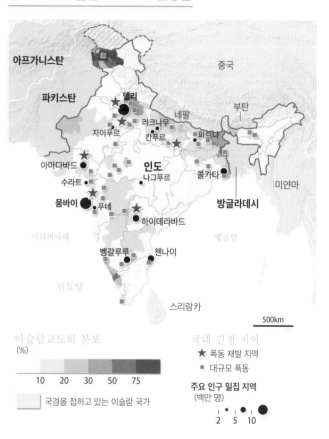

힌두교와 이슬람교 사이의 긴장감

이슬람교도의 분포
(%)

10 20 30 50 75

국경을 접하고 있는 이슬람 국가

국내 긴장 지역
★ 폭동 재발 지역
■ 대규모 폭동

주요 인구 밀집 지역
(백만 명)

2 5 10

1991년 17%에서 2016년 40%로 증가했다. 인도는 본격적으로 세계화에 착수했고, 미국에 더 가까이 다가갔다. 지난 10년간 1억 4천만 명의 인도인이 빈곤에서 벗어났다. 인도가 세계 제5위의 경제 대국이 되려면 영국을 따라잡아야 한다.

인도는 인구 통계학적으로 곧 중국을 뛰어넘을 것이다. 그럼에도 경쟁국인 중국보다 훨씬 뒤처져 있다. 세계 GDP의 단지 3%(중국은 15%)를 차지하는 인도의 비공식 경제가 여전히 지배적인 역할을 하고 있다. 게다가 기반 시설 부족과 1억 5천만 달러의 무역 적자로 고통받고 있는데, 그중 절반은 중국에 대한 손실이다. 카스트 제도가 폐지됐지만 신분 차별이 강하게 남아 있으며, 불평등한 사회 및 영토 체제를 형성하고 있다.

현 총리인 나렌드라 모디Narendra Modi는 힌두교에 기초한 정체성을 옹호하고 이슬람교에 적대적인 민족주의 정당인 인도

인민당 출신이다.

인도는 다극 세계에서 권력의 한 축으로 여겨지며, 유엔안전보장이사회 상임 이사국 후보지만, 거부권을 가진 중국은 인도를 받아들일 준비가 되어 있지 않다.

중국 공산 정권에 반대하는 인도는 미국, 일본, 호주와 함께 '민주주의 동맹'을 맺기를 원한다. 중국이 주도한 '신新실크로드'를 통한 인프라 구축 프로그램에 대해 인도는 우려를 표했다. 인도는 미국과의 전략적 파트너십을 강화하여 2016년부터 미국의 디에고 가르시아 기지를 사용할 수 있게 됐으며, 미국은 인도양에 있는 다양한 인도 기지를 사용할 수 있게 됐다. 인도는 이 지역(파키스탄, 방글라데시, 스리랑카, 버마, 몰디브의 해군 시설) 내에서의 중국의 세력 확장을 우려하고 있다.

불안정한 파키스탄

인구 1억 8천5백만 명(거의 80%가 수니파이고 20%가 시아파)의 파키스탄은 소련의 침공에 맞서 중추적인 역할을 했고, 그리하여 미국은 파키스탄의 핵 개발 계획을 못 본 체했다. 2001년 9월 11일 이후 파키스탄은 다시 한번 아프간 탈레반과의 전쟁에서 미국에 없어서는 안 될 동맹국 역할을 수행했다. 두 나라의 관계는 안보 서비스로 이어져 있다. 파키스탄이 테러와의 전쟁에 개입하면서 파키스탄은 테러 집단의 주요 목표물 중 하나가 됐다.

파키스탄은 이슬람 급진주의자들과의 전쟁에서 미국으로부터 지원받은 만큼 충분히 단호한 태도를 보이지 않는다는 비난을 받았다. 2011년에 빈 라덴이 미국 특수 부대에 의해 사망한 곳이 파키스탄의 한 도시였기 때문이다.

파키스탄이 강박적으로 두려워하는 것은 아프가니스탄이 인도의 품에 들어가는 것이다. 미국은 중국의 영향력을 견제하기 위해 파키스탄에 계속 주둔하고자 한다. 파키스탄은 정치적으로나 경제적으로 매우 불안정한 상태다.

인도와 주변 환경

세계에서 여덟 번째로 인구가 많은 나라(1억 7천만 명)인 방글라데시는 가장 가난한 나라 중 하나다(1인당 GDP는 160위). 또한 지구 온난화의 영향(벵골만 주변 지역의 침수 가능성)에 매우 강하게 노출돼 있다. 당국은 국제 원조를 받을 수 있도록 온건한 비동맹 민주주의 국가의 이미지를 가꾸고 있다. 방글라데시는 인도로부터의 독립을 유지하고 싶어 한다.

스리랑카는 반군 단체인 '타밀엘람 해방 호랑이LTTE'의 분리 독립 요구로 인한 장기간의 내전으로 폐허가 됐고, 곳곳에서 잔혹 행위가 벌어졌다. 2009년에 평화를 되찾은 이후로 인도는 스리랑카가 자국 세력권의 일부가 될 것이라고 판단하여 스리랑카 국가 재건에 투자했다.

인도는 또한 네팔을 엄격히 통제하고 있으며, 네팔이 2017년 5월 중국의 신실크로드 정상 회담에 참석하는 것을 가로막았다. 인도를 제외하고 이 지역에서 신실크로드 정상 회담 참가를 거부한 유일한 국가는 부탄이었다. 아마도 부탄이 제공받고 있는 공적개발원조의 절반을 인도가 부담하고 있기 때문일 것이다.

인도 아대륙: 전략적 지역

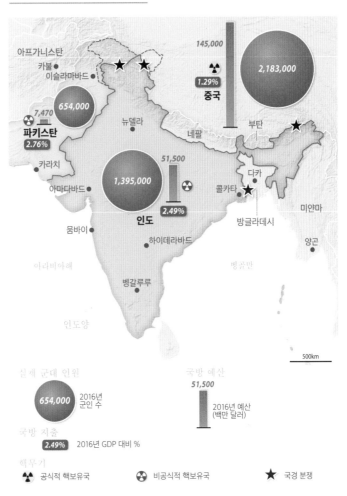

동남아시아, 지역 통합과 경제 개발

동남아시아는 뚜렷이 구분되는 두 지역인 대륙 지역(미얀마, 라오스, 태국, 베트남, 캄보디아)과 섬 지역(인도네시아, 말레이시아, 필리핀, 동티모르, 브루나이, 싱가포르)으로 이루어져 있다. 인구는 6억 3천만 명으로 인구 밀도가 높은 편이며 다양한 문화로 이루어진 만큼 종교 역시 다양하다. 경제적으로 역동적인 동남아시아는 각국 간의 개발 격차가 크다. 동남아시아 국가들은 스스로 상업 국가라고 여기지만, 중국과 미국 사이에 커져 가는 경쟁 관계는 이 지역을 불안정하게 만들고 있다.

지역 통합: 아세안의 사례

1967년 필리핀, 인도네시아, 말레이시아, 싱가포르, 태국의 참가로 창설된 동남아시아국가연합(ASEAN, 아세안)은 냉전 시대에 공산주의의 위협에 대응하기 위해 만들어진 친미 조직으로 인식됐다. 이후 브루나이, 베트남, 라오스, 버마(미얀마), 캄보디아가 합류했다. 중국과 미국의 화해와 베트남 전쟁 종식으로 아세안의 주요 목적이 사라졌다. 적극적인 협력 포럼으로서 더욱 광범위한 경제 통합을 이루어 내겠다는 아세안의 현재 목표는 각 회원국의 자율성과 정치적 선택을 보존한다는 기존의 목표와 충돌할 수 있다. 아세안에는 독재 헌법 군주국인 태국, 절대 군주국인 브루나이, 군사 정권인 버마, 유일당 체제의 베트남과 라오스 그리고 한 번도 교체되지 않은 민주 정권인 싱가포르가 모여 있다. 하지만 진정한 민주주의 체제 역시 존재한다. 말레이시아는 2018년에 처음으로 정권 교체를 이루었으며, 인도네시아는 1965년에 50만 명이 사망한 유혈 쿠데타에 뒤이어 잔혹한 군사 독재를 겪은 후 정치적 대안으로 채택된 민주주의가 확고하게 자리 잡았다.

군주제와 군사 정권이라는 특징 외에도 내수 증가와 풍부한 천연자원을 바탕으로 한 경제력은 이 지역 정통성의 가장 큰 원천이 된다. 젊은이들은 교육 수준이 높으며 외부 세계에 대해 점점 더 개방적인 태도를 취하고 있다.

중국해에서의 경쟁

중국은 에너지 자원과 어류 자원이 풍부한 중국해를 수산물 공급과 무역에 꼭 필요하다고 생각한다. 중국 수입품의 80%가 중국해를 경유하며, 핵 잠수함이 통과하는 지점이기도 하다. 중국은 일본과의 영유권 분쟁 외에 베트남(시사 군도), 필리핀(스카버러섬, 중국명은 황옌다오), 말레이시아, 인도네시아, 브루나이

(스프래틀리)와도 영유권 분쟁 중이다. 아세안 국가들은 일방적으로 해양 영유권을 정하려는 중국의 의지를 우려하고 있다. 그리하여 긴장이 고조되는 것을 피하고자 미국에 의지하고 있다. 2016년 필리핀의 제소로 헤이그 상설중재재판소는 중국의 남중국해 영유권 주장에 대해 패소 판결을 내렸지만, 중국은 이 결정을 인정하지 않았다.

말레이시아와 인도네시아 사이에 있는 말라카 해협은 해상 운송량이 가장 많으며 중국 함대와 미국 함대가 교차하는 세계에서 가장 많이 이용되는 해상 항로이다.

버락 오바마 대통령은 중국의 부상을 견제하고자 중국을 배제한 환태평양경제동반자협정TPP 체결을 제안했다. 하지만 중국의 입장에서 너무나 만족스럽게도, 도널드 트럼프는 이 자유 무역 협정을 폐기해 버렸다. 1898년 스페인-미국 전쟁 이후 필리핀을 지배하게 된 미국은 냉전 동안 전략적 투자를 늘려 왔다. 미국은 중국의 부상을 우려하는 국가들을 안심시키는 역할 외에도 이 지역의 경제적 역동성을 이용하고자 한다. 이 지역에서의 중국과 미국 간 경쟁은 어디까지 갈 것인가?

동남아시아에는 분리주의 운동(버마, 태국, 필리핀, 인도네시아)과 민족 억압 정책(버마의 로힝야족)으로 긴장감이 감돌고 있으며, 급진적 이슬람 조직의 세력 확장 문제(필리핀과 인도네시아)에 당면해 있다.

다양한 상황

말레이시아에서 분리 독립한 싱가포르는 세계화된 도시 국가의 대표적인 예로, 인구수는 세계 112위이며 GDP는 세계 37위다. 이 무역 도시는 매우 효율적인 교육 시스템을 갖추고 있다. 싱가포르 국민은 서구적 가치관과 구별되는 아시아적 가치 모델(규율, 권위, 직업 선호도, 교육에 대한 존중, 연장자 공경 등)을 제안하는

독재 체제를 고수하길 원한다. 인구 대다수가 중국 출신인 싱가포르의 경제적 성공은 덩샤오핑이 중국을 세계에 개방하는 데 영향을 끼쳤다.

말레이시아는 싱가포르 모델을 따르면서 중산층이 대거 등장했다. 하지만 말레이시아 정부는 부정부패와 중국계 소수 민족에 대한 말레이계 다수 민족의 지배로 비난받고 있다.

인도네시아는 세계에서 네 번째로 인구가 많으며(2억 6천5백만 명) GDP가 16위인 국가다. 문화적 다양성이 뛰어나며 원자재(농업, 광업, 에너지)가 풍부하고 관광 산업이 발달한 인도네시아는 값싼 노동력을

바탕으로 발전했지만, 생활 수준이 높아지고 국내 수요도 증가하고 있다. 1975년 포르투갈로부터 독립한 동티모르는 인도네시아에 강제 합병됐다. 인도네시아는 동티모르의 독립에 대한 열망을 심하게 억압했다. 2002년에 동티모르가 독립하면서, 다른 국가들은 더 이상 인도네시아를 강하게 비난하지 않는다.

여전히 공산당이 집권하고 있는 베트남은 중국을 모델로 경제를 개방했고, 2007년 세계무역기구에 가입했다. 베트남은 21세기 초반부터 강력한 경제 성장을 경험하고 있으며, 많은 외국인 투자자를 끌어들이고 있다.

미얀마(버마)는 2011년부터 민주주의로의 전환을 시도하고 있다. 미얀마 독립운동 지도자의 딸인 아웅 산 수 치 여사는 1990년부터 가택 연금을 당했다. 미얀마 군사 정권에 대한 평화로운 저항은 1991년 그녀에게 노벨상을 안겨주었다. 아웅 산 수 치는 2011년에 자유를 얻었다. 점점 더 고립돼 가던 군사 정권은 억압을 종식하고 민주화 정책을 시도했지만, 여전히 중요한 수단(의회 전 의석의 4분의 1 및 각 부처 장관에 대한 지명권)은 유지하고 있다. 아웅 산 수 치는 이슬람 소수 민족인 로힝야족에 대한 인종 청소와 대량 학살을 묵인하여 비난받기도 했다. 2016년 유엔은 이러한 반인류 범죄에 대한 진상조사단을 파견했다. 하지만 미얀마는 미얀마의 원자재와 전략적 입지에 관심이 많은 중국의 지지를 받고 있다.

동남아시아국가연합(ASEAN)

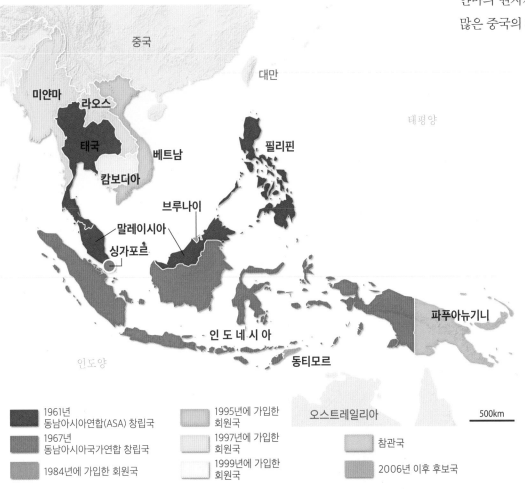

■	1961년 동남아시아연합(ASA) 창립국
■	1967년 동남아시아국가연합 창립국
■	1984년에 가입한 회원국
■	1995년에 가입한 회원국
■	1997년에 가입한 회원국
□	1999년에 가입한 회원국
■	참관국
■	2006년 이후 후보국

한국, 분단을 고착화할 것인가 극복할 것인가?

16세기 말 일본을 격퇴한 조선은 1637년에는 청나라의 종주권을 인정해야 했다. 1895년 일본은 청나라의 조선에 대한 종주권을 포기하게 하고, 1905년에 조선을 강점하여 1910년 일본에 병합했다.

분단된 한국

일본은 강점기 동안 무자비하고 잔혹하게 한국 경제를 수탈하고 억압한 대가로 한국에 현대화된 기반 시설을 마련해 주었다. 일본 군대는 20만 명의 젊은 한국 여성들을 일본 군인을 위한 성노예로 혹사했다. 일본이 패망한 후, 한국은 소련과 미국에 의해 해방을 맞이했다. 하지만 미국과 소련은 북위 38도선을 중심으로 각각 남쪽과 북쪽을 점령하여 그들에게 우호적인 정권을 수립했다. 1950년부터 1953년까지 이어진 한국전쟁으로 분단이 지속됐다. 전쟁이 끝난 후 남한에서는 1960년까지 이승만이 정권을 잡았으며, 1961년에 군사 쿠데타가 일어나 독재 정권이 세워졌다. 북한의 김일성은 모스크바 및 베이징과 동등한 거리를 유지하면서 전체주의적인 공산 정권을 수립했다. 그리고 경제적 자급자족 체제를 만들어서 나라를 더욱 심각한 빈곤 상태에 빠뜨렸다.

냉전 시대의 한국

북한보다 면적이 좁은 남한에는 천연자원이 거의 없다. 그럼에도 남한은 미국의 지원, 외국 자본에 대한 개방 정책, 성공적인 계획 경제를 바탕으로 일본, 미국, 유럽 등지로의 수출을 통해 산업 강국이 될 수 있었다. 남한은 처음에는 중공업을 중요시했지만, 1980년대에는 대중적인 전자 제품, 1990년대에는 새로운 기술 개발에 중점을 두었다.

1965년 한국과 일본은 국교를 정상화했다. 1980년대의 경제 호황과 선진 시민 사회의 존재는 남한을 점진적이지만 진정한 민주국가로 이끌어 갔다. 1988년 서울 올림픽 유치는 남한의 국제 사회에 대한 통합을 상징했지만, 북한 정권은 여전히 폐쇄적인 모습을 유지했다. 북한 정권은 경제가 무너져서 정치 지도자나 군대 고위 인사를 제외한 주민 대부분이 간신히 생존하고 있는 상황에서도 김정일의 후계자인 김정은에 대한 시대착오적인 개인숭배를 이어 가고 있다.

북한의 위협

1991년 남북한은 국제연합에 가입하여 한반도 화해와 비핵화를 위한 합의서에 서명했다. 하지만 북한은 국제원자력기구AEA의 영변 핵 시설 사찰을 거부했다. 1994년 10월 북한은 미국과 협약을 체결하여 비핵화하는 대신 경제 원조를 받기로 했다. 1994년 7월 김일성이 사망하자, 김정일은 공산 체제 내에서 처음으로 왕위를 계승했다. 북한의 경제 상황은 점점 더 악화돼 1996년에는 심각한 기근이 발생했다. 2011년 김정은이 뒤를 이은 북한은 방위 사업에 더욱 자원을 집중했다.

북한은 1998년 일본 상공을 가로지르는 첫 번째 미사일을 시험했다. 그리고 2006년에는 핵실험을, 2017년 9월에는 핵융합 에너지를 사용하는 실험을 실시했다. 김정은은 도널드 트럼프 대통령과 맞서며 핵과 탄도 프로그램을 강조하고 있다. 2017년 11월 말에 발사된 탄도 미사일은 고도 4,440km 이상을 날아가 사상 최고를 기록했으며, 미국을 강타할 수도 있는 성능을 자랑했다. 메시지는 분명하다. 경제적 어려움에도 불구하고 북한은 여전히 치명적인 파괴력을 가지고 있다는 것이다. 미국의 보호를 받고 있으며 군사적으로 우월한 남한도 충돌이 발생할 경우 서울을 파괴할 수 있는 미사일의 사정거리(국경으로부터 60km)에 있다는 것은 분명한 사실이다.

남북한 간의 정상화 과정

1998년 김대중이 남한 대통령으로 선출됐다. 그는 서독 총리 빌리 브란트Willy Brandt의 '동방 정책Ostpolitik'을 연상시키는 '햇볕 정책'을 시작했다. 남북한 간의 접촉이 금지됐으며 이를 위반하면 감옥에 보내지던 상황에서, 김대중 대통령은 북한에 대한 경제적 원조를 통해 북한의 국제적 태도를 완화하고, 정치적 접촉 증가를 통해 북한 체제를 개방하는 데 기여하기를 바라며 천천히 화해 정책을 추진했다. 빌 클린턴은 이를 지지했으며, 북한 정권도 어느 정도 순응하는 듯이 보였다.

2002년 조지 W. 부시 대통령이 이라크, 이란, 북한을 악의 축으로 규정한 연설은 북한 체제를 다시 강경하게 만들었고, 북한은 2003년 핵확산금지조약NPT 탈퇴를 선언했다. 남한은 미국과의 동맹 관계를 유지하면서 자율적인 관계로 발전시키고자 한다. 2008년 대통령이 된 이명박은 북한이 원조를 얻기 위해 속임수를 쓴다고 판단하고 북한과의 협력 관계에 제동을 걸었다. 2012년 이명박 대통령과 같은 정당의 박근혜가 그의 뒤를 이어 대통령이 됐고, 같은 정책을 유지했다. 그렇지만 박근혜 대통령은 지속적인 긴장 완화를 원했다.

2017년 3월 박근혜 대통령은 부패 스캔들로 탄핵을 당했다. 이후 문재인이 대통령에 당선됐고, 그는 평양과의 대화를 재개할 계획이다. 하지만 도널드 트럼프의 언어적 도발은 문재인 대통령이 이 정책을 수행하는 데 도움이 되지 않고 있다.

북한은 남한을 정복할 수 없다는 사실을 잘 알고 있다. 북한이 핵무기를 보유하는 유일한 목적은 정권을 보호하려는 것이다. 김정은은 무아마르 카다피나 사담 후세인이 핵무기 덕분에 살아 있으며 권력을 유지할 수 있었다고 생각한다. 중국은 북한을 압박할 수단이 거의 없다. 중국은 이 지역에서 미군의 입지가 강화되는 것과 일본의 재무장으로 인해 긴장이 상승하는 것이 불만스러우며, 북한 정권이 붕괴하여 미군이 중국의 국경 주위에 주둔하게 되는 상황도 피하고 싶어 한다. 미국은 남북한 통일이 동북아 지역에 미군을 주둔시킬 이유를 사라지게 할지도 모른다고 생각하며, 일본은 반일 감정이 남북한을 이어주는 접착제가 될까 두려워하고 있다. 남북 관계는 북한의 도발과 정상화 약속 사이에서 흔들리고 있다.

통일 후 독일이 감당해야 했던 경제적 어려움에 비추어 볼 때, 남북한 간의 격차가 독일의 경우보다 훨씬 더 큰 상황에서 한국인들은 통일 절차 착수를 서두르지 않는다. 게다가 인구 통계학적인 상황 역시 매우 차이가 난다. 동독인 한 명당 서독인이 네 명이라면, 북한 주민 한 명당 남한 주민은 두 명뿐이다. 남한은 북한과의 치명적인 충돌을 피하고 싶어 할 뿐만 아니라, 경제 균형에 심각한 영향을 미칠 수 있는 북한 정권의 붕괴로 인한 너무 빠른 통일 역시 피하고 싶어 한다.

북한은 지구상에 마지막 남은 전체주의 국가이며, 남한은 GDP 세계 11위로 완전한 민주주의 국가가 됐다. 2018년 평창 동계 올림픽은 극적인 화해의 기회가 되어 남북한 두 정상은 4월에 정상 회담을 했으며, 6월에는 도널드 트럼프와 김정은이 정상 회담을 했다.

한국: 통일은 불가능한가?

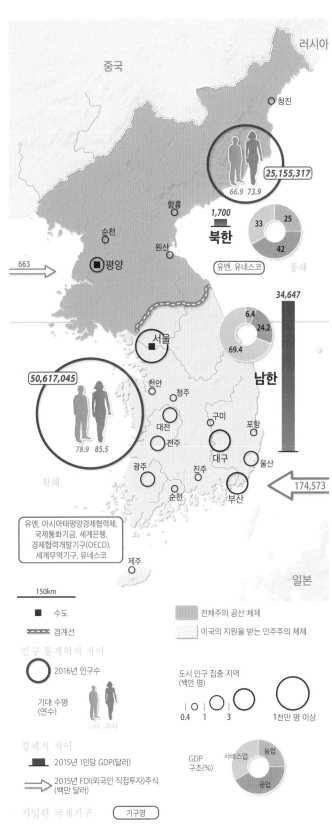

비고: 북한과 관련된 자료는 대부분 미국이나 한국의 기관에서 작성한 추정치이며, 북한 정권이 산출한 통계가 아님.

일본, 불안한 거대국

아시아의 동쪽 끝에 6,852개의 섬으로 이루어진 일본은 19세기까지 세계와 동떨어져 있었다. 일본이 천연자원에 대한 의존성을 극복하고자 팽창주의 정책을 통해 문호를 개방한 것은 메이지 시대(1868~1912년)부터다. 러시아와의 전쟁에서 승리한 일본은 대만(1895년)과 쿠릴 열도를 점령하고, 그다음 한국(1905년)을 차지했다. 일본은 제2차 세계 대전을 이용하여 '대동아공영권大東亞共榮圈'을 만들어서 미국과 전쟁하기를 원했다. 그러나 세계 대전 패전국이 된 일본에는 더 이상 아무것도 남지 않았다. 이후 일본은 미국의 핵우산에 의존하여 엄청난 경제적 발전을 경험했다.

한국 전쟁에 이르기까지

히로시마와 나가사키에 원자 폭탄이 투하(1945년 8월)된 이후에 무조건적인 항복을 강요당한 일본은 역사상 처음으로 군사 점령을 당했다.

한국 전쟁(1950~1953년)은 한국의 전략적 위치를 재평가하는 역사적인 기회가 됐으며, 일본 군도는 미국의 진정한 '항공 모함'이 됐다. 미국은 소련, 중공, 북한에 대항하기 위해 일본을 '자유세계'를 지킬 수 있는 마지막 보루로 이용하기로 했다. 1952년 일본은 군대라고 할 수는 없지만 군대의 성격을 띤 '자위대'를 만들었다. 미국에게 일본은 더 이상 적이 아니라, 아시아의 공산주의와 맞서 싸우는 데 필요한 지원국이 됐다.

놀라운 경제 발전에서
경제 침체까지

한국 전쟁은 일본 경제에 큰 영향을 미쳤다. 일본은 한국 전쟁을 통해 미국으로부터 기술 이전의 혜택을 받았고, 무엇보다 그 시기에 가장 방대하고 가장 부유하고 가장 역동적이던 미국 시장에 진입할 수 있었다. 일본은 국가적 의지와 사회적 합의를 바탕으로 1975년 G7의 창립 회원국 중 하나가 될 수 있었다.

1951년에 영국 GDP의 3분의 1에 불과했던 일본 경제는 1980년대 초에 영국, 독일, 프랑스 세 나라의 GDP를 합친 것

과 거의 맞먹었다. 세계 GNP에서 차지하는 비율도 3%에서 16%로 증가했다.

원자재 및 에너지 자원을 해외 수입에 크게 의존하고 있으며, 충분히 규모가 큰 국내 시장(2016년 기준 인구 약 1억 2천7백만 명)에도 불구하고 수출 및 대외 무역을 경제 발전의 기반으로 삼고 있다. 특히 미국, 유럽 시장에서 일본의 자동차 및 전자 제품이 성공하면서 서구 경제의 약탈자로 간주되기도 했다.

1980년대 후반부터는 세계 최대 채권

국이자 미국 재무부 채권 최대 매입국이 됐다.

일본은 1990년대 초반부터 경제 침체기에 들어서면서 10년 동안 제로 성장을 보였다. 거품 경제가 붕괴한 것이다. 일본은 특히 노동력이 싼 아시아 국가에 제작을 아웃소싱하는 것으로 전략을 변경하려고 노력했다. 이를 통해서 신흥 시장에 침투하고 무역 적자를 줄이고자 했다. 2003년부터 경제를 쇄신한 일본은 다시 제한적인 성장을 시작하고 있다.

일본, 위험한 영토

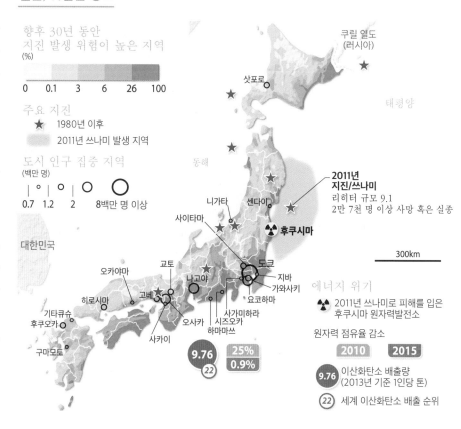

향후 30년 동안
지진 발생 위험이 높은 지역
(%)

0   0.1   3   6   26   100

주요 지진
★   1980년 이후
    2011년 쓰나미 발생 지역

도시 인구 집중 지역
(백만 명)

0.7   1.2   2   8백만 명 이상

2011년 지진/쓰나미
리히터 규모 9.1
2만 7천 명 이상 사망 혹은 실종

300km

에너지 위기
▲   2011년 쓰나미로 피해를 입은 후쿠시마 원자력발전소

원자력 점유율 감소
2010   2015

9.76   이산화탄소 배출량
(22)   (2013년 기준 1인당 톤)

22   세계 이산화탄소 배출 순위

세계적인 역할은?

일본 경제는 국제적인 분위기 덕분에 비약적인 발전을 이룰 수 있었다. 일본은 미국의 보호로 국제 사회에서 강대국에 가해지는 어떠한 정치적 책임도 떠안을 필요가 없었다. 동서 간 충돌이 끝나자 일본은 이러한 유리한 상황이 끝날까 봐 두려워했다. 중국에서 북한까지 지역적 환경은 여전히 잠재적인 위험투성이인데 미국이 병력 지원(거의 5만 명의 미군이 일본에 주둔하고 있으며, 그중 절반 이상이 오키나와에 주둔하고 있다)을 줄임으로써 냉전 종식으로 인한 이익을 얻으려고 하지 않을까 우려한 것이다. 따라서 일본은 방위 체제를 갖추려고 했지만, 그렇다고 해서 미국의 보호에서 벗어날 수 있는 것은 아니다.

일본의 아시아 이웃 국가들은 일본의 발전을 우려하고 있다. 특히 일본이 과거의 잘못을 절대로 인정하지 않을 뿐만 아니라 심지어 역사를 왜곡하는 상황에서 제2차 세계 대전에 대한 기억이 아직도 생생하기 때문이다.

하지만 일본은 군사 강대국이 되지 못했다. 일본은 분명히 핵무기를 보유하고 있지 않으며, 국민 대부분은 재군비하는 것에 반대한다. 유엔의 후원하에 평화 유지 활동에 참여하기 위해 일본 정부는 1992년 매우 힘들게 'PKO(평화유지활동) 법안'을 통과시켰다. 2016년에는 동맹국의 방위 작전을 지원하기 위한 자위대의 해외 파병을 실시할 수 있도록 법안을 개정했다. 걸프전 당시 일본은 국제적 개입과 관련된 재원 조달에 크게 기여했다. 하지만 여전히 미국의 전략적 보호에 의지하고 있다. 일본 경제는 중국 경제보다 덜 역동적이어서 2011년에는 중국이 GDP 세계 2위를 차지했다. 일본은 또한 인구 고령화와 인구 감소 문제에 직면해 있다.

일본은 지정학적으로도 위기에 처해 있다. 일본은 현재 유엔 안보리 상임 이사국 진출을 노리고 있지만, 안보리의 구조 개편이 무산되면서 불가능해졌다.

일본은 아프리카로부터 지지를 얻고 중국의 영향력을 견제하기 위해 아프리카에 많은 돈을 투자하고 있다. 일본은 유럽연합 다음으로 공적개발원조에 가장 많이 공헌하고 있다.

냉전이 종식됐다고 해서 국가 간의 위기와 대립이 멈춘 것은 아니다. 일본은 미국에 의존하는 것을 점점 더 부담스러워하고 있지만, 그에 대한 대안이 없어서 상황을 변화시키지 못하고 있다. 일본은 잠재적인 경쟁자로 여기는 중국의 부상으로 어려움을 겪고 있다. 아베 신조 총리는 트럼프를 지지하면서, 한편으로는 그의 고립주의 정책으로 인해 미국이 일본에 제공하는 전략적 보호가 훼손될까 우려하고 있다.

경제 침체와 재군비

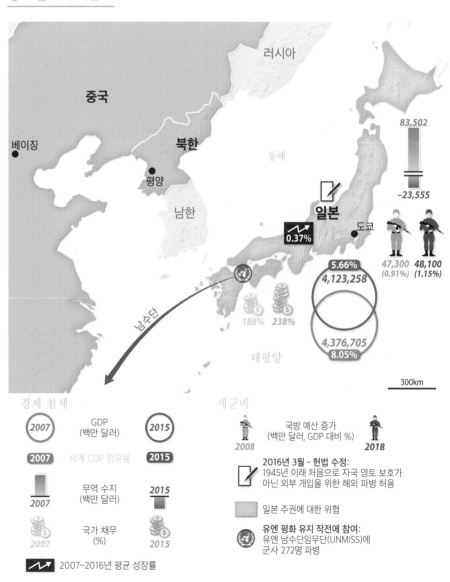

경제 침체

| (2007) | GDP (백만 달러) | (2015) |

무역 수지 (백만 달러)

국가 채무 (%)

2007~2016년 평균 성장률

재군비

국방 예산 증가 (백만 달러, GDP 대비 %)
2008 / 2018

2016년 3월 - 헌법 수정:
1945년 이래 처음으로 자국 영토 보호가 아닌 외부 개입을 위한 해외 파병 허용

일본 주권에 대한 위협

유엔 평화 유지 작전에 참여:
유엔 남수단임무단(UNMISS)에 군사 272명 파병

중국, 세계 최강대국?

전 세계가 지난 40여 년간 이어진 중국의 권력 부상을 감탄과 놀라움과 두려움의 시선으로 지켜보고 있다. 중세 시대 중국 제국은 세계 다른 나라와의 관계 유지를 거부했다. 1430년 황제는 아프리카 해안까지 항해했던 정화의 해상 원정을 자발적으로 중단하기도 했다. 중국은 이미 18세기 초에 세계에서 가장 부유한 나라였다. 오늘날 중국은 세계화의 최대 수혜국이다.

중국과 지역 환경

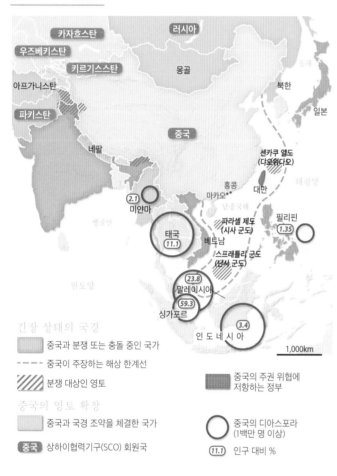

긴장 상태의 국경
- 중국과 분쟁 또는 충돌 중인 국가
- --- 중국이 주장하는 해상 한계선
- /// 분쟁 대상인 영토
- 중국의 주권 위협에 저항하는 정부

중국의 영토 확장
- 중국과 국경 조약을 체결한 국가
- **중국** 상하이협력기구(SCO) 회원국
- ○ 중국의 디아스포라 (1백만 명 이상)
- (11.1) 인구 대비 %

19세기 중국의 쇠퇴

19세기에 중국은 중앙 권력 약화, 황제 권위 추락, 부정부패 만연으로 인해 무너지고 있었다. 유럽 강대국들은 두 차례의 아편 전쟁(1842년, 1859~1860년)을 통해 중국에 시장을 개방하고 치외법권을 인정할 것을 요구했다. 중국은 봉신 국가가 됐다. 19세기 말 중국은 베트남에 대한 지배권을 프랑스에 빼앗겼으며, 한국과 대만에 대한 지배권을 일본에 빼앗겼다.

민족주의 부흥을 바탕으로 한 1905년의 혁명은 중국의 왕정 체제를 종식시켰다. 1930년대에 일본은 중국 영토를 점령하고 인권 유린 행위를 저질렀다. 마오쩌둥은 1949년 장제스를 밀어내고 권력을 장악했다. 장제스는 대만으로 피신했고,

그로 인해 대만은 유엔 안보리 상임 이사국 자리를 확보할 수 있었다. 중화인민공화국은 소련과 동맹을 맺었으며, 미국은 대만과 동맹을 맺었다.

전체주의 정권

마오쩌둥은 공산주의와 민족주의 카드를 함께 사용했다. 1961년 중국과 소련의 국교 단절은 이데올로기적 경쟁이라기보다 민족적 경쟁의 결과였다. 중국은 소련에 예속되는 것을 받아들일 수 없었다.

미국은 주요 경쟁국인 소련에 대항할 역逆동맹을 만들려고 중국에 더 가까이 다가갔다. 1972년 닉슨 대통령은 중국을 공식 방문했다. 그 직전인 1971년에 중국은 대만을 대신하여 유엔 안보리 상임 이사국 자리를 차지했다.

중국은 '자신의 힘에 의지하라'라는 원칙으로 자급자족 체제를 수립했고, 이로 인해 경제적으로 도약할 수가 없었다.

경제적 도약

중국은 1980년대부터 덩샤오핑의 영향으로 경제 개방을 시작했다(정치 자유화는 없었다). 경제 성장을 촉진하고자 한 자녀 정책을 도입했다(2015년에 폐지). 1980년 세계 경제 활동의 2.8%였던 중국의 GDP는 2017년 약 15%로 증가했다. 1인당 GDP는 1976년 156달러에서 2016년 8천 달러로 상승했다.

공식적으로 공산주의 체제를 유지하고 있음에도 사회적 격차가 크게 벌어졌다. 9천9백만 명의 당원을 보유한 중국공산당CCP이 권력을 독점하고 있지만, 경제적으로는 자본주의 체제를 받아들이고 있다. 중국 체제의 정당성은 더 이상 마르크스-레닌주의가 아니라 경제적 성공과 더 많은 인구의 소비력에 기반을 두고 있다. 여전히 독재 체제를 유지하고 있지만, 더 이상 당국이 사생활, 복장, 여가 활동까지 통제한 마오쩌둥 시대와 같은 전체주의는 아니다.

1989년 학생들이 베이징 톈안먼天安門 광장을 점령하고 체제의 자유화를 요구했다. 중국 정부는 이를 유혈 진압했다.

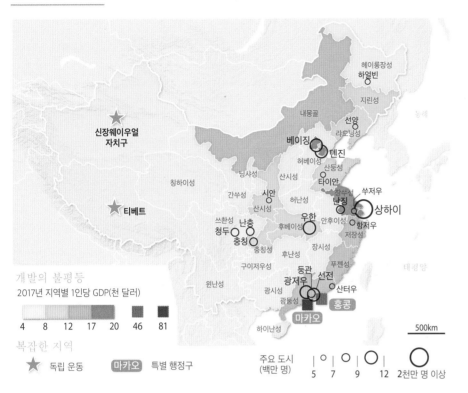

개발의 불평등
2017년 지역별 1인당 GDP(천 달러)

4	8	12	17	20	46	81

복잡한 지역

★ 독립 운동　　마카오 특별 행정구

주요 도시
(백만 명)　5　7　9　12　2천만 명 이상

500km

경제 발전, 중산층 출현, 새로운 정보 통신 기술 개발은 정부에게서 정보 독점권을 빼앗았다. 오늘날 중국에는 7억 명의 인터넷 사용자가 있으며 검열을 통해 모든 것을 걸러 낼 수는 없기에 당국은 여론을 고려하지 않을 수 없게 됐다.

생활 조건 개선

중국 시민은 자유롭지는 않지만, 국가나 소비 생활에 대해 만족하고 있다. 그들은 생활 조건이 개선되고 있으며 중국이 더 이상 해외 강대국에 의해 굴욕을 당하지 않을 거라고 생각한다.

2011년 중국은 일본을 제치고 GNP 세계 2위인 나라가 됐으며, 2013년에는 세계 최대 무역국이 됐다. 이제 사람들은 '만약'이 아니라, '언제 중국이 미국을 추월할지'를 궁금해한다. 중국과 미국은 상호 의존적이다. 중국은 생산 장비를 증진하고 사회 결속력을 유지하기 위해 미국 시장에 접근할 필요가 있다.

인플레이션을 제한하기 위해 값싼 제품이 필요한 미국은 심지어 중국 수입품에 의존하게 됐다. 도널드 트럼프 대통령은 선거 운동 기간에 중국 수입품에 45%의 관세를 부과하겠다고 선언했지만, 이는 자신의 경쟁력이 침해당할 거라고 생각한 미국 기업들의 압력으로 무산됐다. 하지만 트럼프는 미국의 적자를 줄이기 위해 중국과의 무역 전쟁을 시작하고 싶어 한다. 중국은 연간 3천억 달러의 무역 흑자를 기록하고 있다.

태평양 비상사태

중국은 외교적 측면에서 비간섭 원칙을 고수한다. 원자재에 대한 욕심이 커지면서 중동, 아프리카 및 라틴아메리카 국가들과의 교류를 늘리고 있다. 홍콩은 1997년에, 마카오는 1999년에 중국에 반환됐다. 중국은 베트남, 말레이시아, 필리핀, 대만 등 다른 아시아 국가들과 마찬가지로 중국해의 섬들에 대한 주권

을 주장하고 있다. 중국은 '하나의 중국' 원칙을 고수하고 있으며, 대만도 이에 포함돼야 한다고 생각한다. 현재 대만은 무력 통일을 피하고자 독립을 선포하지 않을 뿐이라고 볼 수 있다.

특수한 문제에 직면한 나라

중국은 인구의 절반이 도시화됐고 농촌 인구는 몹시 궁핍한 상황이다. 1억 5천만 명의 중국인이 체류 허가 없이 농촌을 떠나 임시 인력을 형성하고 있으며, 향후 몇 년간 2억 5천만 명이 농촌을 떠날 것으로 예상된다.

중국은 2001년 세계무역기구에 가입했다. 2015년에는 지구 온난화 방지를 위해 파리 협약을 비준했다.

중국은 소프트 파워가 부족하다. 몇몇 개발 모델이 일부 남반구 국가에 자극을 줄 수는 있지만 충분히 매력적이지는 않다. 중국은 인기를 얻을 필요가 있음을 인식하고, 전 세계에 공자학원(중국 정부가 중국어와 문화 등을 전파하고자 세계 각국 대학을 중심으로 설치한 교육 기관-옮긴이)을 증설하고 국제적인 TV 채널CCTV을 만들었다.

중국은 1990년대 초 일본처럼 거품 경제가 꺼질 수도 있다는 사실을 알고 있을까? 국민의 정치 참여 증가를 통해 정치를 개방할 수 있을까? 중국은 비非제국주의라는 역사적인 정책을 이어갈 것인가 아니면 세계화된 세상에서 최고 권력을 누리는 세계 최강대국이 될 것인가?

중국은 수많은 국가에 기반 시설(도로, 항구, 철도 등)을 건설하는 방대한 프로젝트인 '신실크로드' 정책을 시작했다. 이는 영향력을 행사하는 동시에 수출을 보장할 수 있는 수단이다. 2017년 제19차 중국공산당 전국대표대회에서는 시진핑習近平을 국가 주석으로 확정했다.

지도로 보는
세계정세

초판 1쇄 인쇄 · 2020. 4. 1.
초판 1쇄 발행 · 2020. 4. 10.

—

지은이   파스칼 보니파스
옮긴이   강현주
발행인   이상용 이성훈
발행처   청아출판사
출판등록   1979. 11. 13. 제9-84호
주소   경기도 파주시 회동길 363-15
대표전화   031-955-6031   팩스 031-955-6036
전자우편   chungabook@naver.com

—

ISBN 978-89-368-1152-5 03900

—

값은 뒤표지에 있습니다.
잘못된 책은 구입한 서점에서 바꾸어 드립니다.
본 도서에 대한 문의사항은 이메일을 통해 주십시오.

이 도서의 국립중앙도서관 출판예정도서목록(CIP)은 서지정보유통지원시스템 홈페이지(http://seoji.nl.go.kr)와 국가자료종합목록
구축시스템(http://kolis-net.nl.go.kr)에서 이용하실 수 있습니다.(CIP제어번호 : CIP2020012131)